Res Strehle

Einführung in die Politische Oekonomie

Kapital und Krise

Schwarze Risse/Berlin * Rote Straße/Göttingen

Res Strehle

Kapital und Krise

*

mit einem Nachwort von

Detlef Hartmann

2. Auflage 1993
ISBN 3-924737-11-8

Titelfoto: Hans Staub, Blick in Unergründliches (um 1930)
Druck: Druckkollektiv Gießen

Bestellungen an:

Schwarze Risse Verlag
Gneisenaustr. 2a
10 961 Berlin
Tel. 030 / 692 87 79

Schweiz: Pinkus Genossenschaft, Zürich

Inhalt

Kapitel 1
Die Methode der Politischen Oekonomie 7

Kapitel 2
Wertlehre 23

Kapitel 3
Krisentheorie 45

Kapitel 4
Oekonomie des Imperialismus 67

Kapitel 5
Das Verhältnis zwischen kapitalistischem Sektor und Milieu 85

Kapitel 6
Politische Technologie 103

Kapitel 7
Politische Geldtheorie 123

Kapitel 8
Systemtheorie 145

Schlussbemerkung:
Ueber Politische Oekonomie hinaus 165

Nachwort
Detlef Hartmann 169

Glossar 173

Verzeichnis der Darstellungen 183

Literaturverzeichnis

Kapitel 1

Die Methode der Politischen Oekonomie

Ohne Verständnis der Dialektik ist es unmöglich, den Anspruch der Politischen Oekonomie zu verstehen, geschweige denn, selber Politische Oekonomie zu betreiben. Dialektik wird in der Regel mit dem Dreischritt «*These - Antithese - Synthese*» umschrieben. Das ist rasch gesagt, aber es braucht sehr viel mehr Zeit zu verstehen, was damit gemeint ist. Die Dialektik geht zurück auf die altgriechische Redetechnik, wo dieser Dreischritt ein Instrument der öffentlichen Meinungsbildung war: Ein Redner vertrat eine These, ein anderer eine Gegenthese und daraufhin hatte der Diskussionsprozess das Ziel, zu einer Synthese zu führen. Gerade in einem Land wie etwa der Schweiz, das in der öffentlichen Meinungsbildung dem sozialen Frieden zuliebe noch immer auf Kompromiss und Konkordanz setzt, hat diese Art der Gesprächsführung bis heute ihre Tradition fortgesetzt, was die zahlreichen schematischen Pro- und Kontramuster von ExpertInnen-Gesprächen zeigen, die darauf angelegt sind, am Ende irgendwo in der Mitte einen Kompromiss zu ergeben.

Das kann nicht alles sein. Dialektik meint sehr viel mehr. Die Grundlage dazu ist in der idealistischen deutschen Philosophie von *Georg Wilhelm Friedrich Hegel* gelegt worden. Hegels Werke aus dem 18. und beginnenden 19. Jahrhundert sind geistige Höhenflüge, die sich endgültig aus den Niederungen der Realität verabschiedet haben. Wer die Sprache, den langen und komplizierten Satzaufbau versteht, kann ähnlich wie mit einem guten Joint und passender Musik oder neuerdings einer «Mind Machine» abheben, was jede Wohngemeinschaft einer Belastungsprobe aussetzen wird.

Karl Marx hat als Student der Philosophie Hegel sehr ausführlich studiert und dabei ein ambivalentes (oder sagen wir: dialektisches) Verhältnis zu ihm entwickelt. Er mokiert sich häufig über Hegel, polemisiert auch gegen ihn, betont aber (etwa im Nachwort zur 2. Auflage des «Kapitals»), dass es falsch wäre, Hegel als «toten Hund» zu behandeln.

Warum falsch? Hegels Philosophie hat, so idealistisch (d.h. von der Allmacht des Geistes, der Idee ausgehend) sie auch ist, eine neue Form von Gesetzmässigkeit entwickelt: Dialektische Bewegungsgesetze suchen in den Dingen, Menschen und Gesellschaftsformationen nach einer fundamentalen Widersprüchlichkeit (eben These - Antithese), die in Richtung ihrer Aufhebung wirkt (Synthese), um dann nicht widerspruchslos zu ruhen, sondern zur neuen These zu werden, zu der eine neue Antithese entsteht. In dieser Art des Denkens ist ein Prozess angelegt, die stete Veränderung. Klar also, dass es sehr viel mehr Unsicherheiten auszuhalten gilt und dort gefährlich wird, wo die Veränderung der herrschenden Gesellschaftsformation nicht nur gedacht, sondern auch materiell umzusetzen versucht wird. Das war bei Hegel im Unterschied zu Marx nicht der Fall, und deshalb ist Hegel von den Machthabern auch nicht behelligt worden. Im Denken ist jede Radikalität erlaubt, daran hat sich bis heute nichts geändert. Radikalen Denkerinnen und Denkern wird nichts passieren, solange sie ihre Radikalität nicht in die Praxis umsetzen.

Dialektisches Denken kann trotzdem ein erster Schritt zur Subversion sein und hat deshalb in der herrschenden Lehre keinen Platz. Wir alle sind uns gewohnt, in statischen «Wenn-dann-Gesetzen» zu denken. Das beginnt mit der frühkindlichen Sozialisierung: Wenn du brav bist, dann kriegst du dies und jenes... Diese Form der Kausalgesetze mag sich in den Naturwissenschaften bewährt haben, d.h. sie hat dort zu jener spezifischen technologischen Entwicklung geführt, wie wir sie kennen. Analysieren (d.h. Zerlegen einer Totalität in Einzelteile) - Isolieren - Ordnen - Neuzusammensetzen - Beherrschen (aufgrund der Kenntnis der Verknüpfungsregeln vormals isolierter Teile). Die Vorgehensweise der Gentechnologie ist dafür ein anschauliches Beispiel: Feststellung eines Merkmals - Zerschneiden - Isolieren - Neuzusammensetzen. Wenn wir diese Art des Denkens auf die Sozialwissenschaften übertragen, dann sollen soziale Zusammenhänge entsprechend technologisch beherrscht werden. Ein klassisches Beispiel dafür ist die Stadtplanung: Zerstören organisch gewachsener sozialer Zusammenhänge - Isolieren - Neuzusammensetzen - Nachstellen. Mahnmale dieses Denkens und der darauf beruhenden Praxis sind die einstigen proletarischen Quartiere in den westlichen Metropolen, neu installierte «Dorfplätze» in zerstörten

Agglomerationsgemeinden, Stammesreservate, das rekonstruierte «katalanische Dorf» als Autobahnraststätte, Stadtparks, Freizeitparks und dergleichen mehr. Die Liste solcher Beispiele liesse sich beliebig fortsetzen.

Die Schwierigkeit ist, dass wir alle Pawlowsche Hunde dieses Denkens sind, von Kindheit an hundertfach belohnt für solchermassen erfolgreiche Gedankengänge. Die soziale Realität wird damit zerlegt, viviseziert wie Mäuse im Versuchslabor, und sie überlebt diese Vivisektion ebensowenig. Undialektisch wird jedes Thema in der Diskussion totgeschlagen. Das lässt einen als Gesprächspartner in der Regel verstummen, weil Wiederbelebungsversuche zwecklos sind, solange der Gesprächs«partner» mit der undialektischen Keule daneben steht. Wir alle kennen diese Art der Gesprächsführung vom Beizentisch oder aus anderen schlecht (weil absolut oder schwarzweiss) geführten Diskussionen. Wir müssen neu lernen, dialektisch zu denken, zumindest über die soziale Realität, aber vermutlich auch über die Natur, wie die Oekoprobleme zeigen. Erst dann wird unser Denken prozessierend sein, erst dann werden unsere Gespräche weiterführen und nicht stumm machen. Ich will das in diesem Einführungsreader versuchen. Die Prüfung, ob es mir gelingt, wird sein, ob Leserin und Leser zu eigenen Gedanken angeregt werden oder ob eigene Gedanken im Gegenteil unterdrückt werden.

Wie wird nun dialektisch gedacht? Ich will zur Erläuterung den toten Hund Hegel erwecken, insbesondere seine Kategorie der *Aufhebung* .Dialektik geht von einer fundamentalen Widersprüchlichkeit aus, also gerade nicht von den uns bekannten Dualismen Ja/Nein, Entweder/Oder, Gut/Böse, 0/1 (Elektronik), Merkmalhaltig/Nichtmerkmalhaltig (Gentechnologie). Sondern eben von Null *und* eins, Gut *und* böse, Entweder *und* oder. Diese Widersprüchlichkeit strebt nach Aufhebung. Daraus entsteht die Bewegung. Auf-heben hat in der deutschen Sprache, in der die Dialektik entwickelt wurde, eine dreifache Bedeutung: *1. Beseitigen. 2. Bewahren. 3. Auf-eine-höhere-Stufe-heben.* Diese drei Wortbedeutungen müssen wir in jeder dialektischen Beziehung mitzudenken versuchen und dann denken wir dialektisch.

Ich will das an einem einfachen Beispiel Hegels erläutern: Dem Bewegungs- oder Veränderungsprozess einer Pflanze vom Samen über die Knospe zur Blüte. Der Samen ist die erste Stufe der Pflanze, in ihm steckt der Plan der Pflanze. Durch die Knospe wird der Samen aufgehoben, d.h. beseitigt, bewahrt (als Plan der Pflanze) *und* auf eine höhere Entwicklungsstufe gehoben. Dasselbe gilt für die Blüte gegenüber der Knospe.

Wir können dieses Bewegungsgesetz auf die soziale Realität übertragen und dabei die Ablösung des Feudalismus durch den Kapitalismus dialektisch fassen: Im Kapitalismus wird der Feudalismus aufgehoben, d.h. er wird beseitigt durch die Aufhebung der Leibeigenschaft des formell frei gewordenen Lohnarbeiters, gleichzeitig aber bewahrt in der Fortdauer der Leibeigenschaft von Frau und Kind in der Familie, in der Einführung einer feudalen Oligarchie in den drei Kontinenten Afrika, Asien und Lateinamerika, konstitutioneller Monarchien in den Metropolen Westeuropas und Japan, dem seltsamen Mix feudaler, kleingewerblicher und hochkapitalistischer Produktionsweise im Gesundheitswesen und dergleichen mehr. Gleichzeitig hebt der Kapitalismus den Feudalismus auf eine höhere Stufe gesellschaftlicher Entwicklung, sowohl in Bezug auf den Stand der Entwicklung der *Produktivkräfte,* wie auch in Bezug auf die *Produktionsverhältnisse* und die *Akkumulation*. Nur in dieser Dialektik lassen sich sonst kaum verständliche, bruchlose Uebergangsprozesse erklären, wie etwa jener der faschistischen Diktatur Spaniens zur modernen, sozialtechnisch regierten bürgerlichen «Demokratie» mit einer Schlüsselrolle des Königshauses. Marx bezeichnet die konsti-tutionelle Monarchie in einem Brief an *Arnold Ruge* aus dem Jahre 1842 als «sich widersprechendes und aufhebendes Zwitterding» - ein Hinweis auf diese Dialektik.

Angewandte Dialektik

Ich will im folgenden einige klassische dialektische Beziehungen erläutern, die zum notwendigen Instrumentarium der Politischen Oekonomie gehören.

1. Die Dialektik zwischen materieller Basis und ideellem Ueberbau : In dieser Dialektik begründet Marx den *Historischen Materialismus* («Das Sein bestimmt das Bewusstsein.») in dialektischer Abgrenzung zu Hegel und hebt damit die idealistische Dialektik im oben erwähnten dreifachen Wortsinn auf. Nicht die Idee schafft die Welt (wie bei Hegel), sondern die materielle Welt schafft Ideen und Ideologien (zusammenhängende Ideengebäude). Hegels Theorie steht folglich auf dem Kopf und muss «auf die Füsse gestellt werden». Die humane Gesellschaft wird nicht durch den prozessierenden Weltgeist verwirklicht, sondern durch den materiellen Befreiungskampf der Unterdrückten und Ausgebeuteten. Wenn Menschen im Wasser ertrinken, dann nicht deswegen, weil sie vom Gedanken der Schwere besessen sind (wie im deutschen Idealismus behauptet wurde), sondern weil sie nie Gelegenheit hatten, schwimmen zu lernen.

Dabei ist der *Dialektische Materialismus* keine Einbahnstrasse: Auch der Ueberbau wirkt auf die Basis zurück und bestimmt sie neu. Die Sozialpartnerschaft etwa steckt in Ländern wie der Schweiz in den Köpfen der Menschen, hat aber auch die Produktionsverhältnisse neu bestimmt (dasselbe gilt für die BRD nach Einführung der Mitbestimmung). Marx entwickelt die Dialektik zwischen Basis und Ueberbau in den Thesen zu *Ludwig Feuerbach* am Verhältnis zwischen irdischer und Heiliger Familie, ein Beispiel, das alljährlich an Weih-nachten aktuell wird: Demnach ist die irdische Familie (eine spezifische, sehr kostengünstige Produktions- und Reproduktionsform für das Kleingewerbe, aber auch für Lohnarbeitsverhältnisse) das Vorbild der Heiligen Familie. Gleichzeitig zementiert und verlängert die Heilige Familie die Rollenbilder der Geschlechter (Maria!), Herrschaft (Patriarchat) und Isolation in der Kleinfamilie. In dieser materialistischen Dialektik fasst Marx seine gesamte Religionskritik: So werden auch die Götter an anderer Stelle als Ergebnis *und* Ursache menschlicher Verstandesverwirrung bezeichnet.

Der Kernsatz der materialistischen Dialektik lautet: *Die Wahrheit liegt bei den Unterdrückten.* Die Chance, dass ein Mitglied der deutschen Regierung, ein Aufsichtsratvorsitzender eines transnationalen Konzerns oder ein Schweizer Diplomat Wahrheiten entdeckt, ist demgegenüber vergleichsweise gering. Das Beispiel des erfolglosen und deshalb abgesetzten Generaldirektors eines weltweit tätigen Schweizer Aluminiumkonzerns, der im Ruhestand Sanskrit und fernöstliche Spiritualität lernt, soll zeigen, dass in solchen Kreisen Wahrheiten erst nach der Pension und auch dann nur im Geiste gesucht werden. Andernfalls müsste sich dieser abgehalfterte Generaldirektor fragen, wo und wie die paar hunderttausend Franken Ruhegehalt materiell geschaffen werden, die ihm die beschauliche Musse ermöglichen. Die Chance, dass ich als Metropolenbewohner, männlich, weiss, zu Wahrheiten komme, ist ebenfalls nicht sehr hoch. Immerhin, sie besteht.

2. Die Dialektik zwischen Produktionsverhältnissen und Produktivkräften: In der materiellen Basis besteht ein dialektischer Zusammenhang zwischen der gesellschaftlichen Organisation der Produktion *(Produktionsverhältnisse)* und dem Stand der Entwicklung der *Produktivkräfte.* Die Produktionsverhältnisse können die Entwicklung der Produktivkräfte fördern oder hemmen. Die kapitalistische Produktionsweise etwa, gekennzeichnet durch Privateigentum, Arbeitsorganisation, Lohnarbeit und Familie, führt nach Marx in einer ersten Phase zu einem starken Wachstum der Produktivkräfte, um danach zu ihrer Fessel zu werden (siehe Krisentheorie). Lenin begründet mit dieser Theorie die Notwendigkeit einer staatskapitalistischen Uebergangsphase in der Sowjetunion nach der bolschewistischen Revolution. Im hochentwickelten Kapitalismus sind die Produktivkräfte für sich nur dialektisch zu verstehen: Sie sind ebensosehr Destruktiv- wie Produktivkräfte. Die Analyse der Produktionsverhältnisse ist Voraussetzung der *Klassenanalyse:* Menschen mit derselben Stellung und Funktion im Produktionsprozess konstituieren eine *Klasse.* Bewusstsein, Ideologie, Kultur und Alltag sind klassenspezifisch. Die Wahrheit der Unterdrückung kennt nur die unterdrückte Klasse, wird von ihr gelebt und auch kulturell umgesetzt.

3. Die Dialektik zwischen Allgemeinem (Abstraktem) und Besonderem (Konkreten): Marx hat im Unterschied zu vielen Marxistinnen und Marxisten nach ihm zusammen mit *Friedrich Engels* sehr viel Datenmaterial über den Kapitalismus jener Zeit zusammengetragen. Er hat versucht, aus diesem Besonderen, Konkreten allgemeine Gesetzmässigkeiten zu abstrahieren und die dann wiederum an der konkreten Realität zu überprüfen. In den «Grundrissen», einer Vorarbeit zu den drei Bänden über «Das Kapital», nennt Marx diese Vorgehensweise *«Reproduktion des Konkreten».* Das Konkrete ist da, von der Realität produziert (eine scholastische Frage, wie real es tatsächlich ist). Durch *Induktion* (dem Schluss vom Besonderen zum Allgemeinen) wird eine Theorie gefunden, die dann durch *Deduktion* (dem Schritt vom Allgemeinen zum Besonderen) das konkrete Faktenmaterial neu- oder eben re-produziert. Der Frage, ob dieser theoretische Zugriff auf die Realität *universell* (weltweit gültig) oder typisch *metropolitan* ist (in den Metropolen entwickelt und nur aus dieser Realität heraus gültig), soll dabei vorerst offen bleiben.

Die *Forschungsweise* bedient sich der Induktion, die *Darstellungsweise* der Deduktion. Die Forschungsweise folgt dem historischen Ablauf der Fakten, die Darstellungsweise ist nicht an die historische Abfolge gebunden, sondern eröffnet mit dem Wesentlichen.

So beginnt etwa der erste Band des «Kapitals» mit den Grundkategorien *Ware, Wert* und *Mehrwert,* während die *Grundrente,* obwohl historisch früher von Bedeutung, erst am Ende des dritten Bandes folgt. Auch wir müssen heute versuchen, das Abstrakte (Allgemeine) im Konkreten (Besonderen) darzustellen. Das ist die Grundlage jeder Vermittlung. Wir haben den Vorteil, dass Marx und zahlreiche MaterialistInnen nach ihm, einen (Gross-)Teil der For-schungsarbeit vorweggenommen haben und dass einzelne Gesetze der Kapitalbewegung in der Klassenkonfrontation erkennbar geworden sind. Das darf uns nicht daran hindern, selber neues Forschungsmaterial aus Berichten, eigener Anschauung und praktischer Erfahrung, Medien, Büchern usw. zu sichten, um kollektiv dazu beizutragen, dass die Gesetzmässigkeiten genauer gefasst werden können, vielleicht sogar neue Gesetzmässigkeiten gefunden werden. Erst eine möglich präzise Kenntnis der Logik des Kapitals schafft die Voraussetzung zur Entwicklung einer Logik des Widerstands.

4. Die Dialektik zwischen Theorie und Praxis: Die dialektischen Bewegungsgesetze mit der *Negation* als zentraler Kategorie haben nur dann politische Sprengkraft, wenn sie auch praktisch umgesetzt werden können. Aus materialistischer Sicht kann es keine Revolution auf der Ebene der Idee oder des Geistes geben. Das Zeitalter des «New Age» etwa war so neu nicht wie seine Anhängerinnen und Anhänger dachten, solange es die Produktionsverhältnisse nicht praktisch antastete. Jede Theorie, jede Darstellung (wie beispielsweise diese Einführung) muss auf praktische Umsetzung angelegt sein oder wie Marx in den Feuerbach-Thesen sagt: Die Frage, ob menschliches Denken wirklich ist, entscheidet sich in der *Praxis.* Der intellektuelle Flügel der autonomen Bewegung in den sechziger Jahren hat in diesem Zusammenhang den Begriff der *«militanten Untersuchung»* in die Diskussion eingebracht. Militant ist eine Untersuchung dann und nur dann, wenn die Forschenden Teil einer politischen Bewegung sind, darin konkretes Material sammeln und zu Ergebnissen kommen, die von dieser Bewegung zusammen mit den Forschenden praktisch umgesetzt werden können.

5. Die Dialektik zwischen Subjekt und Objekt: Die soziale Realität hat die Eigenheit, dass die *Subjekte* (die Erkennenden) gleichzeitig *Objekt* (zu Erkennendes) sind. Die soziale Wirklichkeit kann damit nicht als Objekt isoliert werden, sie muss als «sinnlich menschliche Tätigkeit» (Marx in den Feuerbach-Thesen) gefasst werden. Folglich müssen die Objekte der Sozialwissenschaft (Flüchtlinge und Flüchtlingsfrauen, Lohnarbeitende, Hausarbeitende, Randgruppen usw.) in Theorie und Praxis stets auch Subjekte sein. Alles andere ist Sozialtechnologie und führt zu Begriffen wie *«Patientengut»*, *«Flüchtlingsstrom»*, *«Masse»* oder was die Tätigkeit betrifft: *«Kontrollieren»*, *«Beherrschen»*, *«Eindämmen»* und *«In-den-Griff-kriegen»*. Die Frage, wer praktisch für den Befreiungskampf bereit ist, ist eine objektive und subjektive Frage. Es sind ebensosehr die Umstände, die die Menschen verändern (objektive Seite), wie die Menschen, die Umstände verändern (subjektive Seite), schreibt Marx. Ein tiefer Kriseneinbruch ist stets Ausdruck, aber für sich allein nie Ursache von Widerstand.

6. Die Dialektik zwischen Krise und entgegenwirkenden Tendenzen: Diese dialektische Beziehung soll hier gesondert hervorgehoben werden, weil sie den Aufbau dieses Einführungsreaders bestimmt hat. Marx hat vor gut hundert Jahren auf der Grundlage der Arbeitswertlehre (Werte werden durch Arbeit geschaffen), der Akkumulation (Art der Anhäufung von Werten) und des Verwertungsprozesses von Kapital eine dem Kapitalismus notwendigerweise innewohnende (immanente) *Krisentendenz* nachgewiesen. Daran ist nicht im Ernst zu rütteln, da kann *Adam Smith,* der Klassiker der freien Marktwirtschaft in den Metropolen gefeiert werden, soviel es die Ideologie will (und braucht). Nun hat Marx aber gleichzeitig im dritten Band des «Kapitals» mehr als Disposition denn als (seinen eigenen Ansprüchen genügende) Forschung und Darstellung auf die sogenannten *«entgegenwirkenden Ursachen»* hingewiesen. Hundert Jahre später wissen wir darüber einiges mehr, weil die Dialektik zwischen Krisenimmanenz und entgegenwirkenden Ursachen um soviel älter geworden ist.

Meine Einführung orientiert sich an dieser Dialektik: Sie macht den Einstieg über die Werttheorie, entwickelt daraus die Krisentheorie, um in der Folge das gesamte Inventar entgegenwirkender Ursachen aufzunehmen. Dieses Inventar braucht deshalb mehr Raum, weil, wie schon Marx sagte, die Krisenanfälligkeit des Kapitalismus einfacher zu verstehen ist als die Tatsache, warum der Kapitalismus nicht schon längst in der allgemeinen Krise zusammengebrochen ist. Aus Sicht des Kapitals sind die entgegenwirkenden Tendenzen genauso dialektisch objektiv (in der Bewegung des Kapitals) *und* subjektiv (in der Absicht der Kapitalisten) zu fassen, wie die Befreiung aus Sicht des Proletariats. Die Gefahr, dass wir uns in dieser Untersuchung und Darstellung zu Ratgebern des Kapitals machen, besteht. Ihr kann nur durch Einbindung in den kollektiven Prozess im Rahmen der Logik des Widerstands begegnet werden.

Sechs «Todsünden» wider die Politische Oekonomie

Ich will abschliessend zur Methodenfrage sechs Hauptfehler (ich nenne sie «Todsünden», seit ich das Seminar einmal in der tiefkatholischen Innerschweiz durchgeführt habe) aufzählen, die den Zugang zu den «Höhen» der Politischen Oekonomie teilweise endgültig verstellen können. Wenn wir nur schon darauf achten, wenigstens diese Fehler nicht zu machen, dann ist eine wesentliche Voraussetzung erfüllt, dass wir politisch-ökonomische Gedankengänge nachvollziehen oder vielleicht sogar selber entwickeln können. Ob wir danach in den Himmel kommen, hängt davon ab, ob es uns auch noch gelingt, unsere Erkenntnisse praktisch umzusetzen.

1. Dialektik als Freibrief für Ungenauigkeit und Unschärfe: Die Naturwissenschaften haben bei der Entwicklung von Kausalgesetzen unter Laborbedingungen eine sehr hohe Genauigkeit entwickelt. Die Dialektik kann, wie erwähnt, mit dieser «Wenn/dann»-Logik oder auch mit der 0/1-Logik der Elektronik wenig anfangen. Es gibt in der sozialen Realität ausserhalb der Herrschaftstechnologie weder Laborbedingungen noch scharfe Trennlinien zwischen Ursache und Wirkung, noch hundertfach verästelte Entscheidungsbäume bis zum abgerupften letzten Blatt. Typisch für die Dialektik ist im Gegenteil der Anspruch, das Einzelne, Besondere (zum Beispiel das Blatt) in seiner Beziehung zum Ganzen, zur Totalität (zum Baum, zur Umgebung) zu entwickeln. Kommt dazu, dass nicht 0 oder 1 richtig ist, sondern 0 und 1: Die These kann richtig sein, die Antithese auch, die Synthese erhält und beseitigt beide. Klar, dass eine solche Betrachtungsweise die Gefahr in sich birgt, in erster Linie ungenau und unpräzise zu sein, am Ende vielleicht sogar zur völligen Beliebigkeit führt.

Dialektik könnte so missverstanden werden, dass es überhaupt keine Wahrheiten mehr gibt, sondern nur noch gleichberechtigte Halbwahrheiten, etwa im folgenden Sinne: Diese Aussage ist in etwa richtig, das Gegenteil ist auch ein bisschen richtig, auch ein anderer Widerspruch zum Gegenteil hat seine Berechtigung usw.. Wir alle kennen diesen Diskussionsstil. Er ist mit ein Grund für Unverbindlichkeit und vermag letztlich auch jede Diskussion zu beenden, weil er in die absolute Beliebigkeit führt. Das meint Dialektik gerade nicht. Dialektik versucht vielmehr Widersprüche so präzise zu fassen, dass daraus ein Spannungsverhältnis entsteht, das in Richtung Aufhebung wirkt.

Ich will als Beispiel für richtig verstandene Dialektik das Verhältnis zwischen *Konkurrenz* und *Kooperation* von Kapitalisten anführen. Führt die Verwirklichung des grosseuropäischen Binnenmarktes zu mehr Wettbewerb oder mehr Kooperation? Offensichtlich ist beides der Fall, aber nicht in dem Sinne, dass beide Aussagen ein bisschen wahr sind. Wenn wir Politische Oekonomie betreiben, müssen wir vielmehr versuchen, das Verhältnis zwischen Konkurrenz (mehr. Wettbewerb) und Kooperation (weniger Wettbewerb) in einem ökonomischen Grossraum als Spannungsverhältnis zu bestimmen, die Widersprüche und Bewegungen, die daraus entstehen, bis wir eine Gesetzmässigkeit im Sinne eines dialektischen Bewegungsgesetzes (These - Antithese - Synthese) erkennen können. Das ist ungleich schwieriger, aber auch ungleich interessanter, als zwei Halbwahrheiten nebeneinander stehen zu lassen. Dialektik ist nur zulässig, wenn zwischen 0, das richtig ist, und 1, das auch richtig ist, ein Spannungsverhältnis besteht, das eine historische Entwicklung zu verstehen hilft.

2. Plattwalzen oder Absolutsetzen von dialektischen Kategorien: Dieser Fehler ist vor allem in der bürgerlichen Marx-Rezeption allgegenwärtig. Er wird meist begangen, weil dort Dialektik nicht verstanden werden will oder kann und macht solcherlei Rezeptionen in der Regel uninteressant. Wie an alles wird auch an dialektische Zusammenhänge mit dem analytischen Seziermesser herangegangen und als Folge stehen These und Antithese je für sich, absolut. Das ist zum Beispiel der Marxschen Krisentheorie widerfahren oder der These der Verelendung des Proletariats und hat neben subjektivem Unver-mögen stets auch eine objektive, ideologische Funktion: Wenn die Krisenthese absolut gesetzt wird, kann sie analytisch widerlegt werden. Dasselbe gilt für die Verelendungsthese, die im metropolitanen Bereich analytisch leicht und offensichtlich zu widerlegen ist. Es hat Linke gegeben, die in diese «Widerlegungsdebatte» eingestiegen sind und die absolut gesetzte Verelendungsthese idealistisch zu retten versucht haben, etwa mit dem Hinweis, das Proletariat in den Metropolen sei zwar nicht materiell, aber psychisch, kulturell usw. verelendet. Ich denke, das ist ein gut gemeinter Versuch auf einer untauglichen Diskussionsebene.

Uninteressant und platt ist auch jedes Einwegverhältnis zwischen Basis und Ueberbau, etwa im Sinne der absoluten Dominanz der materiellen Basis: Das Sein bestimmt das Bewusstsein. Punkt. Fertig. Damit verwandt ist ein absolut gesetzter Objektivismus, der den subjektiven Faktor nicht wahrhaben will. Daran sind in der Praxis zahlreiche politische Projekte gescheitert.

3. *Idealismus:* Diese weit verbreitete Denkweise schafft wohl die grösste Zugangsschwierigkeit zur Politischen Oekonomie. Idealismus soll hier nicht im alltagssprachlichen Sinne verstanden werden als Position, die viele Ideen hat und mit Enthusiasmus an das Gute im Menschen glaubt. Daran glaube ich auch. Wir brauchen viele Ideen und einen Enthusiasmus in der politischen Arbeit. *Idealistisch* und auf die Dauer zwangsläufig ernüchternd ist aber jede Vorstellung, die die Welt über die Idee, über moralische Gebote ändern will, ohne die *materiellen Bedingungen* miteinzubeziehen. Dazu zähle ich beispielsweise Humanitätsappelle an Militärs oder jedwelche Utopien, die die materiellen Bedingungen ihrer Umsetzung, die Kampfformen usw. nicht ins Zentrum rücken oder gar verschweigen.

Diese Haltung ist in der Linken aktuell, in der Alternativszene sowieso. Gegen die Idee der kleinräumigen, autarken Produktions- und Wohngemeinschaften, wie sie etwa von *P.M.* (sogenannte *«bolos»*) entwickelt wurde, ist nicht einzuwenden, dass sie nicht sympathisch wäre oder keine Ausstrahlungskraft hätte. Sollen bolos aber nicht nur in Freiräumen und Nischen verwirklicht werden, sondern in besetzten Räumen, so wird ihre Verwirklichung Kampf bedeuten, denn Gewehr bei Fuss wird sich das Finanzkapital die Zürcher Bahnhofstrasse nicht in bolos umwandeln lassen und auch das produktiv fungierende Kapital wird die mühselig und kriegerisch aufgebauten «freien Produktionszonen» nicht mit Freudensprüngen in Zentren der Selbstverwaltung umwandeln lassen. Damit ist ausdrücklich nicht gesagt, dass Klassenbefreiung nicht einer konkreten, positiven Utopie bedarf. Diese Utopie ist in der staatskapitalistischen Akkumulationsform der jungen Sowjetunion zweifellos nicht eingelöst, sondern beerdigt worden.

Idealistisch, aber nicht unterzukriegen, sind auch Appelle für ein neues «solidarisches Europa», die die Funktion der EG im weltweiten Ausbeutungszusammenhang, die entsprechenden materiellen Einkommensverhältnisse (bis in die ungarantierte sogenannte «Scene») und insbesondere die Bedingungen ihrer Veränderung nicht einbeziehen. Idealistisch, wenn nicht geradezu böswillig ist ausserdem die Absicht einzelner Linksintellektueller in der Schweiz, auf die gegenwärtige Staatskrise mit einem positiven Zukunftsentwurf des Staatsgebildes «Schweiz» zu reagieren. Da wird nichts herauskommen als Appelle wider die «geistige Enge». Und warum sollten ausgerechnet Intellektuelle, die statistisch im ausgegrenzten sozialen Bereich absolut untervertreten sind, besonders sensibel für Unge-rechtigkeiten sein? Der Idealismus hat in der Weltgeschichte seine Anziehungskraft deshalb behalten, weil es ungefährlicher und viel weniger entgarantierend ist, im Bereich der Ideen zu kämpfen und sich Ideen geistig auch viel rascher «umsetzen» lassen als materiell. (Oft genügt ein «Joint» dazu.)

Ihren Beitrag zur Verbreitung des Idealismus im Vorhof der Politischen Oekonomie hat auch die linkskirchliche Position geleistet (z.B. im «Nord-Süd-Dialog», in der Entschuldungsdebatte und in der Flüchtlingsfrage). Das hängt wohl weniger mit bösem Willen als mit der Tatsache zusammen, dass eine materialistische Theologie bisher kaum entwickelt wurde, im Unterschied zur basiskirchlichen Praxis, die materiell aufopfernd aber notgedrungen sehr pragmatisch ist, weil sie von der Theorie im Stich gelassen wird. Sich in der basiskirchlichen Praxis betätigen, kann lebensgefährlich sein, wie die zahlreichen Morde und Folterungen an praktisch engagierten Christinnen und Christen zeigen. *Jürg Weis,* der Schweizer Theologe, der in El Salvador verstümmelt und ermordet wurde, wird uns dafür als Freund und Genosse in Erinnerung bleiben. Jorge presente!

4. Dogmatismus: Es ist nicht einfach, mit Ungewissheit, Unsicherheit, Unfertigkeit zu leben und gerade die Dialektik verlangt dies von uns in hohem Masse. Die Versuchung ist deshalb gross, dialektische Kategorien und Beziehungen ein- für allemal mittels Schemen und Schablonen zu fixieren. Wenn sich die soziale Realität dabei noch irgendwelche Bewegungsfreiheit erhält, dann nur noch in einem streng determinierten, mechanischen Ablaufschema, das fast schon einem Automatismus gleichkommt. Der ältere Marx erlag dieser Ver-suchung teilweise selber, als er im dritten Band des «Kapitals» die Entstehung der Aktiengesellschaft begrüsste, weil sie die Wider-sprüche so verschärfen würde, dass der Umschlag in den Sozia-lismus beschleunigt werden musste. Widerspruchslos lässt sich Marx in einer

Rezension des ersten Bandes des «Kapitals» im Peters-burger «Europäischen Boten» seine Dialektik auf einen *«natur-geschichtlichen Prozess»* reduzieren, den Gesetze lenken, die*«von dem Willen, dem Bewusstsein und der Absicht der Menschen unab-hängig sind»* (zitiert im Nachwort zur 2. Auflage des «Kapitals»). Wenn dem so wäre, könnten wir unverzüglich die Hände in den Schoss legen und auf den unvermeidlichen Zusammenbruch des Kapitalismus warten.

Damit will ich auch zeigen, dass wir zu Marx selber durchaus ein kritisches, eben dialektisches Verhältnis entwickeln sollen, Thesen von ihm auch *aufheben* (inklusive *bewahren!*) dürfen. Das wird uns von Seiten der Marx-Orthodoxie womöglich den Vorwurf des Revisionismus eintragen. Trösten wir uns damit, dass Marx selber seine abstrakten Kategorien nie absolut gefasst hat, sondern stets in dialektischer Beziehung mit der sozialen Realität überprüft und notfalls auch «revidiert» hat.

5. Intellektualismus: Praktisch zu werden, kann, wie wir gesehen haben, unangenehm werden, kann auch mit dem Verlust von Existenzgarantien verbunden sein. Marx mokiert sich in den Feuerbach-Thesen zu Recht über die Schreibtischphilosophie. Seine Kritik gipfelt in der bekannten elften These: «Die Philosophen haben die Welt nur unterschiedlich *interpretiert,* es kömmt drauf an, sie zu *verändern.*» (Hervorhebung von Marx). Aehnlich urteilt er über die phänomenologische Grundfrage: Ist Wirklichkeit objektiv, d.h. unabhängig von den Wahrnehmenden wirklich oder erscheint sie uns nur wirklich? Diese Frage entscheidet sich für Marx in der Praxis. Wirkliches Denken ist praktisch, unwirkliches nicht.

Gerade für Linksintellektuelle in den Metropolen ist die Versuchung des Elfenbeinturms klassisch. Lebenslang wird an Theorien gefeilt, deren Praxisbezug längst nicht mehr klar ist. Die Angst, praktisch werden zu müssen, wird mit einem intellektuellen Skeptizismus abgefedert, der jede Aktion verhindern soll, weil die theoretische Klärung nie definitiv sein kann. Hier wünschen sich der kritische Rationalismus eines *Immanuel Kant* und die negative Dialektik eines *Theodor W. Adorno* gute Nacht und führen in einen traumlosen Schlaf, weil die positive Utopie verschüttet ist und folglich der Antrieb zum Kampf für Veränderungen fehlt. Unsere Analysen können in ihrer Richtigkeit aber nur praktisch überprüft werden. Selbstverständlich sind sie an jedem Punkt unfertig, aber sie werden nur in einer ständigen Austausch- und Ueberprüfungsarbeit in der Praxis weiterentwikkelt werden können. Eine Untersuchung für sich allein ist nie militant. Militant wird sie erst, wenn sie praktisch auf der Strasse, in Betrieben, am Wohnort usw. umsetzbar ist.

6. Pragmatismus: Genauso falsch wäre es, die Praxis absolut zu setzen. Praktische Arbeit verlangt eine ständige Ueberprüfung und Neubestimmung durch Auswertung, Untersuchung, Theorie. Sonst wird sie der Gegenseite ins Messer laufen, Erfahrungen nicht akkumulieren, einen Faschismus oder eine allgemeine Krise am falschen Ort oder im falschen Zeitpunkt vermuten und insgesamt sehr punktuell bleiben. Diese Gefahr ist vor allem in Bewegungen gross, in denen zu wenig Kräfte da sind, die den Aktionismus meist nicht suchen, aber mangels Raum für Theorie darin verfallen. Praxis braucht aber Theorie wie Theorie Praxis. Die Politische Oekonomie kann nur soviel praktischen Wert haben, wie die Praxis auf die sie sich bezieht, theoriefähig ist. Dieser Einführungsreader ist deshalb *kein* Schulungskurs, wenn Schulung Wissensvermittlung in eine Richtung bedeutet. Er ist von zwei Richtungen her entwickelt worden: Von der Theorie her als Grundlage für praktische Arbeit, in Auseinandersetzung gleichzeitig mit praktischer Arbeit und darin mit Leuten, die trotz oder wegen ihrer praktischen Arbeit Raum und Interesse für Theorie hatten.

Kapitel 2

Wertlehre

Die Wertlehre ist Kern und Herzstück nicht nur der marxistischen, sondern überhaupt jeder materialistischen Oekonomie. Beim Aufbau der Politischen Oekonomie müssen die zentralen Grundkategorien der materialistischen Methode entsprechen: Wir beginnen nicht mit Kategorien wie «Idee», «Geist» oder «Vernunft», wie das Hegel macht, sondern mit den Kategorien *«Wert», «Ware», «Arbeit»* und dergleichen. Politische Oekonomie befasst sich von ihrem materialistischen Ausgangspunkt her mit der Produktion und Verteilung von Werten. Hier ist das *antagonistische* (unversöhnlich gegensätzliche) Verhältnis zwischen den Klassen begründet, das sich auch im Bewusstsein, in den Ideen, in der klassenspezifischen Vernunft widerspiegelt und seinerseits auf die Verteilung zurückwirkt.

Der harte Gegensatz zwischen verschiedenen Klassen ist unmittelbar in der Produktion und Verteilung von Werten begründet: Herrschende Klassen haben ihre Herrschaft stets dazu benutzt, die beherrschten Klassen Werte produzieren zu lassen und sich diese Werte anzueignen. Was sich eine Klasse aneignet, hat die andere nicht (mehr). Klassenmerkmal ist damit, aktive Trägerin oder Träger (Subjekt) oder aber passiv Betroffene oder Betroffener (Objekt) von Ausbeutung zu sein. Die Zugehörigkeit zu einer dieser beiden Klassen basiert klassisch auf dem *Besitz bzw. Nicht-Besitz von Produktionsmitteln,* weniger klassisch, aber genauso bedeutsam, auf *Arbeits-* und *Geldorganisation*.

Der Materialismus fragt also und dies sind auch die Ausgangsfragen der Politischen Oekonomie: Wie werden Werte produziert? Wer eignet sie sich an? Wer darf sie konsumieren? Wer bestimmt über ihre Akkumulation (Anhäufung)? Ueber ihre Re-Investierung (Wiedereingabe in den Verwertungsprozess)? Wie werden Werte reproduziert (in der Zeit erhalten)? Wie werden neue, zusätzliche Werte geschöpft? Wie wird die Werteverteilung ideell, moralisch, emotional und/oder vernunftmässig begründet? Diese Fragen führen mitten in die Werttheorie.

Marx hat den Wertbegriff auf die Arbeit zurückgeführt. Das war nicht seine Erfindung, denn die Arbeitswertlehre war bereits in der klassischen Oekonomie entwickelt worden (speziell von *David Ricardo*). Neu war bei Marx, dass er *eine* Ware ganz speziell auf ihren Wert, ihre Wertbildungsfähigkeit und die Differenz zwischen diesen beiden Grössen hin untersuchte: die Ware *Arbeitskraft.* Arbeit wird also zur zentralen Kategorie der Wertbildung. Werte werden geschöpft durch Arbeit. Arbeit ist die planmässige Aneignung, «Veredelung» von Natur mit dem Zweck der Sicherung von Leben und Ueber-leben.

Arbeit, die Werte zur Sicherung des eigenen Lebens produziert, wird *Substistenzarbeit* genannt; Arbeit, die Werte im Hinblick auf den Tausch produziert, ist *warenproduzierende Arbeit.* Ware ist damit ein im Hinblick auf den Tausch produzierter Wert. Einfache Waren- oder Tauschwirtschaft ist die Voraussetzung für die Entwicklung von Arbeitsteilung, weil die Produzentinnen und Produzenten nur in dieser gesellschaftlichen Organisationsform die Möglichkeit haben, ihre durch Arbeitsteilung spezialisierte und damit partielle Werteproduktion gegen andere, zum Leben ebenfalls notwendige Werte zu tauschen. Arbeitsteilung wiederum ist die Quelle der Produktivitätssteigerung, weil sie zur Arbeitsverteilung führt und damit zur Entwicklung besonderer Fertigkeit. Arbeitsteilung ist aber stets auch Herrschaftsmoment (am deutlichsten sichtbar in der Trennung von Hand- und Kopfarbeit), zentrales Moment von Arbeitsorganisation und Klassenmerkmal. In diesem Zusammenhang entsteht etwa der Begriff der *Kontrolle,* aus dieser Tätigkeit heraus ergibt sich die Spaltung zwischen Kontrollierenden und Kontrollierten. Darauf haben wir im Rahmen der Politischen Technologie näher einzugehen.

Die *Tauschwirtschaft* ist damit eine bestimmte gesellschaftliche Organisationsform, eine Sozialtechnik, die den Doppelcharakter jeder Technik aufweist: Produktivitätssteigerung und neue Arbeitsorganisation. Marx polemisiert in diesem Zusammenhang absolut berechtigt gegen Adam Smith, Vater und inzwischen Grossvater der klassischen Oekonomie, der den Tausch als anthropologische (im Wesen des Menschen begründete) Kategorie fasste. Während Menschen seit Urzeiten und von frühester Kindheit an tauschten, habe nie jemand einen Hund mit einem anderen einen Knochen tauschen gesehen, betont Smith in seinem Grundlagenwerk «Der Wohlstand der

Nationen» (siehe Literaturverzeichnis). Nun ist es zweifellos richtig, dass Tiere nicht tauschen, zumindest nicht bewusst einen Wert hergeben, um einen anderen zu bekommen. Diese Tatsache genügt aber keineswegs, um den Tausch zur ahistorischen, anthropologischen Kategorie zu machen. Wer das macht, verstellt willentlich oder nicht, den Blick auf den *historischen* Gehalt der Kategorien der Politischen Oekonomie: Tauschwirtschaft und damit zusammenhängend Geld- und Arbeitsorganisation sind nur als historische Kategorien politisch begreifbar. Nur als Momente der Organisation von Klassenauseinandersetzung, die in der Geschichte wechselnde und stets neue Formen annimmt, sind sie veränderlich und nach Bedarf auch abschaffbar.

Für Marx ist die *Arbeit* zentrale anthropologische Kategorie. Arbeit, verstanden als planmässige *Aneignung und Umformung der Natur,* macht das Menschsein aus. Das Werk eines Baumeisters unterscheidet sich vom Werk einer Biene nicht dadurch, dass es künstlerischer oder weniger kunstvoll ist. Es unterscheidet sich dadurch, dass es im Kopf des Architekten und in Bauplänen bereits vor seiner Erstellung bestand und in der Folge *planmässig* umgesetzt wurde. Wieweit diese Unterscheidung zwischen menschlicher und tierischer «Arbeit» in der tayloristischen Fabrik aufgehoben wird, werden wir ebenfalls im Kapitel zur Politischen Technologie thematisieren.

Warenwirtschaft ist keine kapitalistische «Errungenschaft», sie ist viel älter als Kapitalismus. Neu am Kapitalismus ist aber der *Warenfetischismus,* d.h. die Tatsache, dass die Ware zur alles dominierenden Kategorie wird, warenproduzierende Arbeit die Subsistenzarbeit zurückdrängt, bis schliesslich alles warenförmig geworden ist: Arbeitskräfte, Kultur, Sinn, Sexualität, soziale Beziehungen, Nachrichten, Boden usw.. Der Warenfetischismus unterscheidet sich gegenüber der früheren, einfachen Warenwirtschaft durch zwei Momente: Erstens, wie erwähnt, dass alles warenförmig wird, die Ware zur zentralen Kategorie, «Do-ut-des» («ich gebe, damit du gibst») zum gesellschaftlichen Organisationsprinzip. Und zweitens dadurch, dass die Waren ein seltsames Eigenleben bekommen wie Götter, worauf Marx in seiner Religionskritik hinweist. Waren erhalten im Kapitalismus eine eigene «Subjektivität», sie werden zum Besen in der Hand des Zauberlehrlings.

Auch der Ort, wo Waren getauscht werden, der *Markt,* bekommt vom Kapital eine eigene «Subjektivität» geschenkt: er wird zur *«unsichtbaren Hand»* (Adam Smith), die für grösstmöglichen Wohlstand durch Optimierung der Nachfragebefriedigung mittels Güterproduktion und -verteilung besorgt ist, belohnt gute Leistungen und straft für schlechte und zu geringe. *«Der Markt wird's richten»,* heisst beispielsweise die Devise der pragmatischen Position für eine grosseuropäische Perspektive. Nun richtet der Markt weniger selber, als dass er *Instrument* ist, um zu richten, insbesondere zur *Durchsetzung des Wertgesetzes.* Damit ist er in der Tat Besen, eiserner Besen sogar, aber nicht in der Hand irgendeines Zauberlehrlings, sondern in der Hand jener Kräfte, die an der Durchsetzung des Wertgesetzes ein Interesse haben.

Die vom Kapital behauchten Warenseelen sind höchst seltsame Wesen. Sie sind die Lockvögel des grossen europäischen Binnenmarktes. Wenn ihre Zirkulation auf der überlasteten Nord-Süd-Transitachse ins Stocken gerät, wie beispielsweise an der Grenze der Tourismuszone Schweiz, die sich vor der Invasion der «schweren Brummer» abzuschirmen versucht, dann heisst es: «Waren stehen vor der Türe!» Wir hören sie schon klopfen und bimmeln, ganz ähnlich wie Weihnachtsmänner. Ich denke, wir müssen diesen neuen Nikoläusen die Kapuze wegziehen, um den Blick auf die dahinterliegende soziale Realität zu gewinnen. Waren haben keine eigene Subjektivität, aber sie vermitteln Warenbeziehungen zwischen Besitzenden und Nicht-Besitzenden ganz ähnlich wie Nikoläuse die Autorität von Eltern und Staat gegenüber Kindern vermitteln. Allein aufgrund dieser Vermittlungsleistung und nicht aufgrund ihrer eigenen Subjektivität sind sie interessant.

Auch Geld hat im Warenfetischismus eine eigene Subjektivität: Es «regiert» angeblich die Welt. Kein Wunder, dass es «Kronen» als Währung gibt. Die Computer haben angeblich Macht, Atombomben drohen selbsttätig hochzugehen, Kapital «arbeitet» und «verdient» sich dabei in Form von Zins seine Brötchen. Seinen höchsten Ausdruck findet der Warenfetischismus in der sogenannten *«trinitarischen Formel»,* wonach *Arbeit, Boden* und *Kapital* in einer Form von weltlicher Dreieinigkeit Werte produzieren und je für ihren Anteil an der Wertschöpfung mit *Lohn, Grundrente* und *Zins* «entschädigt» werden. Das ist pure Ideologie und als Unsinn erst mittels Ideologiekritik deutlich zu machen: *Otto Conrad* etwa hat in seiner Darstellung der «*Todsünde der Nationalökonomie*» darauf hingewiesen, dass in dieser Weltsicht bei einem Violinkonzert nicht nur der Geiger sondern auch die Geige geigt, während der Mensch bei Gebrauch eines Fernrohrs gemeinsam mt dem Fernrohr in die Weite sehen würde. Solche Analogien zeigen die Absurdität der trinitarischen Formel sehr anschaulich. Marx spricht in diesem Zusammenhang polemisch von «*Monsieur Le Capital*» und «*Madame La Terre*», die für ihre geleisteten Dienste in Form von Profit und Grundrente (Bodenzins) entschädigt werden wollen.

Das Wertgesetz

Abgesehen von Phasen besonderer (z.B. durch Spekulation herbeigeführter) Verknappung oder Uebervorteilung werden an Märkten jeweils Werte gleicher Höhe getauscht (sogenannt «*äquivalenter Tausch*»). Gleiche Höhe heisst, dass in den Produkten *gleichviel Arbeit* steckt. Als Messgrösse kann dabei nicht die (subjektiv sehr un-terschiedliche) individuell benötigte Arbeitszeit taugen, sondern eine (objektivierbare) durchschnittliche oder, wie Marx sie bezeichnet, «*gesamtgesellschaftlich notwendige Arbeitszeit*» gemäss Stand der Produktivkräfte.

Werte liegen damit nicht einfach vor, sie werden durch Arbeit geschaffen. Der hohe Wert eines Edelsteines wird durch die Sucharbeit, die Förderung, Bearbeitung etc. geschaffen, nicht grundsätzlich durch die Tatsache der Knappheit. Natürlich kann auch Knappheit einen Wert ansteigen lassen, aber nicht einfach als naturgegebenes Verhältnis, sondern als Ergebnis des Privateigentums an knappen Ressourcen. Ohne Privateigentum würde die Natur allen Menschen zur Verfügung stehen und nach Massgabe der Bedürfnisse zu gleichen Teilen verteilt.

Aber verlassen wir die Utopien und versuchen der Wertbestimmung genauer auf die Schliche zu kommen. Dazu müssen wir den sogenannten «*Doppelcharakter des Wertes*» einführen. Nach Marx hat jeder Wert eine *qualitative* (konkret-stoffliche) und eine *quantitative* (abstrakt-grössenmässige) Dimension: In der qualitativen Dimension heisst er «*Gebrauchswert*», verstanden als konkrete Nützlichkeit, Brauchbarkeit eines Wertes zur Bedürfnisbefriedigung. In der quantitativen Dimension heisst er *«Arbeitswert»* (er stellt ein bestimmtes Quantum geleisteter Arbeit dar), messbar gemäss Wertgesetz als *«Tauschwert»* (Verhältnis, in dem er sich gegen andere Werte tauscht), oder eben, weil abstrahierend von der Frage, wofür er zu gebrauchen ist, einfach *«Wert»*. Wer von Ware oder Wert spricht, muss versuchen, stets beide Dimensionen, die qualitative und quantitative, sowie ihr (dialektisches) Verhältnis mitzudenken. Das ist wiederum ungewohnt, eröffnet in der Politischen Oekonomie aber den Zugang zu sehr vielem: zum Verständnis der Ausbeutung, der Politischen Technologie, Geldtheorie usw..

Kapitalisten lassen objektiv Gebrauchswerte produzieren, denn nur Gebrauchswerte können einen (Tausch-)Wert haben. Subjektiv (also aus ihrer eigenen, individuellen Sicht) sind die produzierten Werte allerdings Tauschwerte. Kapitalisten sind am Ergebnis der Produktion als Tauschwert interessiert, weil sie in der hoch entwikkelten Arbeitsteilung Gebrauchswerte in so grosser Menge produzieren lassen, dass das Produktionsergebnis die stoffliche Nützlichkeit für die Kapitalisten selber hundertfach übersteigt. Die konkrete Nützlichkeit des Produktionsergebnisses reduziert sich zum Tauschwert, den die Waren am Markt realisieren, um danach in Geldform als Voraussetzung für einen weiteren Produktionszyklus zur Verfügung zu stehen. Ein Rüstungsindustrieller beispielsweise mag Waffenfetischist sein, wie er will; in jedem Fall wird er unter kapitalistischen Verhältnissen mehr Waffen produzieren lassen, als er selber gebrauchen kann - im Vertrauen auf die Abnahmebereitschaft des Rüstungsmarktes, der den subjektiv «überschüssigen» Gebrauchswerten als Tauschwerte ihren Wert und letztlich ihre Geldform (den zugesetzten Mehrwert inbegriffen) wiedergibt.

Gebrauchs- und Tauschwert haben nicht nur materielle, sondern auch immaterielle Güter (sogenannte «Dienstleistungen» wie Beratung, Taxifahrten, Haarschneiden usw.). Auch Rüstungsgüter haben einen Gebrauchswert - obgleich dies von pazifistischer Seite, moralisch verdienstvoll, aber unmaterialistisch, immer wieder in Frage gestellt wird. Damit ist nicht gesagt, dass Produktivkräfte im Kapitalismus nicht stets auch *«Destruktivkräfte»* sind und als solche letztlich keinen anderen «Gebrauchswert» für die Kapitalistenklasse haben, als Klassenkrieg von oben zu führen. Nun ist aber, wie wir (leider) wissen, gerade dieser Gebrauchswert für die Kapitalistenklasse und ihre (langandauernde) Existenz von erheblicher Bedeutung. Tröstlich zu wissen, dass Rüstungsgüter auch für die unterdrückten Klassen einen hohen Gebrauchswert haben, vorausgesetzt, sie sind selektiv einsetzbar und ihr Einsatz unterliegt basisdemokratischer Bestimmung. Sicher ohne Gebrauchswert für die unterdrückte Klasse sind grosstechnologische Waffensysteme mit unkontrollierbar auf die oberste Befehlsebene entrücktem Kommando, flächendeckende chemische Kampfstoffe und Nukleartechnologie, die zu nichts anderem als zur Ausbreitung eines ungezielten, jede Form von Eigenbestimmung lähmenden Schreckens führen.

Die Entwicklung der Produktiv- bzw. Destruktivkräfte im Kapitalismus löst stets auch soziale Verhältnisse auf. Sie unterwirft Menschen dem Wertgesetz, setzt sie frei von ihren Subsistenzmitteln und drückt sie in Lohnarbeitsverhältnisse herein: tatsächlich *(reelle Subsumtion)* oder der Möglichkeit und Notwendigkeit nach *(formelle Subsumtion).*

Ich habe mich früher gewundert, warum gewisse Pilze, Morcheln oder Eierschwämme etwa, so teuer sind, wenn sie schon in der Natur frei wachsen und damit keine unmittelbaren Produktionskosten entstehen. Als ich mein Erstaunen gegenüber einem materialistischen Pilzsammler geäussert habe, hat er mich zur Pilzsuche mitgenommen. Als erfahrener Pilzsammler hat er die bevorzugten Plätze der einzelnen Arten in etwa gekannt und mich an diese Stellen geführt, damit unsere Arbeitszeit nicht allzu krass über der gesamtgesellschaftlich notwendigen lag. Seither wundere ich mich, warum Morcheln oder Eierschwämme nicht teurer sind. Sie sind nämlich, auch mit Kenntnis der bevorzugten Stellen, sehr schwierig zu finden, schauen kaum unter der Erde hervor und sind nur mühselig intakt auszugraben. Die fünf, sechs und mehr Mark oder Franken je hundert Gramm Gewicht entsprechen damit nicht ihrem «natürlichen» Wert, sondern dem Arbeitsaufwand der Sammlerinnen und Sammler sowie den Vermarktungskosten (samt Mehrwert des Handelskapitalisten). Wenn ich nun, was durchaus möglich ist, als Pilzsammler besonders ungeschickt war, darf ich nicht die von mir benötigte Arbeitszeit als Grundlage für die Kalkulation des Marktpreises nehmen, sondern nur die durchschnittlich notwendige Arbeitszeit (unter Berücksichtigung des vorhandenen Pilzsammelwissens, der mit der Zeit erworbenen Geschicklichkeit beim Ausgraben etc.).

Ueberdurchschnittlich unproduktive Arbeit wird bei funktionierendem Wertgesetz vom Markt niemals voll abgegolten, was viele selbstverwaltete Kollektive inzwischen teilweise schmerzlich erfahren haben. Wenn in dieser Szene unproduktiv (überdurchschnittlich lange Arbeitszeit für die Produktion vergleichbarer Werte) produziert wird, dann ist dies häufig Folge der (berechtigten) Ablehnung von Stress, Rationalisierung, neuer Technologien und (damit zusammenhängend) hierarchisch strukturierter Arbeitsorganisation. Die folglich niedrigen Löhne sind indessen weder Ausdruck von Selbstausbeutung (eine seltsame Wortschöpfung!) noch von Verstössen gegen das Wertgesetz aus politischem Kalkül der Gegenseite. Sie sind vielmehr gerade Ausdruck des Wertgesetzes und damit, wie erwähnt, formeller Subsumtion (Unterordnung) unter kapitalistische Produktionsverhältnisse. Formell hier deswegen, weil Mitglieder selbstverwalteter Kollektive in der Regel nicht reell in kapitalistische Arbeitsverhältnisse gedrückt werden (mit Vorgabe des Produktionsergebnisses, Akkumulation von Profiten usw..). Via Markt, an dem sie ihre Produkte tauschen, unterliegen sie aber denselben Produktivitätsvorgaben und werden bei «Zuwiderhandlungen» gegen das Produktivitätsgebot entsprechend sanktioniert. Die oft gehörte These der «Selbstausbeutung» in der Alternativszene ist damit aus Sicht der Politischen Oekonomie nicht bestätigbar: Selbst-Ausbeutung könnte ja nichts anderes heissen, als dass Mitglieder von Alternativbetrieben sich selber ausbeuten, d.h. den von ihnen produzierten Profit selber aneignen, was ja immerhin nicht schlecht wäre. Tatsache ist wohl eher, dass wenig produktive Arbeit häufig nicht nur keinen Mehrwert, sondern im Extremfall sogar einen *«Minderwert»* produziert, wenn das Wertprodukt nach Produktion geringer ist als vorher, was Alternativbetriebe häufig mittels tiefroten Zahlen in ihren Betriebsrechnungen erfahren.

Die klassische Nationalökonomie erklärt die Bildung des Tauschwertes bzw. seiner Geldform, des *Preises,* graphisch als Schnittpunkt einer Angebots- und Nachfragelinie. Gesamtgesellschaftlich ergeben sich auf einem Markt spezifische Verläufe von Angebot und Nachfrage. Zu hohen Preise wird eine grosse Menge angeboten, je tiefer der Preis sinkt, umso geringer ist die Angebotsbereitschaft. Umgekehrt wird zu hohen Preisen nur eine kleine Menge nachgefragt, je tiefer der Preis ist, umso höher ist die Nachfragebereitschaft. Graphisch lassen sich Angebots- und Nachfrageverlauf wie folgt darstellen:

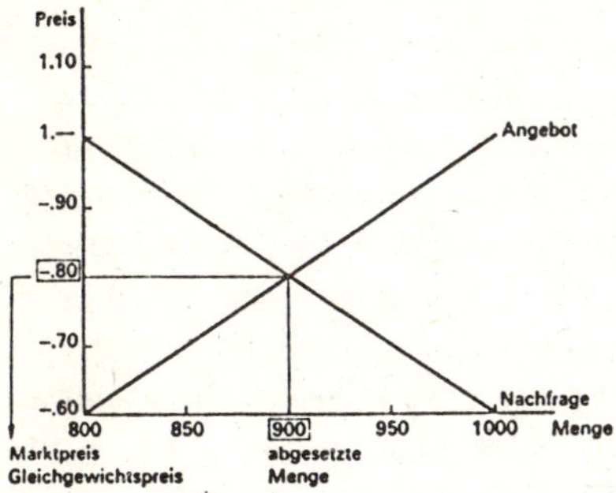

Markt		
Angebot	Preis	Nachfrage
1000 kg	1.—	800 kg
950 kg	–.90	850 kg
900 kg	–.80	900 kg
850 kg	–.70	950 kg
800 kg	–.60	1000 kg

DARSTELLUNG 1: Die Preisbildung in der klassischen Oekonomie

Der Marktpreis bildet sich in dieser Darstellung, die in ähnlicher Form in allen volkswirtschaftlichen Lehrbüchern auftaucht, im Schnittpunkt von Angebots- und Nachfragelinie. Dieser Preis wird auch als Gleichgewichtspreis bezeichnet, weil an diesem Punkt die abgesetzte und nachgefragte Menge gleich gross ist. Mit anderen Worten: Ueberproduktion (zu hohe produzierte Menge im Verhältnis zur nachgefragten Menge) ist nur möglich, wenn der Preis gestützt werden kann. Ein funktionierender Marktmechanismus würde demgegenber «automatisch» zu einer Preisanpassung nach unten und damit zur Erhöhung der nachgefragten Menge auf das Niveau der angebotenen Menge führen.

Nun ist dieses Schema nicht einfach falsch, sondern unzureichend. Was fehlt, ist die *materialistische Aufhängung* der beiden Linien. Wenn wir diese Aufhängung nicht machen, dann würden sich Angebot und Nachfrage freischwebend irgendwo treffen. Die Preisbildung wäre weitgehend der Phantasie von Anbietenden und Nachfragenden überlassen - Hauptsache, deren Phantasien würden sich treffen. (Dies ist in einzelnen irrationalen Märkten für Prestigegegenstände wie Kunst, Schmuck, Parfum oder Edelsteine in der Tat teilweise zutreffend, vermag aber keine allgemeine Gesetzmässigkeit der Preisbildung auf Massenkonsumgütermärkten zu begründen.) Die klassische Oekonomie versucht in der Folge, die Angebotslinie an den Kostenverläufen der Produktion aufzuhängen. Damit erklärt sie Tauschwerte mit Tauschwerten, versucht sich in der Manier des Münchhausens an den eigenen Haaren aus dem Sumpf ihrer materialistischen Unzulänglichkeit zu ziehen. Materialistisch aufhängen lässt sich die Angebotskurve aber nur durch die Arbeitswertlehre als Grundlage von Produktionskosten und Durchschnittsprofit, die Nachfragekurve nur durch die Reproduktionskosten (Wieder-herstellungskosten) der Arbeitskraft.

Die Unzulänglichkeit der Preisbildungslehre in der klassischen Oekonomie hängt damit zusammen, dass der Tausch seit Adam Smith als allgemein menschliche Kategorie und damit unabhängig von seiner kapitalistischen Form gefasst wird. Wenn Tauschwirtschaft und Warengesellschaft «natürliche» Ordnungen der Menschen sind, sozusagen ihre «zweite Natur» *(Georg Lukacs),* dann werden sich Preise, ähnlich wie Temperaturwerte, naturgesetzlich bilden. Dann ist auch die Uebertragung naturwissenschaftlicher Methoden auf die Sozialwissenschaften angesagt, wie das Marktforschung und quantitative Modelle in der Volkswirtschaft machen.

Verstösse gegen das Wertgesetz

Gemäss Wertgesetz tauschen sich Waren also im Verhältnis der in ihnen steckenden (Marx sagt: «geronnenen») Arbeitszeit. Mass oder Skala des Tauschwertes wird die gesamtgesellschaftlich benötigte Arbeitszeit. Wenn sich beispielsweise Bär gegen Hirsch im Verhältnis von 2 : 1 tauscht, dann heisst das, dass Erlegen oder Zucht eines Bären gesamtgesellschaftlich einen doppelten zeitlichen Aufwand im Verhältnis zum Erlegen oder Zucht eines Hirsches erfordert. Der hohe Preis für Morcheln und Eierschwämme drückt die Tatsache aus, dass diese Pilze nicht zu züchten sind und ein erheblicher Suchaufwand nötig ist, um sie in der Natur zu finden und auszugraben. Knappheit durch natürliche Beschränkung (im Unterschied zur spekulativ herbeigeführten Verknappung durch Anbieter) erhöht den Tauschwert durch einen hohen Such- und Erschliessungsaufwand, weil knapp vorhandene Gebrauchswerte auch in unwegsamem oder gefährlichem Gelände, tief unter der Erde oder in schwer auftrennbaren Verbindungen (Bauxit, Oelschiefer usw.) erschlossen werden.

Verschiedentlich zu Kontroversen Anlass gegeben hat die Frage, ob die Tatsache, dass die Natur gemäss marxistischer Arbeitslehre an sich keinen Tauschwert hat, den Zugang des Marxismus zur Oekologiefrage verstellt und für die massiven Umweltprobleme ehemals marxistisch orientierter Wirtschaftssysteme verantwortlich ist. Ich denke, dass diese Kritik gegenüber jenen Systemen berechtigt ist, die den Marxismus als Legitimation für staatskapitalistische Akkumulation missdeutet haben, d.h. wohl die Eigentumsverhältnisse formell verändert haben, nicht aber die Akkumulationslogik der Kapitalverwertung. Weil diese Produktion und Anhäufung von Werten durch den Staat als Imitationsform hinter ihrem privatkapitalistischen Vorbild herhinkte, war sie in besonderem Ausmass auf entschädigungslose *Parallelakkumulation* natürlicher Ressourcen angewiesen. Diese Form von Akkumulation, die nicht auf Lohnarbeit basiert, ist keineswegs eine Erfindung staatskapitalistischer Systeme. Sie gehörte seit je unabdingbar zur privatkapitalistischen Akkumulationslogik. Die klassische Oekonomie fasst sie seit einiger Zeit als sogenannt«*externe Kosten*», weil sie nicht von der Unternehmung selber getragen werden, sondern der Oeffentlichkeit auferlegt werden. Klar, dass diese Form der «Kosten» gerade in Krisenzeiten, in denen die Profite zurückbleiben, ihre Beliebtheit bei privat- und staatskapitalistischen Unternehmungen hat, weil sie die interne Kostenrechnung und Buchhaltung nicht belastet.

Wenn der dialektische Materialismus aber von einem dauerhaften dialektischen Austauschverhältnis zwischen menschlicher und aussermenschlicher Natur ausgeht, kann er die (teilweise unumkehrbare) Zerstörung natürlicher Ressourcen niemals rechtfertigen, ohne dass er diese Dialektik zu Ende führen würde. «Nur» Gebrauchswert, nicht aber Tauschwert, haben einzig jene Ressourcen, die im Verhältnis zum Bedarf unbegrenzt vorhanden sind oder sich fortlaufend selbsttätig erneuern. Angesichts des massiv gestiegenen Bedarfs, insbesondere in den Metropolengesellschaften, sind solche Ressourcen kaum mehr vorhanden. Es fällt mir schwer, überhaupt ein Beispiel zu geben. Viel einfacher finden sich Beispiele für jene natürlichen Ressourcen, deren Erneuerung als Voraussetzung ihrer dauerhaften Erhaltung Arbeit erfordert (Wasser, Luft, Erde usw.). Sie haben inzwischen einen Tauschwert, entsprechend der zu ihrer Erneuerung gesamtgesellschaftlich notwendigen Arbeitszeit. Daran vermag die Tatsache nichts zu ändern, dass dieser Tauschwert oder seine Geldform (der Preis) von den Unternehmungen, die diese Ressourcen beanspruchen, sehr häufig nicht abgegolten wird. Sie ist einzig Indiz dafür, dass es neben dem äquivalenten Tauschverhältnis (gemäss Wertgesetz) auch die Form des nicht-äquivalenten Tausches als Verletzung des Wertgesetzes bis zur gänzlichen Gratisaneignung von Werten gibt.

Weiter stellen wir fest, dass es einzelnen Kapitalisten gelingt, Waren über ihrem Wert zu tauschen und damit einen *«Extraprofit»* zu erzielen («extra», weil zusätzlich zum «normalen» Profit als Differenz zwischen dem Wert der Arbeit und dem Lohn). Einzelnen Kapitalisten kann es gelingen, andere hereinzulegen, was uns hier allerdings nicht besonders interessieren soll, weil solche Momente für die Kapitalistenklasse als Ganze nicht von Bedeutung sind. (Was der Uebervorteiler gewinnt, verliert der Uebervorteilte.) Interessanter sind *Monopolrenten,* Extraprofite, die Kapitalisten am Markt aufgrund der Tatsache realisieren können, dass sie alleinige Anbieter ohne Konkurrenz sind. Monopolrenten ermöglichen es den Monopolisten, zusätzliche Profite abzuschöpfen und können damit eine entgegenwirkende Tendenz zur Krise darstellen. Monopole entstehen aufgrund eines *technologischen Vorsprungs* (zeitlich meist begrenzt bis zum Ablauf des Patentschutzes bzw. bis zum allgemeinen Durchbruch eines Know-hows), aufgrund von *Marktmacht* (zeitlich ebenfalls begrenzt, weil hohe Profite Konkurrenten anziehen wie Exkremente Fliegen), *Einschüchterung der Konkurrenz, Grundeigentum* (zeitlich unbegrenzt) und aufgrund *staatlicher Garantien.* Auffällig ist, dass all diese Monopolformen in irgendeiner Form auf Gewaltverhältnissen beruhen.

Von quantitativ hoher Bedeutung sind insbesondere die aufgrund des privaten Besitzes von (nicht vermehrbarem) Boden in den Metropolen abgeschöpften Gewinne in Form von *Grundrenten.* Renten sind Entschädigungen, die nicht auf einer Arbeitsleistung, sondern auf staatlichen Garantien (Privateigentum, Errungenschaft) basieren. Wer beispielsweise nicht bebauten oder mit einer «Abbruchliegenschaft» bestückten Boden veräussert, realisiert offensichtlich keinen Arbeitswert, sondern einen auf dem privaten Eigentumstitel beruhenden Monopolgewinn. Wie hoch dieser Gewinn ist, hängt mit der Bedeutung der Grundstücklage für die Kapitalverwertung zusammen. «Junk-food», Zigaretten oder Spiel(un)glück lassen sich in grossem Umfang (und den setzt Massenproduktion voraus) nur an Lagen mit besonders dichten «PassantInnen-Strömen» aus einem besonderen Bevölkerungssektor verwerten: Zusammen mit der Ware wird ein «Lebensgefühl» angeboten, dass nur unter monopolistischen Produktionsverhältnissen breit suggerierbar ist. Der Franken, den ich an der Zürcher Bahnhofstrasse für hundert Gramm Qualitätsschokolade mehr bezahle, beruht nicht auf dem höheren Arbeitswert dieser Pralinen. Er ist auch nicht Extraprofit des Schokoladefabrikanten, sondern Mehrwertanteil des Grundeigentümers, geschuldet aufgrund von dessem privaten Eigentumstitel am nicht vermehrbaren Boden an der Zürcher Bahnhofstrasse - eine klassische Form der Monopolrente, erhöht durch den besonderen Lagevorteil für Kapitalverwertung.

Aus diesen Beispielen können wir folgern, dass das Wertgesetz, ähnlich wie das Krisengesetz (auf das wir im folgenden Kapitel zu sprechen kommen), nur *Tendenz* ist. Das bedeutet, dass es eine ganze Reihe entgegenwirkender Tendenzen gibt oder, wie wir sie in diesem Zusammenhang nennen wollen: eine ganze Reihe von *Verstössen gegen das Wertgesetz.* Dazu gehört jede Form des ungleichen Tausches, die, abgesehen von der Schenkung als Ausnahmefall nur auf der Basis von Gewalt oder Abhängigkeit durchsetzbar ist. Marx hat diese Form der Gratis- der Quasi-Gratisaneignung von Werten als typisch für die vorkapitalistische Zeit beschrieben. Gleichzeitig fasst er sie als Voraussetzung für die Entstehung des Kapitalismus, weil dadurch grosse Vermögen als Voraussetzung kapitalistischer Verwertung entstanden. Diese Form der Aneignung wird am Ende des ersten Bandes des Kapitals als sogenannt *«ursprüngliche Akkumulation»* beschrieben, ohne dass die folgenden Bände darauf zurückkommen. Marx erweckt so den Eindruck, als halte er die Phase der ursprünglichen Akkumulation mit dem entstehenden und sich ausbreitenden Kapitalismus für abgeschlossen. Diese Position lässt sich später auch bei Lenin erkennen.

Nun gibt es daneben bei Marx vereinzelt Hinweise darauf, dass er die ursprüngliche Form der Akkumulation im sich ausbreitenden Kapitalismus nicht für abgeschlossen hält. Sie sind allerdings selten und unsystematisch. Marx spricht am Ende des ersten Bandes des «Kapitals» vom *«Geheimnis»* der ursprünglichen Akkumulation. Die sechzig Seiten, die er in der Folge der Entdeckung dieses Geheimnisses widmet, stehen in keinem Verhältnis zu den mehreren tausend Seiten, die er der Akkumulation von Mehrwert im Lohnarbeitsverhältnis auf der Basis des äquivalenten Tausches gewidmet hat. Die ursprüngliche Akkumulation ist für Marx selber in vielem ein Geheimnis geblieben und sie wäre es für uns wohl heute noch, hätte nicht *Rosa Luxemburg* fünfzig Jahre später dieses Geheimnis zum zentralen Inhalt ihrer Schrift «Die Akkumulation des Kapitals» gemacht (1912). Ich will darauf ausgiebig im Kapitel über das Verhältnis zwischen dem kapitalistischen Lohnarbeitsbereich und seiner Umgebung («Milieu») zu sprechen kommen.

Ein wichtiger Hinweis auf die anhaltende Bedeutung der ursprünglichen Akkumulation findet sich bei Marx darin, dass er ihren Stellenwert für die Politische Oekonomie mit jenem des *«Sündenfalls»* in der Theologie vergleicht. Mit dem Sündenfall war alttestamentarisch die Schuld des Menschen, insbesondere auch die Frauenfeindlichkeit der christlichen Kirche durch die besondere Schuld des weiblichen Geschlechts begründet - damit Vertreibung aus dem Paradies, Schuld, Unterwerfung, Busse, Arbeit usw. («Im Schweisse Deines Angesichts sollst du dein Brot essen...», 1. Mose 3, 19). Wie wir wissen, ist dieser «Sündenfall» der Menschheit ein paar Jahrtausende gefolgt und hat seine Prophezeiungskraft bis heute nicht verloren: Das versprochene «Paradies» entpuppt sich gerade in der Epoche des Warenfetischismus für die Unterklasse, darin insbesondere für die Frauen, als offenes Gewaltverhältnis.

Das strukturelle (Ehe, Frauenbild, Frauenberufe) oder offene Herrschaftsverhältnis (Gewalt, Bedrohung, Entwürdigung, Anmache, Porno) ist die Grundlage des häufig nicht-äquivalenten Tausches von Frauenarbeit. Am Verhältnis zwischen dem Frauenbild in Werbung und Pornographie lässt sich dabei dialektisch die Gleichartigkeit (Objekthaftigkeit des Frauenbilds), aber auch die Verschiedenartigkeit (viel offenere Entwürdigung der Frau in den Pornos) von struktureller und offener Gewalt sehen. Herrschaftsverhältnisse sind deswegen die Basis des ungleichen Tausches, weil niemand unter Bedingungen von Gleichheit einen höheren Wert gegen einen massiv tieferen eintauscht oder einen Wert gänzlich gratis weggibt. Ein Ausnahmefall ist dabei die Schenkung, die im Wirtschaftsleben unter Knappheitsbedingungen allerdings eher Seltenheitswert hat. Viel häufiger und als Regel setzt der ungleiche Tausch einen dauerhaften Bestand von Abhängigkeit, Notlage, Schlägertrupps, Terror, Todesschwadronen usw. voraus - eine ökonomische Erklärung dafür, warum sich diese Gewaltformen im modernen Kapitalismus so hartnäckig halten.

Die Ware Arbeitskraft

Ich will nun näher auf die besondere Ware *«Arbeitskraft»* eingehen, weil diese Ware die spezielle Eigenschaft oder eben den *Gebrauchswert* hat, bei ihrer *produktiven Konsumtion* durch den Kapitalisten *«Mehrwert»* zu produzieren. *Mehrwert* heisst, dass nach dem Produktionsprozess ein *grösseres Wertprodukt* da ist als vorher. Das Warenkapital hat durch den Produktionsprozess an Wert zugesetzt und dafür ist die spezielle Ware Arbeitskraft verantwortlich. Entsprechend heisst das in die Ware Arbeitskraft investierte Kapital bei Marx *«variables Kapital»,* weil es veränderlich ist, nach dem Produktionsprozess grösser als vorher. Nur deshalb lohnt sich die Verwertung der Arbeitskraft durch den Kapitalisten. Wäre das Wertprodukt nach dem Produktionsprozess gleich gross wie vorher oder gar kleiner, würde die Verwertung von Kapital aus Sicht des Kapitalisten nicht lohnen; er beliesse das Kapital in einer haltbaren (wertbeständigen) Form, ohne das Risiko der Verwertung auf sich zu nehmen. Bei einer aus Sicht des Kapitalisten rentablen Kapitalverwertung hat das Wertprodukt nach der Produktion folgende Bestandteile:

W (produziertes Warenkapital) =
c (abgegebener Wertteil des konstanten Kapitals)
+ v (Lohn)
+ m (Mehrwert)

übertragener Wert — neugeschaffener Wert (Neuwert)

$$W = c + v + m$$

W = Warenwert
c = konstantes Kapital
v = variables Kapital
m = Mehrwert

DARSTELLUNG 2: Die Zusammensetzung des Warenwerts

C heisst jener Anteil am Wertprodukt, der in der Produktion *konstant*, d.h. auf derselben Werthöhe, erhalten bleibt. Es sind dies einerseits Rohstoffe, die in die produzierte Ware eingegangen sind (*zirkulierendes* konstantes Kapital), andererseits der Wert der Abnützung und Veraltung der Produktionsanlagen in der entsprechenden Produktionszeit (*fixes* konstantes Kapital). Diese Grössen sind betriebsintern einfach berechenbar und gehen als Rohmaterialkosten bzw. kalkulatorische Abschreibungen in die Berechnung des Verkaufspreises ein. Rohstoffe und beanspruchte Maschinen setzen der produzierten Ware also keinen neuen Wert zu, sondern übertragen ihren Wert im Produktionsprozess auf die Ware. Dieser Wertteil bleibt damit konstant. Anders der Wertteil, der in die Ware Arbeitskraft investiert wird: Er gibt dem kapitalistischen Produktionsprozess als Verwertungsprozess erst Sinn, weil er die Verwertung lohnend macht durch die Zusetzung des m (Mehrwertteil im produzierten Warenkapital). Die «menschenleere» Fabrik, die in den siebziger Jahren in den «Autonomie»-Heften herumgeisterte, ist damit nicht nur praktisch undenkbar (die vollautomatische Produktionsanlage ohne irgendeine Form menschlicher Ingangsetzung und Aufsicht gibt es nicht), sie wäre auch das Ende des kapitalistischen Verwertungsprozesses.

Es lohnt sich also, diese besondere Ware Arbeitskraft näher anzusehen. Wichtig ist dabei, sich stets vor Augen zu halten, dass wir nicht von der Ware Arbeit sprechen (Arbeit, verstanden als Ergebnis des Produktionsprozesses, kann ebenfalls Ware sein) und auch nicht von den Arbeiterinnen und Arbeitern als Ware. Natürlich können auch die Arbeitenden selber Ware sein, was allerdings das Wesen der Sklavenwirtschaft ausmacht, nicht dasjenige des Lohnarbeitssektors, wo die Arbeitenden im doppelten Sinne «frei» sind: rechtlich frei, d.h. nicht mit Haut und Haar verkäuflich, gleichzeitig freigesetzt von Produktionsmitteln.

Was sind nun aber die spezifischen *Eigenheiten* der Ware Arbeitskraft, die sie von allen anderen Waren unterscheiden? Weshalb hat sie insbesondere diese seltsame Eigenheit, den Produkten im Produktionsprozess *Mehrwert zuzusetzen?*

1. Auffällig ist zunächst, dass die Ware Arbeitskraft *lebendig* ist. Damit unterscheidet sie sich allerdings nicht vom Tier als Produktionsmittel. Folglich kann die Fähigkeit, Mehrwert zu schaffen, nicht mit der Lebendigkeit der Ware begründbar sein, denn Tiere im Produktionsprozess sind im Kapitalimus Teil des konstanten Kapitals und zwar des zirkulierenden, wenn sie geschlachtet werden, des fixen, wenn sie als Zug,- Zoo- oder Zirkustiere genutzt werden und diese Nutzung überleben. Ob Rohstoffe oder Produktionsmittel geben Tiere im kapitalistischen Verwertungsprozess jenen Wert ans Produkt ab, der ihren Produktionskosten entspricht. Der Ochse, der im Ackerbau «ochst», der Löwe, der im Zirkus durch einen brennenden Feuerreif springt, sie beide setzen der Produktion exakt jenen Wert zu, der dem Anteil ihrer Zucht,- Dressur,- Futter- und Stallhaltungskosten in der entsprechnden Produktionszeit entspricht. Im Honigpreis steckt kein Mehrwert, den der Imker den Bienen wegnimmt, sondern die Kosten der Bienenzucht und die Arbeit des Imkers. Wenn hier ein Mehrwert drin steckt, dann nur, wenn der Imker im Lohnarbeitsverhältnis beschäftigt ist und entsprechend nur ein Teil seiner Arbeit abgegolten ist.

2. Eine zweite Auffälligkeit der Ware Arbeitskraft, die der Lösung unserer Frage schon näher kommt, ist, dass die VerkäuferInnen der Ware Arbeitskraft im entwickelten Kapitalismus, d.h. nach ihrer Freisetzung von Subsistenzmitteln, über *keine andere Ware verfügen* als über ihre eigene Arbeitskraft. Sie sind zur Ueberlebenssicherung zum Verkauf dieser Ware gezwungen. In diesem Zwang ist ein strukturelles Ungleichgewicht zwischen den VerkäuferInnen und KäuferInnen dieser Ware begründet. Die VerkäuferInnen sind so wenig wie VerkäuferInnen verderblicher Ware frei, die Ware bei unbefriedigenden Preisen notfalls auch zurückzubehalten. Dieses strukturelle Ungleich-

gewicht mag dafür verantwortlich sein, dass die Ware Arbeitskraft ähnlich wie Obst und Gemüse in der Hochsaison, Osterhasen nach Ostern oder Modeartikel nach Saisonschluss sehr häufig zu «Schleuderpreisen» abgesetzt werden muss. Die KäuferInnen sind auf diesen Märkten in der Regel in einer ganz anderen Lage: Sie können kaufen oder nicht, jetzt oder ein halbes Jahr später, hier oder ein paar tausend Kilometer weiter südlich und damit ist die strukturelle Ab-hängigkeit und Gewalt im Lohnarbeitsverhältnis begründet. Durch den exklusiven Besitz von Produktionsmitteln realisiert die Kapitalistenklasse als Ganze einen *Monopolgewinn*.

3. Eine dritte Auffälligkeit ist, dass die menschliche Arbeitskraft selbst im hochentwickelten Kapitalismus weit davon entfernt ist, voll *unter kapitalistischen Bedingungen*, d.h. in Lohnarbeitsverhältnissen (mit all ihren Kennzeichen: Massenproduktion, Schematisierung usw.), *produziert* bzw. *reproduziert* zu werden. Produktion heisst die Herstellung von Werten, Re-produktion ihre Wieder-herstellung, wenn Werte in der oben dargestellten Form in das Wertprodukt eingegangen sind. Wenn die Kapitalbewegung dauerhaft sein soll, Kapital ein prozessierender (dauerhaft sich verwertender) Wert - und das ist ja wohl der Anspruch von Kapitalismus - dann müssen Arbeitskräfte und Kapital reproduziert werden. Marx widmet der Reproduktion des Kapitals in all ihren Abläufen den zweiten Band des «Kapitals». Wenn heute in der Politischen Oekonomie von Reproduktion gesprochen wird, dann ist weniger von diesen Ablaufschemata der Reproduktion des Kapitals die Rede, sondern von der *Reproduktion der Arbeitskraft*. Das *Patriarchat* als soziales Verhältnis, in der diese Reproduktion in aller Regel erfolgt, ist zentrales Thema der feministischen Oekonomie. Frau produziert und reproduziert in diesem Verhältnis die männliche Arbeitskraft, flexibel - je nach Bedarf im Lohnarbeitsbereich - auch ihre eigene und als Voraussetzung einer Mehrgenerationendauer auch die Kinder als zukünftige Arbeitskräfte. *Reproduktionstechnologien* heissen demzufolge jene Techniken (Bevölkerungsplanung, pränatale Diagnostik, Gentechnologie usw.), die diese Produktion und Reproduktion der Ware Arbeitskraft immer mehr der Selbstbestimmung der Frau entziehen sollen.

Die Ware Arbeitskraft unterscheidet sich nun von allen anderen Waren, auch von anderen lebendigen wie etwa Tiere, dadurch, dass sie noch (oder gerade) im hochentwickelten Kapitalismus zu einem

Grossteil durch Zwangsarbeit, halb- oder pseudofreiwillige Arbeit in so seltsamen Institutionen wie der Kleinfamilie produziert und reproduziert wird. Zwar lässt sich ein Teil der Reproduktion von Arbeitskräften durch die kapitalistische Produktion in der Konsumgüterindustrie (bei Marx: *«Abteilung II»)* wahrnehmen, auch Sexualität, Fertigfood, Sinn, Kultur usw. lassen sich bis zu einem gewissen Grad kapitalistisch produzieren. Tatsache bleibt, dass ganz wesentliche Produktions- und Reproduktionsfunktionen wie Gebären, Kinder aufziehen, emotionale Sicherheit und «Wärme», Lebensweisheit usw. kapitalistisch nicht produzierbar, nicht finanzierbar und deswegen hartnäckig im Aufgabenbereich der Familie und darin insbesondere der Frauenarbeit geblieben sind. Die Tatsache, dass die Ware Arbeitskraft auch im höchstentwickelten Kapitalismus unter ihrem Wert (d.h. unter ihren Produktionskosten in Lohnarbeitsverhältnissen zuzüglich Durchschnittsprofit) gekauft werden kann, ist offenbar von weit grösserer Bedeutung, als Marx noch glaubte.

Marx ging bei der Entwicklung des Mehrwertes davon aus, dass die Arbeitskraft zu ihrem Wert gekauft wird und gab sich mit dem Hinweis zufrieden, dass dieser Wert nicht einfach nur biologisch bestimmbar sei, sondern auch kulturell. Das kann nicht alles sein. Wenn die Produktion und Reproduktion von nahezu zwei Dritteln der Weltbevölkerung höchst prekär erfolgen und ihre Nutzung als Arbeitskraft durch Kapitalisten deutlich unter ihrem Wert abgegolten wird, dann ist das ein unübersehbarer Hinweis darauf, dass die Produktionsform von Arbeitskräften ausserhalb des Lohnarbeitsbereiches nicht die Ausnahme sondern die Regel ist. Wenn bei der Reproduktion von Arbeitskräften in der Familie, Kultur, im Gesundheitswesen, in der Kirche usw. feudale Momente wie die Unterwerfung unter eine Obrigkeit, «freiwillige» Arbeitsleistung oder Wertabgabe infolge Abhängigkeit oder Zuneigung sich so beharrlich halten, dann muss dies ökonomische Gründe haben.

Ich will die Werttheorie mit der bei Marx zentralen Unterscheidung von *absolutem* und *relativem* Mehrwert beschliessen. Diese beiden Begriffe sind am besten auseinanderzuhalten durch die Darstellung eines *Arbeitstages* im Lohnarbeitsverhältnis. Gehen wir beispielsweise bei einem achtstündigen Arbeitstag mit Marx davon aus, dass die Lohnarbeitenden in der ersten Hälfte ihres Arbeitstages der produzierten Ware jenen Wert zusetzen, der ihrem Lohn entspricht (also den Kosten der Arbeitskraft für den Kapitalisten). Für diesen Fall ergäbe sich folgende Teilung des Arbeitstages:

1. - 4. Arbeitsstunde	5. - 8. Arbeitsstunde
notwendige Arbeitszeit (für die Erhaltung der Arbeitskraft notwendiger Wert)	Mehrarbeitszeit

DARSTELLUNG 3: Die Aufteilung des Arbeitstages

Da das Resultat des Arbeitsprozesses kraft des Eigentums an den Produktionsmitteln dem Kapitalisten gehört, eignet er sich *gegen Entschädigung* den Wert der ersten vier Arbeitsstunden in der notwendigen Arbeitszeit an, sowie *entschädigungslos* den Wert der vier folgenden Arbeitsstunden in der Mehrarbeitszeit (Mehrwert). Das Verhältnis zwischen diesen beiden Werten entspricht dem Verhältnis zwischen Lohn und Mehrwert und wird von Marx *«Mehrwertrate»* genannt. Die Mehrwertrate lässt sich damit als Quotient (m geteilt durch v) darstellen. In unserem Beispiel ergäbe das bei einem gleich grossen Wertprodukt von je vier Stunden 1 oder 100%, ein Verhältnis, das Marx in sehr vielen Beispielen annimmt.

Die Mehrwertrate lässt sich folglich durch eine Erhöhung des Mehrwertes im Verhältnis zum Lohn vergrössern. Wenn ich von einer gleichmässigen Wertproduktion pro Zeiteinheit ausgehe, heisst das nichts anderes, als dass die Mehrarbeitszeit im Verhältnis zur notwendigen Arbeitszeit verlängert werden muss. Dazu gibt es zwei Möglichkeiten: Eine erste Möglichkeit ist die Verlängerung nach rechts, über die Dauer des bisherigen Arbeitstages hinaus. Marx nennt diese Verlängerung *absolute* Erhöhung der Mehrarbeitszeit und den in dieser Zeit entstehenden Mehrwert *absoluten Mehrwert.* Eine zweite Möglichkeit ist die *relative* Verlängerung nach links zulasten der bisher notwendigen Arbeitszeit bei gleichbleibender Länge des gesamten Arbeitstages. In dieser zuvor notwendigen Arbeitszeit entsteht neu *relativer Mehrwert*. Diese zweite Möglichkeit war in den Metropolen lange Zeit die wahrscheinlichere. Neuere Tendenzen wie Leih- und Schwarzarbeit sowie die Notwendigkeit verschiedener

Jobs zur Ueberlebenssicherung führen wieder zu einer Verlängerung der absoluten Arbeitszeit und sind damit Produktion von absolutem Mehrwert.

Nachdem die organisierte Lohnarbeitsbewegung den Kampf gegen die Verlängerung des Arbeitstages selbst in ihren reformistischsten Phasen zum «pièce de résistance» gemacht hat, liess sich die Mehrwertrate in den Metropolen einzig über relative Verlängerung der Mehrarbeitszeit, d.h. also durch fortgesetzte Verkürzung der notwendigen Arbeitszeit, erhöhen. Diese Verschiebung der Grenze zwischen notwendiger und Mehrarbeitszeit innerhalb eines gegebenen oder sich sogar verkürzenden Arbeitstages nach links, d.h. zugunsten der Mehrarbeitszeit und zulasten der notwendigen Arbeitszeit, macht die Logik kapitalistischer Restrukturierung von Lohn- und Reproduktionsarbeit seit Entstehen der organisierten Gewerkschaftsbewegung aus. Rationalisierung, verstanden als Einführung neuer und immer aufwendigerer Produktionstechnologie, selektiver Druck auf die Reallöhne in den Metropolen, Druck auf die Preise der Landwirtschaftsgüter als Teil der Reproduktionskosten, der hohe Anteil der Gratisarbeit in der Reproduktion von Arbeitskräften, Entschädigung der Arbeitskräfte tief unter ihrem Wert als Regel der Trikontarbeit, damit Entstehung einer weltweiten Mehrwertkaskade mit breitem Billiglohnfundament im nicht qualifiziertem Bereich und luxuriösem Giebel in der qualifizier-ten Arbeit - all diese Phänomene lassen sich in ihrer Gesetzmässig-keit durch die Theorie des relativen Mehrwerts verstehen.

Und mehr noch: Die Frage, ob Krise oder nicht, auf die wir im folgenden Kapitel eintreten wollen, begründet Marx im Lohnarbeitsverhältnis gerade in diesem Bestreben der Kapitalistenklasse, den relativen Mehrwert fortgesetzt zu erhöhen. Damit wird eine Krisentendenz geschaffen, gleichzeitig aber - und dies ist nur dialektisch zu verstehen - ein der Krise entgegenwirkendes Moment. Diese Begründung im Lohnarbeitsverhältnis ist notwendig, aber nicht hinreichend. Ausgehend von der Theorie des relativen Mehrwerts verlangt die Krisenanalyse eine Erweiterung des Blicks über den Lohnarbeitsbereich in Gratis- und Zwangsarbeitsverhältnisse. Halten wir für den Moment fest, dass die Wertlehre, *die Lehre der unversöhnlich gegensätzli-*

chen Position zwischen jenen, die Werte produzieren lassen und jenen, die sie produzieren, sowie der Kampf um diese Werte über die Krisenhaftigkeit der Kapitalbewegung entscheidet.

Das Verständnis der Wertlehre aus der Kapitalbewegung heraus soll uns nicht dazu verleiten, die Perspektive des Kapitals zu unser eigenen zu machen: «Wert» ist stets gefasst als Wert für das Kapital, prozessierend im Hinblick auf stets weitergehende Verwertung. Bezeichnend ist in diesem Zusammenhang der gegenteilige Begriff *«unwert»:* Er meint Nicht-Verwertbarkeit aus der Perspektive der Kapitalbewegung und trifft so alte und behinderte Menschen gleichermassen mit der latenten oder offenen Vernichtungsdrohung. Marx hat in den «Grundrissen» die Kategorie des *«Nicht-Wertes»* dagegen gestellt. In der Produktivitätsgläubigkeit staatskapitalistischer Akkumulationsformen musste sie zwangsläufig wieder verschüttet werden. Dem Nicht-Wert als Kategorie wieder zu seiner Existenz zu verhelfen, ist deshalb noch immer ein höchst subversiver Akt: Er hiesse, Leben und Menschsein gerade nicht auf seine Verwertbarkeit durch das Kapital zu fassen, sondern auf seine Widerspenstigkeit und lebendige Subjektivität. Eben *»Leben als Sabotage»* der Kapitalverwertung *(Detlef Hartmann)*.

Kapitel 3

Krisentheorie

Bevor wir zu diesem Schlüsselkapitel kommen, sei eine einleitende Bemerkung vorangestellt: Ob Krise oder nicht, ist für die Politische Oekonomie nie nur technische Frage, sondern ganz wesentlich *politische* Frage. Ich kann nicht allein aus den Bewegungsgesetzen des Kapitals schliessen, ob eine Krise ansteht oder nicht. Natürlich ist es richtig, dass in den kapitalistischen Bewegungsgesetzen die Tendenz zur Krise innewohnt, deshalb sind Kapital und Krise als Begriffe auch nicht trennbar. Aber dieser Zusammenhang ist nicht so linear, dass wir die Hände in den Schoss legen können und einzig noch die Wertzusammensetzung des Kapitals zu messen brauchen, um den exakten Zeitpunkt des Kriseneinbruchs zu bestimmen.

Krise hat im Kapitalismus stets einen Doppelcharakter, der wiederum nur dialektisch fassbar ist: Sie ist sowohl *Ergebnis* (Ausdruck andauernd zurückbleibender Profite) wie auch *Kalkül* (geplante Verschlechterung von materiellen Bedingungen, die aus der Profitklemme herausführen soll). Als notwendiges Ergebnis kapitalistischer Bewegung hat ihr Marx den gesamten dritten Band des «Kapitals» gewidmet, als Kalkül *(«Krisenangriff»)* haben insbesondere die Redaktionskollektive *«Zerowork»* (USA), *«Autonomie»* (BRD) sowie zahlreiche italienische Debatten im Rahmen des *«Operaismus»* wichtige Beiträge verfasst. Die beiden Ansätze erscheinen nur unvereinbar, wenn sie je für sich undialektisch absolut gesetzt werden. Das kann nicht zur Erhellung beitragen: Krise als vom Kapital ungewolltes, «missliebiges» Schadensereignis erklärt nicht, warum Kapitalstrategen phasenweise offensichtlich auf Krise setzen (Oelkrise, Verschuldungskrise, Golfkrise u.a.), während Krise als vom Kapital gewollte, kalkuliert gespielte Karte als Analyse zu schablonenhaft und letztlich *tautologisch* ist, weil es die Erklärung in der getroffenen Annahme sucht. Das alles kontrollierende kapitalistische Weltgehirn, das je nach Notwendigkeit auf Krise oder Prosperität setzt, ist ein Götze - gleichermassen geschaffen von jenen, die diesen Götzen verehren wie von jenen, die ihn vom Sockel holen wollen. Eine ungute Vorstellungsgemeinschaft in jedem Fall, denn wenn es einen solchen Götzen gäbe, wäre er gar nicht so einfach vom Sockel zu holen.

Aber beginnen wir mit dem klassischen Marx'schen Ansatz. Marx hat die Krisentheorie im dritten Band des «Kapitals» als notwendiges Ergebnis der Kapitalbewegung entwickelt. Er mag Ende der sechziger Jahre des vergangenen Jahrhunderts unter dem Eindruck des bevorstehenden tiefen weltwirtschaftlichen Einbruchs (manifest ab 1873) gestanden haben. Tatsache bleibt, dass er die Krisentheorie als dialektisches Verhältnis zwischen dem *tendenziellen Fall der Profitrate* und den *entgegenwirkenden Tendenzen* gefasst hat. Während das Gesetz des tendenziellen Falls der Profitrate wesentlich in der Logik des Kapitals und seiner Bewegung begründet wird, sind die entgegenwirkenden Tendenzen nur gegen Widerstand im Produktions- und Reproduktionsbereich durchsetzbar und damit eine Frage der Stärke des Widerstands.

Mit anderen Worten: Während das allgemeine Bewegungsgesetz des Kapitals *immanent* (d.h. in der Bewegung des Kapitals innewohnend) zu einer Verschlechterung der Verwertungsbedingungen führt, versucht die Kapitalistenklasse - dazu dient ihre gesamte politische, militärische, soziale und kulturelle Organisierung - bessere Verwertungsbedingungen auf höherem Niveau durchzusetzen. Die Frage, ob ihr das gelingt, ist eine Frage des Kräfteverhältnisses gegenüber dem Widerstand gegen neue Verwertungsbedingungen, der in den verschiedensten Formen auftreten kann. Im Lohnkampf auf der Ebene der Fabrik, im Kampf um soziale Garantien auf der Ebene des Quartier- und Alltagslebens.

Niemand lässt sich freiwillig oder unkorrumpiert verwerten. Durchsetzung von Verwertungsbedingungen heisst also immer Zwang, Gewalt oder Einbindung, Käuflichkeit. In der Geschichte der Kapitalverwertung und der jeweiligen Neuorganisation auf neuer Stufe ist dieses Instrumentarium weltweit sehr stark differenziert worden. Wir finden ganz verschiedene Formen von Gewalt (direkt oder strukturell, hohe, mittlere oder niedrige Intensität), aber auch völlig unterschiedliche Formen von Einbindung (Lohndifferenzierung, Betriebshierarchie, Mitbestimmung, Mitbeteiligung in Form von Kleinaktienbesitz, betriebliche Pensionskassen u.a.). Gewalt und Einbindung erfassen auf dieser Stufe alle Lebensbereiche und sozialen Verhältnisse. «Höchster» Ausdruck von Einbindung ist die Betriebskultur: Betriebswohnung, Betriebsausflüge, Betriebssport, Betriebsfürsorge u.a. vereinnahmen die Arbeitskraft materiell und psychisch weit über den Arbeitsplatz hinaus.

Die Differenzierung von Gewalt und Einbindung ist soweit vorangetrieben worden, dass sie zeitweilig die Klassengrenzen verwischt bzw. durchlässig gemacht hat. Sie hat insbesondere im obersten Segment des Metropolenproletariats (FacharbeiterIn, untere Kader) zu einer diffusen Klassenposition geführt, die objektiv und subjektiv Momente verschiedener Klassenlagen zu einem Weltbild eigener Art zusammengeschustert hat. Dieses Weltbild kann in brüchigen Zeiten zu individualistisch-amokhaften Reaktionen führen, zeitweilig latent auch zu faschistischen, ohne allerdings (noch) zu einer kollektiven Massenmobilisierung zu befähigen. Dasselbe gilt für das Kleingewerbe und andere absteigende kleine Grenzkapitalisten, die dem Krisengesetz individuell nicht zu entgehen vermögen. Die Frage, ob die Kapitalistenklasse als Ganze dem Krisengesetz zu entgehen vermag, entscheidet sich daran, wie stark sie diese Segmentierung des Proletariats ausnützen und diffuse intermediäre (zwischen den Klassen gelegene) Positionen nationalistisch, faschistisch und/oder religiös-fundamentalistisch mobilisieren kann. Sich dieser Klassenauseinandersetzung zu stellen, ist Aufgabe von uns allen. Krise oder nicht ist damit keine technische, sondern die politische und letztlich auch sehr persönliche Frage nach der Bereitschaft zu Widerstand.

Krisentheorie in der bürgerlichen Oekonomie

Beginnen wir mit der Krisentheorie gemäss bürgerlicher Oekonomie. Sie ist deswegen einfach darzustellen, weil es keine gibt. Aehnlich wie in der Inflations«theorie», also in der Frage, warum Geld an Wert verliert, finden wir keine allgemeine zusammenhängende, gesetzmässige Erklärung, warum die kapitalistische Weltwirtschaft immer wieder von Kriseneinbrüchen erschüttert wurde und wird. Was es gibt, sind punktuelle Erklärungsansätze, die ein Moment herausgreifen, häufig beliebig, häufig auch blosses Oberflächenphänomen oder Folgewirkung. Inflation wird dann beispielsweise dadurch «erklärt», dass die Geldmenge zu stark gewachsen ist (geldmengeninduzierte Inflation) oder dass die Leute zu hohe Ansprüche haben («Anspruchsinflation»), zuviel Lohn verlangen, was auf die

Preise überwälzt wird («Lohn-Preis-Spirale») und dergleichen mehr. Das alles hat etwa Richtiges, aber vermag offensichtlich nicht hinreichend zu erklären, warum Inflation in der kapitalistischen Entwicklung so allgegenwärtig ist wie die Krise.

Bei der Krisentheorie ist die Unzulänglichkeit der bürgerlichen Oekonomie noch augenfälliger: Das Phänomen Krise wird verdrängt bis zum Wort. Wenn es trotzdem Einbrüche in der Verwertung geben sollte, dann ist das im kurzfristigen Bereich von einem bis vielleicht drei Jahren eine *«Rezession»* , wenn länger dauernd womöglich eine *«Depression»,* aber niemals eine Krise. Wer das Wort «Krise» in den Mund nimmt, beschwört den Teufel herauf oder hat Marx gelesen. Beides ist unerwünscht. Fremdworte haben hier wie überall die Aufgabe, den Zutritt für Laien zu erschweren und damit Diagnose und Therapie den Fachleuten zu überlassen. Im Begriff der Depression steckt ausserdem ein psychologisches Krankheitsbild mit hohem Mass an Demobilisierung.

Aber fragen wir uns, warum es gemäss bürgerlicher Oekonomie zu «Rezession» und «Depression» kommen kann. Rezessionen wurden in früheren Epochen, als die Landwirtschaft eine absolute Schlüsselrolle hatte, mit klimatischen Einflüssen, z.B. Sonnenflecken, erklärt. Das kann heute nicht mehr der entscheidende Einfluss sein. Seither werden Konjunkturschwankungen mit der besonderen Eigenheit der Marktwirtschaft erklärt, wonach Tausende unabhängiger ProduzentInnen und KonsumentInnen täglich unabgesprochen Entscheide treffen und der Markt die individuellen Entscheide nur mit zeitlicher Verzögerung und um den Preis kurzfristiger Preis- und Mengenschwankungen koordiniert.

Nehmen wir beispielsweise den sogenannten *«Schweinezüchterzyklus»,* wonach alle Schweinezüchter unabhängig voneinander auf sinkende Preise für Schweinefleisch mit Produktionsumstellung weg von der Schweinezucht reagieren, worauf Schweinefleisch knapp werden muss und der Preis steigen wird. Darauf werden nun umgekehrt die Schweinezüchter mit Produktionsausweitung von Schweinefleisch reagieren, worauf Schweinefleisch im Ueberfluss da sein wird und der Preis wieder fallen muss. Wieder werden die Schweinezüchter mit Produktionsumstellung reagieren, die Preise ansteigen usw.. Das mag Schwankungen in den Teilmärkten erklären, aber branchenübergreifende Einbrüche?

Noch schwerer tut sich die bürgerliche Oekonomie mit der Erklärung der «Depression». Als Ursache müssen hier Fehler in der Wirtschaftspolitik herhalten wie z.B. in den dreissiger Jahren in den *Metropolen* oder in den siebziger und achtziger Jahren im *Trikont*. Während damals in den Metropolen die Geldmengenverknappung und eine restriktive staatliche Ausgabenpolitik falsch war, sind es heute im Trikont Geldmengenausweitung und expansive Ausgabenpolitik. Bürgerliche Wirtschaftspolitik hat es in dieser Beziehung nicht leicht: Was sie macht, ist falsch, wenn es nur die Depression erklären und einem individuellen Fehlverhalten anlasten kann. Auch Computerprogramme sind nicht unverdächtig: Der Börsencrash vom Oktober 1987 wird zu einem Gutteil ihner Eigendynamik angelastet, damit die grundsätzliche Krisenbedrohlichkeit gebannt werden kann. Und schliesslich gibt es - wenn alle anderen Erklärungsversuche nicht befriedigen - immer noch die Bösewichte in der arabischen Welt: Nasser, Khomeini, Ghadhafi, und Saddam Hussein, die die reibungslose Oelversorgung der Metropolenwirtschaft zu Niedrigpreisen in Frage stellten und damit individuell und persönlich für Rezession und Depression verantwortlich gemacht werden konnten.

Das kann nicht alles sein. Vorsichtshalber wurde deshalb noch die *«Theorie der langen Wellen»* entwickelt, wonach die Weltwirtschaft wellenförmig durch Zyklen von mehreren Jahrzehnten Länge geht, die der Lebensdauer einer technischen Generation entsprechen. *Joseph Schumpeter* sprach in diesem Zusammenhang von einem *«Innovationszyklus»:* Erschliessung neuer Produktionsverfahren, Eröffnung neuer Märkte, Imitation, Sättigung, Veraltung. Nachdem die bolschewistischen Wirtschaftsplaner, insbesondere *Nikolaj Kontradieff,* empirisch die Entwicklung der Weltwirtschaft in solch langen Wellen ebenfalls festgestellt haben, ist diese Theorie teilweise auch für die Linke salonfähig geworden. Langandauernde Phasen der Prosperität in den Metropolen als Folge technischer Durchbrüche zu sehen (z.B. der Dampfkraft, Elektrotechnik oder Mikroelektronik), mag in der Tat etwas für sich haben. Technologische Lebenszyklen linear mit Wirtschaftszyklen gleichzusetzen, ist aber sicher zu einfach. Neue Technologien stellen den Produktionsprozess nicht nur einfach technisch auf eine neue Basis mit höherer Produktivität. Sie sind stets auch Antwort auf Widerstand gegen Verwertung und stellen damit auch die Klassenbeziehung auf eine neue Basis.

Wenn die Theorie der langen Wellen von der Linken übernommen wird, ist dies in jedem Fall problematisch. Nicht nur fehlt die empirische und theoretische Begründung einer Gesetzmässigkeit, die nicht ausreichend begründete Annahme einer «Automatik» in der Abfolge von Auf- und Abschwüngen in der Kapitalbewegung hat zwangsläufig demobilisierende Wirkung. Folgt der Aufschwung dem Abschwung nicht auf dem Fuss, so beginnen auch linke VertreterInnen der Theorie der langen Wellen mitzurätseln und suchen selber beispielsweise nach Wegen aus der *«Verschuldungskrise»*. Im besseren Fall verirren sie sich dann in der Unwegsamkeit technischer Kapitalbewegungslabyrinthe, im schlechteren tragen sie die Vorbereitung und Durchsetzung neuer Verwertungsbedingungen propagandistisch mit.

Das Gesetz des tendenziellen Falls der Profitrate

Was sagt denn Marx zur Krisenfrage? Er hat zeitweilig selber das Zeug zum Mediziner am Bett des Weltkapitals, misst die Fieberkurve mit, geht den Ursachen nach, ohne aber deswegen gleich an den Medikamentenschrank zu laufen. Im Kommunistischen Manifest und auch in anderen Texten wird die sich abzeichnende Bettlägrigkeit des Kapitals vielmehr als Mobilisierungsmoment verwendet. Auf zum letzten Gefecht - ähnlich hat das beispielsweise auch die KPD in ihrer *«Marxistischen Arbeiterschulung»* zu Beginn der dreissiger Jahre dargestellt (Kursus «Politische Oekonomie», siehe Literaturverzeichnis). Solange die Analyse wahrhaftig bleibt, die Krisenhaftigkeit belegt, die Empfindlichkeit der Kapitalverwertung benannt und nicht allein technisch erfolgt, ist eine solch mobilisierende Theorie die einzig richtige und vermag sich in den notwendigen praktischen Zusammenhang zu stellen.

Warum ist nach Marx die Krisenbedrohung immanent? Kapitalisten produzieren Tauschwerte. Nehmen wir Daimler-Benz, Oerlikon-Bührle oder Fiat: Es ist ihnen ökonomisch - politisch nicht unbedingt - einerlei, ob sie Waffen, Autos, Ventile oder Schuhe produzieren. Als Kapitalisten sind sie interessiert, abstrakte, also allgemeine Werte produzieren zu lassen und die einzige Frage, die sie in diesem Produktions- und Verwertungsprozess interessiert, lautet: Wieviel grösser ist das Wertprodukt *nach* dem Produktionsprozess als *vor* dem Produktionsprozess? Allein aufgrund der Tatsache, dass im Produktionsprozess Wert zugesetzt oder eben: *neu geschöpft* wird, lassen sie produzieren. Andernfalls könnten sie die bestehenden Werte einfach in haltbare Form bringen und würden nicht das Risiko der Verwertung, die ja auch schiefgehen kann, in Kauf nehmen.

Schiefgehen kann die Verwertung im *Produktionsprozess* (Herstellung des Warenwertes), aber auch im *Zirkulationsprozess* (Rückführung des Warenwertes in Geldform). Im Produktionsprozess wäre dies beispielsweise der Fall, wenn die Arbeitskraft mehr kosten würde als sie dem Produkt an Wert zusetzt. Im Zirkulationsprozess, kann die Verwertung stocken, wenn die Werte, die im Produktionsprozess geschöpft worden sind, gesamtgesellschaftlich keine oder nur teilweise Gebrauchswerte darstellen oder die entsprechende Konsumkraft zur Abgeltung dieser Werte fehlt. (Im Trikont ein sehr häufiger Fall.) Dass die kapitalistische Produktionsweise an den gesamtgesellschaftlichen Bedürfnissen vorbei produzieren kann, hängt damit zusammen, dass die Kapitalistenklasse als Ganze nicht Gebrauchswerte produziert, sondern eben abstrakte Tauschwerte gemäss Investitionsrechnung. Entsprechend ist *Ueberproduktion* (zu hohe Produktion im Verhältnis zum kaufkräftigen Bedarf) eine latente Bedrohung für die Kapitalistenklasse. Darauf weisen auch die anteilmässig ständig steigenden Verwertungskosten der Warenproduktion für Marketing, Werbung und Verkauf hin, die auf den Massenkonsumgütermärkten schon ein Prozent der gesamten Wertschöpfung übersteigen. Dass Ueberproduktion in der kapitalistischen Produktionsweise nicht nur möglich, sondern notwendig ist, lässt sich damit bereits vermuten und mit Marx in der Bewegung des Kapitals nachweisen.

Beginnen wir technisch: Marx hat die in der Kapitalbewegung innewohnende Tendenz einer sinkenden Profitrate (Gewinn im Verhältnis zum eingesetzten Gesamtkapital) mit vielen Rechnungen nachgewiesen. Dieser Nachweis ist nicht schwierig zu erbringen und inzwischen durch die empirische Realität kapitalistischer Entwicklung hundertfach bestätigt worden: Marktwirtschaft und Konkurrenz zwingen die produktiv fungierenden Kapitalisten fortgesetzt, ihre Produktionskosten zu senken. Dazu gibt es ein probates Mittel: Rationalisierung, d.h. Ersatz der menschlichen Arbeitskraft durch Maschinen, also fortgesetzte Investition in das Anlagevermögen.

Durch diese fortgesetzte Investition in das Anlagevermögen verändert sich das produzierte Warenkapital in seiner *Wertzusammensetzung* nachhaltig, indem der konstante Wertteil c relativ zum variablen Wertteil v zunimmt. Die relative Vergrösserung des vom konstanten Kapital abgegebenen Wertteils führt zu einer Verschlechterung der Profitrate, die ja als Gewinn (Mehrwert) im Verhältnis zum eingesetzten Kapital (mit variablem und konstantem Wertteil) definiert ist. Bei gleichbleibender Mehrwertrate (Mehrwert im Verhältnis zum eingesetzten variablen Kapital), muss sich die Profitrate verkleinern, da sich c, das relativ zu den beiden anderen Grössen m und v zunimmt, im Nenner befindet. Um die Profitrate auf demselben Stand zu halten, müsste die Mehrwertrate entsprechend zunehmen, was durch Verlängerung des Arbeitstages, Intensivierung der Arbeit oder Lohnsenkung möglich wäre. Darauf will ich im Zusammenhang mit den entgegenwirkenden Tendenzen zu sprechen kommen. Vorläufig wollen wir davon ausgehen, dass eine Erhöhung der organischen Zusammensetzung (Wertzusammensetzung) des Kapitals durch fortgesetzte Rationalisierungsinvestitionen zu einem relativ höheren Wertteil des konstanten Kapitals und damit zu einer *tendenziell sinkenden Profitrate* führen muss.

Ein einfaches Beispiel: Nehmen wir bei einem Gesamtkapital von 100 eine vergleichsweise niedrige organische Zusammensetzung (v =70, c = 30) und umgekehrt eine hohe organische Zusammensetzung (v = 30, c = 70). Nehmen wir nun eine gegebene Mehrwertrate von 100 Prozent an (also m/v = 1 und damit m = v), so entsteht bei der niedrigen organischen Zusammensetzung ein Mehrwert von 70, bei der hohen organischen Zusammensetzung ein Mehrwert von 30. Daraus ergibt sich für die niedrige organische Zusammensetzung eine Profitrate von 70 Prozent (m/c+v = 70/100), für die hohe organische Zusammensetzung nurmehr eine Profitrate von 30 Prozent (m/c+v = 30/100). Die Profitrate ist umgekehrt proportional zur steigenden organischen Zusammensetzung des Kapitals gesunken.

Beziehen wir nun zusätzlich den Zirkulationsbereich mit ein, so zeigt sich, dass die veränderte Wertzusammensetzung der produzierten Ware zu einem Ungleichgewicht zwischen Abteilung I (Investitionsgüterproduktion) und Abteilung II (Konsumgüterproduktion) führen wird. Unter der Annahme einer sogenannt *«einfachen Reproduktion»,* d.h. einfacher Ersatz des abgebenen Wertteils c durch kontinuierliche Erhaltung der Produktionsanlagen ohne Erweiterungsinvestitionen, folglich konsumtive Nutzung des Mehrwertes durch die Kapitalistenklasse, schafft der Ersatz des produzierten Warenkapitals wertmässig folgende Nachfragen in den beiden Abteilungen der gesellschaftlichen Produktion:

W = c + v + m

c	v + m
Ersatz schafft Nachfrage nach **Produktionsmitteln** in **Abteilung I** Produktion von Produktionsmitteln	Ersatz schafft Nachfrage nach **Konsumtionsmitteln** in **Abteilung II** Produktion von Konsummitteln
für die Kapitalisten der Abteilung I und II	Notwendige und Luxuskonsummittel

Darstellung 4: Wertströme in der einfachen Reproduktion

Einfache Reproduktion würde bedeuten, dass der Kapitalist den gesamten Mehrwert für konsumtive Zwecke verwendet. Der Mehrwert würde sich damit vollumfänglich als Nachfrage nach Abteilung II und darin insbesondere nach Luxuskonsumgütern richten. (Marx nennt diesen Sektor II b, in Abgrenzung vom Sektor II a mit Güterproduktion zur Befriedigung von Grundbedürfnissen). Nun ist es allerdings im Kapitalismus gerade nicht so, dass die Herrschenden den gesamten Profit verprassen. Konstitutiv (begründend, das Wesen ausmachend) für die Kapitalbewegung unter der Bedingung von Konkurrenz ist vielmehr *Akkumulation,* d.h. Anhäufung eines (Gross)-teils des erzielten Mehrwerts zu Zwecken der Investitition. Nur dadurch wird die Produktion auf eine höhere Stufe (Marx spricht von *«erweiterter Stufenleiter»)* gehoben, nur dadurch bleibt der einzelne

Kapitalist konkurrenzfähig, weil er die Produktion verbilligen oder qualitativ verbessern kann.

Kennzeichnend für die Kapitalistenklasse als ganze ist also weniger ihr hoher Konsumstandard (er unterscheidet sie nicht wesentlich von früheren herrschenden Klassen), als ihr Konsum*«verzicht»* in Höhe der notwendigen Akkumulation. Dies gilt ganz ähnlich auch für die Grundeigentümer und die Besitzer zinstragender Kapitalien, was diese Bereiche für Parallelakkumulation so wichtig macht. Der frühe deutsche Soziologe *Max Weber* hat absolut zutreffend auf die wichtige Rolle des Protestantismus für die Ideologie des partiellen «Konsumverzichts» der Kapitalistenklasse hingewiesen (Die protestantische Ethik und der Geist des Kapitalismus). Hier zeigt sich erneut, dass das Verhältnis zwischen Basis und Ueberbau keine Einbahnstrasse ist, sondern eine dialektische Beziehung. Ohne Protestantismus und ähnliche Ueberbauten mit Gebot zur Bildung und Rückstellung von Reichtum, der selbst als Ergebnis von Ausbeutung nicht Sünde sondern Ausdruck göttlichen Wohlwollens ist, wäre der Kapitalismus nicht so behende die Stufenleiter hochgeklettert.

Nehmen wir also als Regel den Fall der Reproduktion des Kapitals auf erweiterter Stufenleiter, d.h. zumindest teilweise Akkumulation und Neuinvestition des Mehrwerts, so wird sich ein Teil des Mehrwertes m angesichts seiner Reinvestierung als Nachfrage nach Gütern in Abteilung I richten. Der Rationalisierungswettlauf zwischen den konkurrierenden Kapitalisten führt zu einem fortgesetzten Anstieg des konstanten Kapitals. Damit wird Abteilung I (Investitionsgüterindustrie) von einer ungleich stärker wachsenden Nachfrage betroffen sein als Abteilung II, was zu einem wachsenden Ungleichgewicht (sogenannte *«Disproportionalität»)* in der Entwicklung beider Abteilungen führen muss. Soll Abteilung I ruhig stärker wachsen, könnten sich die Kapitalisten sagen, dass soll uns recht sein. *Rosa Luxemburg* hat aber völlig zu Recht auf die Widersinnigkeit einer solchen Entwicklung hingewiesen. Zweck von Abteilung I ist die Erhöhung der Kapazität in Abteilung II. Eine solche Erhöhung macht nur Sinn, wenn die zusätzlich produzierbare Konsumgütermenge auch absetzbar wäre, andernfalls dreht sich das Erweiterungskarrussell *«im luftleeren Raum»* (Rosa Luxemburg). Die überproportional wachsende Produktion in Abteilung I hat in Abteilung II keine Entsprechung. Diese Theorie der ungleichen Entwicklung der beiden

Abteilungen der Produktion auf erweiterter Stufenleiter ist als «*Disproportionalitätenkrise*» Teil der marxistischen Krisentheorie. Restlos zu befriedigen, mag sie für sich allein nicht, weil sie die Krisenursache im *Zirkulationsbereich* ortet. Immerhin erklärt sie, warum etwa die ersten Fünfjahrespläne in der Sowjetunion gezielt die Entwicklung von Abteilung I (insbesondere der Schwerindustrie) forcieren - ein Versuch, die Disproportionalität mittels Planung in den Griff zu kriegen.

Die ungleiche Entwicklung der beiden Abteilungen ist mit eine Erklärung für das strukturelle Ungleichgewicht der Weltwirtschaft: Während Metropolenökonomien stark exportorientiert in Abteilung I produzieren, erfolgte die Zurichtung der Trikontökonomien mehrheitlich exportorientiert in Abteilung II, also in Märkten mit Tendenz zur Ueberproduktion (Agrarsektor, Textilien, konsumtiv verwendbare Rohstoffe wie Zucker, Kaffee, Kakao usw.). Dieses strukturelle Ungleichgewicht erklärt die fortgesetzte Verschlechterung der realen Austauschverhältnisse der meisten Trikontökonomien am Weltmarkt.

Zusammen mit dem Gesetz der tendenziell sinkenden Profitrate im *Produktionsbereich* macht die Tendenz zum strukturellen Ungleichgewicht zwischen den beiden Abteilungen der Produktion (Investitions- und Konsumgüter) den Gehalt der marxistischen Krisentheorie aus. Halten wir für den Moment fest: Der Rationalisierungswettlauf zwischen den Kapitalisten führt bei funktionierenden Märkten zu einem fortgesetzten Anstieg des konstanten Kapitals im Produktionsbereich. Der relative Ersatz der menschlichen Arbeitskraft durch die Maschine und die sich damit beschleunigende Akkumulation von Kapital aus dem Mehrwert führt im Zirkulationsbereich zu einem Ungleichgewicht zwischen dem stark wachsenden Sektor der Investitionsgüter und dem zurückbleibenden Konsumgütersektor. Da Investitionsgüter im Endzweck stets der Konsumgüterproduktion dienen, werden Konsumgüter im Verhältnis zur kaufkräftigen Nachfrage massiv überproduziert und damit wird indirekt auch die Verwertung von Investitionsgüter zum Stocken gebracht. Die Krisentendenz in der kapitalistischen Produktion und Zirkulation ist damit begründet, aber - vergessen wir das nicht - als *Tendenz*., nicht als Ergebnis eines determinierten Geschichtsablaufs.

Sozialdemokratische Krisenregulierung

Die aufgeklärte klassische Sozialdemokratie hat Marx gelesen und ist sich folglich der Bedrohung und Störungsanfälligkeit kapitalistischer Verwertung bewusst. Seit jenem historischen Moment, als sie schwenkte, hilft sie Kapitalverwertung als aktive Trägerin von Staat und Wirtschaft mit durchsetzen und versucht der Krisenhaftigkeit der kapitalistischen Wirtschaft durch *staatliche Regulierung* die Spitze zu brechen. Mit ihrer Wende, die in den meisten Metropolenländern in den zehner und zwanziger Jahren erfolgt, in Frankreich schon früher, macht es sich die Sozialdemokratie international zur Aufgabe, kapitalistische Krisenhaftigkeit durch Regulierung zu verhindern und im Falle der Nicht-Verhinderbarkeit Krisenfolgen zu mildern. Aus diesen beiden Momenten leitet die klassische Sozialdemokratie ihre Daseinsberechtigung ab. Konkret wird die staatliche Regulierung mit zwei Stossrichtungen angegangen:

1. Organisierter Kapitalismus: Die Krisenhaftigkeit des Kapitalismus, die wesentlich auf dem anarchischen Moment dieser Produktionsweise beruht, sollte durch eine neue Phase des *«organisierten Kapitalismus»* in den Griff gekriegt werden. Als Organisator soll der *Staat* auftreten, der Planvorgaben macht, Preise reguliert, rechtlich viel mehr als nur Rahmenbedingungen setzt, selber wirtschaftlich tätig wird und als Monopolist das Wertgesetz durchaus verletzen darf (Post, Eisenbahn, Salz, Rüstungsgüter u.a.). Organisieren kann aber auch das Privatkapital, indem es die vielfältigsten Absprachen über Preise, Märkte, Lieferbedingungen u.a.m. trifft (sogenannte *«Kartelle»*), um «ruinöse Konkurrenz» zu verhindern. In der Schweiz beispielsweise, wo die Marktwirtschaft in allen Sektoren (Landwirtschaft, Industrie, Dienstleistungen) vergleichsweise stark reguliert wird, sind sehr viele Binnenmärkte ganz oder teilweise kartelliert. Kartelle sind, im Unterschied zum EG-Raum, gemäss Gesetz grundsätzlich zulässig, sofern sie nicht «missbräuchlich »oder «volkswirtschaftlich schädlich» sind (was immer das heisst). Eine weitere Regulierungsform sind *Monopole,* die für die klassische Sozialdemokratie allerdings aus Opportunitätsgründen weniger akzeptabel sind, weil hier die Abschöpfung von Monopolgewinnen durch das zentralistisch organisierte Grosskapital offensichtlich anstössig ist. (Auf die Monopole will ich im Zusammenhang mit der Oekonomie des Imperialismus zu sprechen kommen.)

Die Phase des organisierten Kapitalismus bringt zweifellos die kapitalistische Produktionsweise auf ein höheres gesellschaftliches Niveau. Das Kapital erhält eine gesellschaftliche Form oder, wie Marx im dritten Band des «Kapitals» schreibt: Organisierter Kapitalismus ist die Aufhebung des Kapitals als Privateigentum *innerhalb* der Grenzen der kapitalistischen Produktionsweise. Kein Wunder, hat, wer diese Grenzen nicht mehr übertrat wie die Sozialdemokratie, den organisierten Kapitalismus als Schritt in Richtung «Sozialismus» begrüsst wie beispielsweise *Rudolf Hilferding,* der Verfasser einer marxistischen Analyse über die Funktionsweise des Geldkapitals. 1968 wurde der organisierte Kapitalismus unter der Bezeichnung *STAMOKAP* (darin stecken die drei Momente der *sta*atlichen Regulierung, *Mo*nopolisierung und des *Kap*italismus) auf den Begriff gebracht und bekämpft. Die Vision des ehemaligen tschechoslowakischen Wirtschaftsministers und reform-marxistischen Theoretikers *Ota Sik,* der 1968 zur Emigration gezwungen wurde, kombiniert in der sozialdemokratischen Tradition - wenn auch vom Ausgangspunkt der Planwirtschaft her - Marktwirtschaft und staatliche Regulierung zu einem sogenannten *«Dritten Weg».* Es ist Siks persönliche Tragik, dass in jenem Raum, aus dem er herkommt, politisch der Weg zur Realisierung seiner sozialdemokratischen Vision heute frei wäre, ökonomisch aber radikale *Deregulierung* (Abbau jeder Form staatlicher Eingriffe) angesagt ist.

2. *Keynesianismus:* Der Begriff geht auf den englischen Oekonomen *John M. Keynes* zurück, der in den zwanziger und dreissiger Jahren zahlreiche Schriften über finanzpolitische Regulierung und Aussenwirtschaftspolitik veröffentlichte, gleichzeitig auch die englische Regierung beriet. Keynes' Ausgangspunkt ist die Unterkonsumption in der kapitalistischen Krise durch ein Zurückbleiben der kaufkräftigen Nachfrage nach Gütern aus Abteilung II. In diese Nachfragelücke soll der Staat treten, indem er selber als Nachfrager auftritt oder den Leuten durch öffentliche Unterstützung mehr Kaufkraft gibt. Diese Finanzpolitik, die in Krisenzeiten Geld ausgibt und in Prosperitätsphasen Geld spart, wird als *«anti-zyklisch»* bezeichnet. Je nach den Bereichen, in denen der Staat Geld ausgibt, lassen sich drei kombinierbare Formen des Keynesianismus unterscheiden.

a) Klassischer oder sozialdemokratischer Keynesianismus: Die staatlichen Ausgaben werden vorab im sogenannten «sozialen Bereich» getätigt und dienen dazu, die Massenkaufkraft im Krisenfall nicht zu stark abfallen zu lassen. Dieses Programm kommt der traditionellen Sozialdemokratie entgegen, weil es ein ökonomisch-technisches Moment (Aufrechterhaltung von Kaufkraft als Mittel gegen Ueberproduktion in Abteilung II) mit einem politischen Moment (konsumtive Einbindung von WählerInnen-Schichten) kombiniert. Die garantierte Lohnarbeiterklasse wird damit ins Kapitalverhältnis hereingenommen und wird mit zum Motor kapitalistischer Entwicklung. In der Schweiz, Liechtenstein oder Luxemburg, wo die soziale Stabilität aufgrund der Finanzplatzfunktion von strategischem Wert ist, ist der klassische Keynesianismus nach wie vor aktuell. Das drückt sich etwa darin aus, dass die Staatsfinanzen in der Regel sozialdemokratisch verwaltet werden, aber auch darin, dass Ansprüche auf Teuerungsausgleich und Reallohnerhöhung von Gewerkschaftsseite häufig volkswirtschaftlich (Erhaltung von Kaufkraft) begründet werden.

b) Rüstungskeynesianismus: Die staatlichen Ausgaben werden vorab im Rüstungsbereich getätigt. Dieser Weg der Wirtschaftspolitik wurde vom Nationalsozialismus, später auch in den USA während der sogenannten *«Reaganomics»* begangen. Er setzt nicht auf die Integration aller gesellschaftlichen Kräfte, sondern auf militärische Stärke, Ausgrenzung und Repression. Die Forcierung des Rüstungsbereichs mit der untrennbaren Kriegsperspektive hat dabei weniger die Funktion, Ueberproduktion zu vernichten, wie das 1968 linke Analysen des US-Engagements in Vietnam ausmachten. Krieg ist vielmehr Instrument zur Beschleunigung technologischer Innovation und terroristischer Durchsetzung neuer Verwertungsbedingungen. Gerade die weltwirtschaftliche Leitwährungsfunktion des Dollar, die wohl aufgehoben ist, aber im eingangs erwähnten dreifachen Wortsinne und damit auch bewahrt ist, verlangt den fortgesetzten Beweis militärischer Interventionsfähigkeit durch die Hegemonialmacht USA an jedem Ort, den die USA ihrem Block als zugehörig betrachtet. Siehe «Golfkrise».

c) Oekokeynesianismus: Die staatlichen Ausgaben werden vorab im Oekobereich getätigt, wo potentiell riesige Märkte da sind. Allein für die Schweiz wird der Oekomarkt jährlich auf 16 Mrd. Franken veranschlagt (3.2 Mrd. Franken Waldsanierung, 3.75 Mrd. Franken Luftreinigung, 3.1. Mrd. Gewässerreinigung, 3.05 Mrd. Franken Bodensanierung, 2.9 Mrd. Franken Lärmschutz und Immobilienwertverlust; Schätzung «Cash», 16.3.90). Die OECD schätzt den Oekomarkt langfristig auf 5% des Bruttosozialproduktes jährlich. Kein Zweifel, dass sich hier ein riesiges Feld für keynesianisches *«Deficit spending» (staatliche Ausgabenfinanzierung)* eröffnet. Ausserdem eröffnet der Oekokeynesianismus an dieser gesellschaftlichen Bruchstelle ein politisches Integrationsangebot an den neuen (grünen) Mittelstand. Auffällig ist allerdings, dass beispielsweise in der Schweiz, die als touristische Zone vergleichsweise viel für die ökologische Sanierung tun müsste, nur gerade ein Viertel des ausgewiesenen Bedarfs tatsächlich öffentlich finanziert wird, ein knappes Zehntel privat, der grosse Rest aber unfinanziert bleibt. Eine Chance hat die Oekologie im Kapitalismus nur dort, wo sich ihre Kosten auf die Preise überwälzen lassen (z.B. Mineralölsteuer, CO 2-Lenkungsabgabe).

Hier, ganz ähnlich wie auch in den endlosen Budgetdebatten in den USA, drückt sich das aus, was die Politische Oekonomie als *Grenze,* teilweise sogar: *Ende des Keynesianismus* bezeichnet. Damit werden auch die ökonomischen Grenzen sozialdemokratischer Regulierung offenbar. Der Keynesianismus war stets Metropolenmodell, weil er sich nur finanzieren lässt, wenn er aus einem Werttransfer aus der Peripherie gespiesen wird. Aber auch in den Metropolen ist die Finanzierungsgrenze offenkundig geworden, was den Blick auf den wahren Charakter kapitalistischer Verwertungskrisen freigibt.

Das Wesen kapitalistischer Verwertungskrisen

Die Begrenztheit sozialdemokratischer Krisenregulierung hängt mit dem Wesen kapitalistischer Verwertungskrisen zusammen. Verwertungskrise im Kapitalismus heisst, dass Kapital in seiner Bewegung als prozessierender Wert (ausgehend vom ursprünglichen Geldkapital über Produktionsmittel und Arbeitskräfte zu produziertem Warenkapital und danach retour verwandelt zu neuen Geldkapital) so wenig oder gar keinen Wert zusetzt, dass die Verwertung aus Sicht des Kapitalbesitzers nicht mehr lohnt. Geldkapital wird in diesem Fall im Verhältnis zu seinen Verwertungsmöglichkeiten *überakkumuliert* und wird sich dorthin bewegen, wo bessere Verwertungsmöglichkeiten bestehen. Falls nirgends bessere Verwertungsbedingungen bestehen, ist die Verwertungskrise *allgemein.*

Nun entscheidet sich die Frage, wieviel Wert dem in den Verwertungskreislauf einfliessendem Kapital zugefügt wird, im Produktions- und Reproduktionsbereich. Entscheidend ist dabei der variable Kapitalteil oder simpel: Wieviel Mehrwert kann der Kapitalbesitzer aus den Arbeitskräften herauspressen? In zweiter Linie kommt selbstverständlich auch dem Zirkulationsbereich Bedeutung zu, denn der produzierte Mehrwert muss am Markt realisiert (d.h. in Geldform verwandelt) werden können. Ausserdem müssen Arbeitskräfte und Produktionsmittel auf dem Markt in ausreichendem Masse da sein.

Kapitalistische Verwertung ist im Lohnarbeitsbereich dann bedroht, wenn diejenigen, die nichts als ihre Arbeitskraft besitzen, für den Verkauf ihrer Ware zu hohe Preise durchsetzen können. Das ist die Frage nach der Höhe der *Reallöhne*, die Schlüsselgrösse im antagonistischen Verteilungskampf im Produktionsbereich. Wird die Mehrwertrate zu klein, so wird die Kapitalverwertung blockiert. Der *Operaismus* hat darauf hingewiesen, dass das Lohnarbeitsproletariat in verschiedenen Metropolenstaaten (USA, Frankreich, Italien, BRD u.a.) in verschiedenen Kampfzyklen unter den Bedingungen relativer Vollbeschäftigung ab Mitte der sechziger Jahre Löhne durchsetzen kann, die die Kapitalverwertung vorübergehend an eine Grenze führen. Der *Massenarbeiter* vermag in der tayloristischen Fabrik mittels individueller Widerstandsformen (Absentismus, Schlamperei, Sabotage u.a.) sowie kollektiv geführter Betriebskämpfe (Streiks, Besetzungen, Angriffe auf das Management u.a.) auf der Basis einer vergleichsweise homogenen Klassenposition einen höheren Anteil am «Wertekuchen» durchzusetzen und diese Kämpfe führen mit in die *«internationale Krise» (Mario Montano)* der frühen siebziger Jahre.

Gleichzeitig steigen die Ansprüche ausserhalb des garantierten Lohnarbeitsbereichs auf einen von Arbeit unabhängigen *«Soziallohn».* Diese breite Forderung von*«Einkommen gegen Arbeit»,* die später auch im garantierten Existenzminimum wieder auftaucht, führt den klassischen Keynesianismus an eine Grenze. Antworten darauf sind von Kapitalseite die Theorie der sogenannten *«Anspruchsinflation»,* wonach zu hohe Ansprüche an den Staatshaushalt unmittelbar Ursache von Geldentwertung sind. Darauf werden wir im Zusammenhang mit der Geldtheorie zu sprechen kommen. Für den

Moment soll der Hinweis genügen, dass Inflation als Krisenausdruck wiederum sowohl Ergebnis «zu hoher» Konsumansprüche wie auch Strategie dagegen ist.

Eine weitere, wenn auch inzwischen weniger bedeutsame Schlüsselgrösse ist die Verteilung des Mehrwertes zwischen den produktiv fungierenden Kapitalisten, den Verleihern von Geldkapital und den Grundeigentümern. Zwischen diesen Gruppen besteht ein gemeinsames Interesse an einem möglichst hohen Mehrwert, gleichzeitig aber ein gegensätzliches an einem möglichst hohen Gruppenanteil. Im modernen Kapitalismus ist das gemeinsame Interesse durch weitgehende Personalunion, Vernetzung und Verfilzung der verschiedenen Kapitalistenfraktionen grösser geworden, die Konkurrenz zwischen diesen drei Gruppen hat an Bedeutung verloren.

Ein weiteres Problem der Kapitalverwertung ist der *vom Staat* via Steuern, Gebühren, staatlichen Monopolen usw. *abgeschöpfte Mehrwertanteil,* der in der sogenannten *«Staatsquote»* (Anteil des Staates am gesamten Wertprodukt) seinen Ausdruck findet. In der Schweiz etwa liegt die Staatsquote offiziell bei rund einem Drittel. Ein Drittel des gesamten Wertekuchens wird demnach vom Staat beansprucht. Dieser Anteil liegt im internationalen Vergleich der Metropolenländer im Mittelfeld. Vorne liegen die skandinavischen Länder, vor dem Thatcherismus auch England, hinten liegen Japan und die USA. Eine genauere Wertanalyse müsste die Verteilung der Staatsgelder mit untersuchen, wird ein Teil der Staatsausgaben doch als Rüstungsnachfrage (häufig zu Monopolpreisen), private Forschungsunterstützung, Exportrisikoversicherung und ähnliches umgehend in den Bereich privatkapitalistischer Akkumulation zurückgepumpt.

Von Strategen der Kapitalverwertung wird immerhin kein Zweifel darüber offen gelassen, dass die Staatsquote langfristig tiefer und der Rückfluss staatlicher Gelder an die Privatwirtschaft (etwa als Forschungsförderung) gleichzeitig höher werden soll. Dies ist ein wesentliches Motiv der Einengung des nationalstaatlichen Spielraums durch die *transnationale* (die Nationen überschreitende) Organisierung des Kapitals und damit den Wettbewerbs staatlicher Rahmenordnungen und Reproduktionsniveaus als wichtige Ziele des europäischen Binnenmarktes ab 1992. «Gewinnen», d.h. Kapital anziehen, werden jene Rahmenordnungen, die kapitalfreundliche Bedingungen *kostengünstig* anbieten. In diesem Zusammenhang werden auch die

Diskussionen um Reformen für ein kostengünstigeres Gesundheitswesen («Gesundheitskassen», Bonussystem usw.) in ihrer Logik, Staatsausgaben zu reprivatisieren, verständlich, ausserdem auch die Zunahme der Propaganda der Sterbehilfe für PatientInnen in hoffnungslosem Zustand und schwerstbehinderte Säuglinge, denen die Moralphilosophie neuerdings den eigenen Willen abspricht, um sie in einen fremdem Willen einzupassen. (Hoffnungs- und willenlos ist dieses sogenannt «unwerte Leben» einzig aus der Perspektive der Kapitalverwertung, weil feststeht, dass es die staatlich zu finanzierenden Pflegekosten produktiv nicht wird einbringen können oder wollen.)

Der hohe Anteil der Rüstungsausgaben in den USA (nahezu 6% des gesamten Wertproduktes) erweist sich aus dieser Sicht keineswegs als günstige Voraussetzung für Kapitalverwertung und wird folgerichtig auch in einer vergleichenden Wettbewerbsstudie verschiedener Länder als Investitionsnachteil des Standortes USA aufgeführt (World Economic Forum, Genf 1990). Staatlich finanzierte Rüstung, vernichtet durch Krieg oder vertraglich vereinbarte Abrüstung, wurde 1968 unter dem Eindruck des Vietnam-Krieges als funktional für die Kapitalverwertung analysiert, da so Ueberproduktion abgebaut wird. Diese Analyse ist aus Sicht der gegenwärtigen Bemühungen um Senkung der Staatsquoten zweifellos unrichtig. Krieg kann, wie erwähnt, technologische Innovation beschleunigen, Zugriff auf Rohstoffe und Arbeitskräfte sichern, damit Verwertungsbedingungen wiederherstellen, Hegemonialkonflikte regeln usw.. Niemals ist seine Funktionalität für die kapitalistische Weltwirtschaft die Vernichtung von überproduzierten Werten, solange diese Vernichtung staatlich finanziert werden muss. Zur Wertevernichtung braucht es nicht Krieg, dazu genügten Abfallhalden und Weihnachtsmänner in Spendierlaune.

Dieselben Bemerkungen lassen sich zur Strategie eines staatlich finanzierten Oekokeynesianismus machen. Der Oekomarkt ist aus Sicht der Kapitalverwertung erst dann ein Wachstumsmarkt, wenn die Kosten vollumfänglich durch die KonsumentInnen getragen werden. Ueberall, wo dies der Fall ist, wie beispielsweise beim Katalysator, Isolierschutzfenster oder Hühnerei aus Freilandhaltung haben sich Oekoprodukte durchsetzen können. Umgekehrt ist überall dort, wo die ökologischen Auflagen von Produzenten oder Staat finanziert werden müssen, nach wie vor «*Externalisierung* »(d.h. Auslagerung der Kosten auf die Oeffentlichkeit) angesagt.

Die häufig geäusserte Vorstellung, Ueberproduktion lasse sich bei fehlender Kaufkraft durch Verkäufe auf *Kredit* absetzen, verkennt ebenfalls das Wesen kapitalistischer Verwertungskrisen. Kredite verändern den produzierten Wertekuchen nicht und dessen Verteilung auch nur in dem Sinne, dass sie mit ihrer Vergabe vorübergehend die Kaufkraft erhöhen, diese Kaufkraft im Moment der Fälligkeit zur Rückzahlung aber wieder abschöpfen - mit Zinsen per Saldo mehr als sie geschöpft haben.

Damit soll nicht gesagt sein, Kredite hätten im Falle einer drohenden Verwertungskrise keine Funktion. Zu offensichtlich ist die Ausdehnung der Kredite in Krisenzeiten, letztmals in allen drei Dimensionen in den siebziger Jahren: *staatliche* Ausgabenfinanzierung auf Kredit durch die erwähnten Formen des Keynesianismus, *private* Konsumförderung durch Ausdehnung von Abzahlungskauf und Kleinkredit (diese Finanzierungsform hat noch immer hohe Zuwachsraten; in der BRD liegt die Verschuldung pro Kopf aus Konsumkrediten bei 3'000 D-Mark, in der Schweiz bei gut 1'000 Franken) sowie am offensichtlichsten in Form der Ausdehnung der*Trikontkredite.* 1971 betrug die gesamte Aussenschuld aller Trikontländer noch vergleichsweise unbedeutende 40 Milliarden Dollar. 1973 überstieg die Trikontschuld erstmals die 100-Milliarden-Dollar-Grenze und verdreifachte sich in der Folge nahezu im Fünfjahresrhythmus auf 345 Milliarden Dollar (1978) und 843 Milliarden Dollar (1983) mit danach notwendigerweise abflachender Wachstumsrate auf den aktuellen Stand der Trikontverschuldung von 1'300 Milliarden Dollar (1990).

In der sogenannten «Verschuldungskrise» des Trikonts zeigt sich die Rolle des Kredits in Verwertungskrisen am deutlichsten: Durch die Kreditausdehnung ist die Krise nicht aufgehoben, aber womöglich aufgeschoben, für den Moment gemildert. Die Neuorganisation der Verwertungsbedingungen erhält durch die Kreditoffensiven einen unabdingbaren Zeitgewinn. Im Rahmen der Laufzeit der Kredite (mit allen möglichen Verlängerungen) muss es dann möglich sein, neue Verwertungsbedingungen zu schaffen, andernfalls werden Umschuldungen oder neue Kredite verweigert. Vermag der Schuldendruck die

KreditnehmerInnen nicht durch moralische Unhaltbarkeit zu Mehrarbeit zu bewegen (das ist wie erwähnt im Protestantismus der Fall), so verordnen der Staat oder überstaatliche (politisch vorgeblich neutrale) Institutionen wie der Internationale Währungsfonds (IWF), die Weltbank oder regionale «Entwicklungsbanken» *Austerität*-Programme (Einschränkung der Staatsausgaben). Unwichtig, bzw. einzig bedeutsam für die Frage der Regelung von Hegemonialkonflikten, ist dabei die Frage, wie sich die nationale Bourgeosie als wichtigste Kreditnehmerin gegenüber solchen für das Volk rasch existentiell bedrohlichen Gläubigerauflagen verhält: Kann sie es sich politisch leisten, wird sie die Auflagen von IWF und Weltbank mittragen sowie militärisch und polizeilich durchzusetzen versuchen. Wenn nicht, wird sie sich rhetorisch zur Wehr setzen, um in späteren Phasen oder neuer personeller Zusammensetzung umso härter im Sinne von IWF und Weltbank offensiv zu werden (Brasilien, Argentinien, Venezuela, Peru u.a.).

Durchsetzung neuer Verwertungsbedingungen heisst aktives Eingreifen von Staat, Privatkapital und internationalen Organisationen zwecks Stärkung der gegen die Tendenz einer sinkenden Profitrate wirkenden Ursachen. Hundert Jahre nach Marx ist sich das Kapital der Gefahr einer der Kapitalbewegung immanenten Tendenz des Absinkens der Profitrate bewusst. Es kennt aber auch, besser als der reformistische «Widerstand», die *entgegenwirkenden Tendenzen.* Marx selber hat im dritten Band des «Kapitals» nach einer ausführlichen Darstellung des Gesetzes vom tendenziellen Fall der Profitrate auf über zwanzig Seiten (Dreizehntes Kapitel: *«Das Gesetz als solches»*) den entgegenwirkenden Tendenzen ganze neun Seiten gewidmet (Vierzehntes Kapitel: *«Entgegenwirkende Ursachen»*). Diese neun Seiten sind mehr Disposition als inhaltliche Ausführung geblieben. Dies hängt damit zusammen, dass Strategie und Technik der Durchsetzung entgegenwirkender Tendenzen damals erst in Umrissen klar waren.

Ich werde die entgegenwirkenden Tendenzen den folgenden Kapiteln als *Disposition* zugrunde legen, ohne mich dabei sklavisch an die Marxsche Disposition zu halten. Ich beginne mit der Durchsetzung der entgegenwirkenden Ursachen in der aussenwirtschaftlichen Dimension des Weltmassstabes, also mit der *ökonomischen Theorie des Imperialismus (Kapitel 4).* Danach werde ich auf das *Verhältnis zwischen Lohnarbeit und Nicht-Lohnarbeit* eingehen *(Kapitel 5),* auf die Funktion von *Technologie und Arbeitsorganisation (Kapitel 6)* daran anschliessend komme ich auf die *Geldorganisation* zu sprechen *(Kapitel 7).* Schliesslich versuche ich der *Totalität kapitalistischer Anti-Krisenstrategie* im Konzept von *Systemtheorie* und *Systempolitik* auf die Schliche zu kommen *(Kapitel 8),* was die Grenzen der ökonomischen Betrachtungsweise zeigen und gleichzeitig überschreiten soll.

In allen folgenden Kapiteln werden somit die sechs von Marx disponierten entgegenwirkenden Tendenzen nicht aus den Augen zu verlieren sein: *1. Erhöhung des Ausbeutungsgrades, 2. Bezahlung der Arbeit unter ihrem Wert, 3. Verbilligung des konstanten Kapitals, 4. Relative Ueberbevölkerung, 5. Auswärtiger Handel, 6. Zunahme des Aktienkapitals.* Hundert Jahre später wissen wir darüber mehr. Gleichzeitig haben Autonomie und feministische Oekonomie aber auch die Perspektive auf Bereiche eröffnet, die in der Marx'schen Orthodoxie *«blinde Flecken»* geblieben sind. Ob das Marx'sche Auge oder die Rezeption der Nachfolger dafür verantwortlich war, soll hier nicht diskutiert werden. Entscheidend ist, ob wir selber uns diese Oeffnung der Perspektive ermöglichen, ohne die Methode des historisch-dialektischen Materialismus aufzugeben. Wir werden damit Klassenkämpfe womöglich noch immer nich initiieren (das ist nicht allein Frage der Theorie), aber jedenfalls in ihrer ganzen Vielfalt wahrnehmen. Und das heisst auch, unsere eigenen Beitragsmöglichkeiten in ihrer ganzen Vielfalt erkennen.

Kapitel 4

Oekonomie des Imperialismus

Imperialismus ist nicht nur eine ökonomische Kategorie. Er ist genauso - und in diesen Dimensionen wohl auch bekannter - militärische, politische und kulturelle Kategorie. Diese Dimensionen sind kaum zu trennen: Die *militärische* Intervention und Besetzung erfolgen zur Sicherung der Rohstoff- und Absatzmärkte, die *politische* Lösung unter der Schirmherrschaft beispielsweise der UNO oder einer Imperialmacht soll eine Region «befrieden», um die Voraussetzung für Verwertungsbedingungen wiederherzustellen, der *kulturelle* Imperialismus von Coca-Cola über Mc Donald's zu Walt Disney erweitert das Terrain für Markterschliessung. Trotzdem will ich im folgenden versuchen, mich im wesentlichen auf die *wirtschaftliche* Dimension des Imperialismus zu beschränken, weil die anderen Dimensionen eher bekannt sind und dieser Einführungsreader ökonomische Zusammenhänge näher bringen soll. Ich bitte allerdings Leserin und Leser, bei der Lektüre dieses Kapitels über die *Oekonomie des Imperialismus* die militärische, politische und kulturelle Dimension des Imperialismus mit präsent zu haben, denn nur so lässt sich Imperialismus in seiner Totalität verstehen. Mit anderen Worten: Die ökonomische Dimension, die im folgenden dargestellt wird, ist nur *ein* Baustein in der Theorie des Imperialismus, ein Baustein allerdings in dessen Fundament.

Eine erste moderne Bestandsaufnahme des Imperialismus in seiner ökonomischen Dimension stammt aus dem Jahre 1916. Sie ist von *Lenin* im Zürcher Exil verfasst worden, zurückhaltend formuliert, um die zaristische Zensur zu passieren, aber solid in den Fakten. Ich will daraus einleitend jene Punkte wiedergeben, die bis heute Gültigkeit haben:

1. Als Reaktion auf die grosse Wirtschaftskrise ab 1857 entsteht der Anspruch, die Weltwirtschaft zu *planen,* sei das durch Staaten, Monopole oder Kartelle. Der Nationalstaat erhält in dieser Zeit eine neue Funktion, wächst wirtschaftlich über den Nachtwächterstaat hinaus. Metropolenstaaten wie England, Frankreich, Deutschland und

die USA beginnen zusammen mit ihren grossen Trusts die Weltwirtschaft aufzuteilen.

2. Der Planung voraus geht eine massive *Konzentration* der kapitalistischen Produktion durch Fusionen und Übernahmen in krisengeschüttelten Branchen. Kleinkapitalisten kommen erstmals in der Wirtschaftsgeschichte massiv unter Druck. Es entstehen die grossen Konglomerate, die fähig sind, Rohstoffverarbeitung, Produktion und Absatz weltweit in den Griff zu kriegen.

3. Das moderne Bankkapital, das in den fünfziger Jahren des 19. Jahrhunderts zur Finanzierung eben solcher industrieller Grossprojekte gegründet wurde, gewinnt an Macht und «emanzipiert» sich vom Industriekapital. Es ist nicht mehr länger nur Lakai oder simple Dienstleistung für das Produktivkapital, sondern hat als *Finanzkapital* zunehmend eine eigene Stärke. Es beginnt sich branchenunabhängig zu organisieren und wird damit gegenüber Branchenkrisen immun. Das Finanzkapital erhebt einen Hegemonialanspruch und wird zum Planungsgehirn des Kapitalismus. Wenn wir heute nach Planungsstrategen suchen, finden wir sie am ehesten unter der Haube des Finanzkapitals: in den Grossbanken und grossen Konzernholdings. Lenin hat die Finanzoligarchie in Russland und Deutschland untersucht. Auffällig ist, dass schon damals die «Deutsche Bank» eine führende Rolle innehat. Sieben Jahrzehnte später zeigen die Nachrufe auf *Alfred Herrhausen*, dass ein Aufsichtsratsvorsitzender der Deutschen Bank wie eine Spinne im Netz zwischen Finanz- und Industriekapital, staatlichen und internationalen Organisationen sitzt.

4. Als weiteres Moment taucht bei Lenin der *Neokolonialismus* auf. Zentral ist dabei weniger die militärische Eroberung als die wirtschaftliche Erschliessung durch das Metropolenkapital, die Aufteilung der Rohstoffreserven und Arbeitsmärkte. Natürlich bleibt die militärische Option omnipräsent, wie wir heute sehen, aber sie ist, ähnlich wie der Knast, nur letztes und äusserstes Mittel, das erst eingesetzt wird, wenn keine anderen Möglichkeiten des Zugriffs bestehen. *Rosa Luxemburg,* deren Imperialismusanalyse aus dem Jahre 1912 von Lenin totgeschwiegen wird, hat dazu alles Wichtige gesagt: Direkte Gewalt und militärischer Zugriff auf Menschen und Rohstoffe sind fortan untrennbar verbunden mit struktureller (im Vergleich dazu sanfter) Abhängigkeit und Ungleichheit.

5. Schliesslich erwähnt Lenin, nicht unwichtig und häufig vergessen, die *Einbindung des Metropolenproletariats,* insbesondere von Teilen der Lohnarbeiterschaft und des Kleingewerbes, in die imperialistischen Offensiven gegenüber den Kolonien und der europäischen Peripherie. Lenin erwähnt die Ein-Pfund-Aktie, eine *«Volksaktie»,* die im britischen Imperium geschaffen wird, um Lohnarbeiter zu Kleinaktionären zu machen. In dieser Logik wird einige Jahrzehnte später in vielen Metropolenstaaten die betriebliche Altersvorsorge für die garantierte Lohnarbeiterschaft auf der Basis eines Kapitaldeckungsverfahrens gesetzlich verankert: Altersvorsorge ist für dieses Bevölkerungssegment etwa in der Schweiz seit Beginn der siebziger Jahre untrennbar mit Zwangsmitgliedschaft in Pensionskassen und damit Besitz von Aktien, Obligationen und Grundeigentum verknüpft. Es gab in der Folge gewaltsamere und friedliche Formen der Einbindung des Metropolenproletariats. Die Skala der Einbindungsformen reicht von Nationalismus über Faschismus bis zum «New Deal», von religiösem Fundamentalismus über Sozialpakte bis zur Schweizer Konkordanz - Ideologie stets verbunden mit materieller Besserstellung. Das war der Stand der Imperialismusanalyse von 1917.

Wirtschaftsgeschichte des Imperialismus

Rosa Luxemburg hat mit dem «Spartakus»-Bund die nationalistische Einbindung des Metropolenproletariates und damit Verpflichtung auf eine gemeinsame imperialistische Offensive mit der Bourgeoisie ebenfalls bekämpft. Sie erweitert und widerlegt die Leninsche Imperialismusanalyse an einem wichtigen Punkt: Imperialismus heisst nicht einfach kapitalistische Erschliessung immer weiterer Gebiete und Bereiche in dem Sinne, dass vormals nicht kapitalistische Arbeitsverhältnisse nach und nach in kapitalistische Arbeitsverhältnisse umgewandelt werden. Diese Tendenz gehört zwar unabdingbar zur imperialistischen Organisation der Weltwirtschaft, gleichzeitig gibt es aber - und dies ist wieder nur dialektisch zu verstehen - eine entgegenwirkende Tendenz, wonach sklavische Arbeitsverhältnisse oder ähnliche offen feudale und patriarchale Gewaltverhältnisse ihre Bedeutung im fortschreitenden Kapitalismus nicht nur behalten, sondern sogar verstärken. Diese entgegenwirkende Tendenz ist von Rosa Luxemburg als zentrales Moment von Imperialismus und einer

Parallelakkumulation (ausserhalb der Lohnarbeitsverhältnisse) theoretisch begründet, wenn auch nicht unwiderlegbar bewiesen worden. Der Beweisnotstand vermag nicht zu erklären, warum Rosa Luxemburgs Imperialismusanalyse einem Grossteil der Marx-Orthodoxie (Lenin inklusive) nicht in den Kram passte und erst durch die feministische Oekonomie in den siebziger Jahren aktualisiert und in ihrer Bedeutung offengelegt wurde. Naheliegend ist die Vermutung, dass die Orthodoxie die Zentralität der Lohnarbeiterschaft in Frage gestellt sah, weil Rosa Luxemburg die gleichrangige Bedeutung von Nicht-Lohnarbeit evident macht: Nicht allein das klassische Proletariat in den Lohnarbeitsverhältnissen ist revolutionäres Subjekt, sondern auch alle von klassischer Lohnarbeit ausgegrenzten Bevölkerungssektoren, die im Trikont besonders zahlreich sind, aber auch in den Metropolen an Bedeutung zunehmen. Und weiter: In den Metropolen kann der Sektor der garantierten Lohnarbeiterschaft - überwiegend männlich und weiss - durch seine intermediäre Klassenposition sogar *systemstabilisierendes* Subjekt werden, materiell und ideologisch auf die herrschenden Linie verpflichtet. Ich will das für den Moment so stehen lassen und der von Rosa Luxemburg begründeten Theorie des dialektischen Verhältnisses zwischen Lohnarbeit und Nicht-Lohnarbeit *(«MIlieu»)* das nächste Kapitel widmen.

Nicht unabhängig von dieser Frage, wenn auch im Kern eher politisch als ökonomisch geführt, wurde die *«Komintern»*-Debatte, ob Revolutionen im Trikont in zwei Etappen (zuerst national und anti-imperialistisch, danach sozialistisch) oder in einem Schritt (sogleich sozialistisch) erfolgen sollen. Während die herrschende Komintern-Position auf das zwei Etappen-Modell setzt, sieht Rosa Luxemburg in der nationalen Position ein neues Moment der Klassenunterdrükkung. Auch verschiedene revolutionäre Trikontpositionen lehnen zu jener Zeit das Zwei-Etappen-Modell der Komintern ab, so in Indien *Manabendra Nath Roy,* in Lateinamerika *José Carlos Mariategui.* Ganz ähnlich verweist später auch die *«Autonomie»* auf die Gefahr des *«Doppelgesichts der sozialen Revolution»* im 19. Jahrhundert, wo das frühe Bürgertum im Kampf gegen den Feudalismus gleichzeitig Klassenkrieg gegen unten führt und damit seine eigene Position nach der Revolution festigt - ein Moment, das sich ähnlich in jedem anti-faschistischen Bündnis finden lässt.

Rosa Luxemburg nicht gelesen haben offensichtlich verschiedene *bürgerliche Entwicklungstheorien* für die drei Kontinente Afrika, Asien und Lateinamerika in den sechziger Jahren. In den USA entsteht während der John F. Kennedy-Administration unter dem Eindruck der kubanischen Revolution die Strategie einer *«Allianz für den Fortschritt»* (siehe Materialien für einen Neuen Anti-Imperialismus, Nr. 1). Kennedys Berater *Walt W. Rostow* entwirft ein umfassendes Modernisierungs- und Zurichtungsmodell für Entwicklungsländer, die mit ideologischen Offensiven gegen die traditionelle Kultur und massiven Kapitalspritzen zum *«take-off»* (Wachstumsprung in die Industriegesellschaft) geführt werden soll. Das Modell scheitert, ähnlich auch wie seine sanftere und unorthodoxere Variante, die die Entwicklungsländer mittels Abkoppelung aus dem *«Teufelskreis der Armut»* herausführen will, ohne aber die nationalen Klassenverhältnisse anzutasten.

Im Rahmen der UNO formieren sich in den sechziger Jahren hinter der Forderung nach einer *«Neuen Weltwirtschaftsordnung»* verschiedene Funktionäre aus Drittweltadministrationen (insbesondere Lateinamerikas) mit Unterstützung reformistisch orientierter Sektoren (Kirche, HumanistInnen) in den Metropolen. 1964 entsteht daraus die *United Nations Conference of Trade And Development (UNCTAD)* als institutionalisiertes Gremium. Die UNCTAD, mit Sitz bezeichnenderweise in der Stabilitätsinsel Genf, ist in einer ersten Phase bis etwa 1974 nationales Mobilisierungsmoment für Drittweltstaaten, gleichzeitig moralische Entlastung für die ebenfalls beteiligten, ehemals offen kolonialistischen Metropolenstaaten, ohne dass sie konkrete weltwirtschaftlichen Veränderungen bewirkt. In einer zweiten Phase ab der Krise von 1974 gelingt es ihr, in einzelnen Rohstoffsektoren den Welthandel vertraglich zu administrieren und die fortgesetzte Verschlechterung der realen Austauschverhältnisse *(«terms of trade»)* vorübergehend zu unterbrechen. Diese Phase dauert bis zu Beginn der achtziger Jahre. Seither ist wieder Deregulierung angesagt, auch im Welthandel, was langfristig das Ende der integrierten Rohstoffprogramme (Fonds, Puffer, Mindestpreisgarantien u.a.) bedeuten muss. Die UNCTAD hat seither an Bedeutung verloren und wird von den Metropolenländern, wenn überhaupt noch, als Vehikel für die Durchsetzung von Marktwirtschaft benützt.

In verschiedenen Trikontländern (Modell ist der Iran) ist in den siebziger Jahren eine *«Grüne Revolution»* angesagt: In diesem Programm der Agrarkapitalisierung - im Iran finanziert durch die Erdöleinnahmen - treffen sich die Interessen der multinationalen Saatgut- und Düngemittelkonzerne mit jenen autokratischer Trikontregime, um die Landbevölkerung von ihren Subsistenzmöglichkeiten freizusetzen und für «moderne» Arbeitsverhältnisse zu mobilisieren. Das Modell scheitert, ist aber noch in den achtziger Jahren Vorbild etwa für die Agrarkapitalisierung Ostanatoliens, die mit Grossenergieprojekten (z.B. Atatürk-Staudamm) gekoppelt ist.

Die «Grüne Revolution» ist klassisches Beispiel für das über eine lokale Elite vermittelte Abhängigkeitsverhältnis zwischen Metropolen und Trikont. Dieses Verhältnis wird von der *«Dependencia»*-Theorie, die ab Ende der sechziger Jahre in Lateinamerika entwickelt wurde, auf den Punkt gebracht. Die Dependencia-Theorie geht nicht einfach von einer generellen Abhängigkeit zwischen Metropolen (Zentrum) und Trikont (Peripherie) aus, sondern geht der Frage nach, wie diese Abhängigkeit durch eine Achse zwischen einem Zentrum im Zentrum und einem Zentrum in der Peripherie vermittelt wird. Die Gesetze des Weltmarktes werden den Trikontländern demnach nur mittelbar von den Metropolenländern diktiert, unmittelbar von ihren eigenen Bourgeosien, die sich zu Agenten der Durchsetzung der Weltmarktgesetze machen und sich dafür entsprechend honorieren lassen.

Als ideologische Rechtfertigung der Durchsetzung von Weltmarktgesetzen dient die These der *«komparativen Kosten»* aus der Aussenwirtschaftslehre der klassischen Oekonomie. Demnach ist der gesellschaftliche Wohlstandszuwachs am grössten, wenn jedes Land für den Weltmarkt jene Ware produziert, deren Produktionskosten im internationalen Vergleich (komparativ) am tiefsten Sinn. Diese These, so vernünftig sie in ihrer ideologischen Fassung auf den ersten Blick erscheint, macht ihre Brutalität erst sichtbar, wenn sie den Ursachen tiefer Produktionskosten und dem Ergebnis der Verteilung des «gesellschaftlichen» Wohlstandzuwachs genauer nachgeht: Komparativ günstig ist der gesicherte Zugriff auf Rohstoffe, die Verwertung der Arbeitskraft unter ihrem Wert und die Externalisierung von Kosten auf die Oeffentlichkeit beispielsweise im oekologischen Bereich. Dass sich diese komparativen «Vorteile» nur unter entsprechenden militärischen, polizeilichen und weiteren direkt gewaltförmigen Voraussetzungen halten lassen, ist offensichtlich. Und dass sich dazu die Metropolenkapitalisten lieber nicht selber hergeben, sondern «nur» Finanzen, Ausrüstung und Ausbildung beisteuern, während die Durchsetzung einer nationalen Oligarchie oder Bourgeosie überlassen wird, entspricht dem Gesetz der Dezentralisierung von Herrschaft. Anti-Imperialisten wie *Frantz Fanon* oder *André Gunder Frank* haben die Aktualität des *Neokolonialismus* etwa für Nordafrika oder Lateinamerika in ihrer ganzen Brutalität zu vermitteln versucht. Die 500-Jahr-«Feier» der kolonialistischen Eroberung Lateinamerikas ist wohl ein zynischer Ausdruck dieser Aktualität.

Ein weiteres, mit der Theorie der komparativen Kosten unmittelbar zusammenhängendes Moment des Imperialismus ist die massive *Produktionsauslagerung* der Massenkonsumgüterindustrie in den siebziger Jahren in trikontinentale Standorte. Transnationale Konzerne bauen in dieser Zeit zwischen zehn und zwanzig Prozent ihrer Arbeitsplätze in den Metropolen ab und im Trikont wieder auf. Diese Strategie wird allgemein als *«Neue internationale Arbeitsteilung»* bezeichnet, weil sie die alte Arbeitsteilung zwischen Rohstofförderung und -produktion im Süden und Verarbeitung im Norden überlagert und damit im dialektischen Sinne aufhebt. Von der neuen internationalen Arbeitsteilung betroffen sind insbesondere Massenkonsumgütermärkte mit hohem Anteil an unqualifizierter Arbeit (Textilien, Autos, Chemikalien, Baustoffe u.a.).

Die achtziger Jahre werden aussenwirtschaftlich von einem anderen Thema beherrscht: der sogenannten *«Schuldenkrise»,* die spätestens mit der «Zahlungsunfähigkeit» «Mexikos» im Sommer 1981 manifest wird und in der Folge die Wirtschaftsberichterstattung, Welthandelskonferenzen und Gipfel aller Art dominiert, so stark, dass sich teilweise selbst Linke den Kopf zu zermartern beginnen und fieberhaft nach Wegen aus der «Schuldenfalle» zu suchen beginnen (*Elmar Altvater, Dieter Boris, Rainer Tetzlaff* u.a.). Ihre Lösungsvorschlage (Rückzahlungsmoratorium, Zinsbegrenzung, Schuldenstreichung) mögen gut gemeint sein und treffen sich mit einer pragmatischen Drittweltposition (z.B. *Fidel Castro*). Solange sie die Bedingungen ihrer Umsetzung nicht mitdenken, als Postulate an die Gläubigerbanken und -staaten oder internationalen Organisationen gerichtet sind, klassenneutral oder gar länderspezifisch formuliert werden (etwa: «Brasilien blutet aus...»), verschleiern sie das Wesen dieser Krise mit und begünstigen einzig «Ventillösungen» am grünen Tisch.

Ich geize hier absichtlich nicht mit Anführungsstrichen, weil ich denke, dass rund um die «Schuldenkrise» ein gigantisches Ideologiegebäude aufgebaut wurde, das in der viel beschworenen Formel der *«Verschuldung der Entwicklungsländer»* seinen höchsten Ausdruck findet. Begriffe sind nie die Grundlage von Herrschaft, aber immer deren Ausdrucksform. Dieselben Begriffsinstrumente wie die klassische Sprachregelung zu verwenden, bedeutet unter der Annahme der Gutwilligkeit, Machtverhältnisse zu akzeptieren, unter der Annahme der Böswilligkeit, an der Macht teilzuhaben.

Besteht denn überhaupt eine *«Schuld»* der Trikontsektoren gegenüber den Gläubigern in den Metropolen? Für die gegenwärtig rund 1'300 Milliarden Dollar offene Schulden der Schuldner in den 88 «verschuldeten» Trikontstaaten sind, vorsichtig mit einer realen Verzinsung von 6 Prozent gerechnet, seit 1973 rund 550 Milliarden Dollar an Zinsen bezahlt oder zur Schuld dazugerechnet worden. Die Legitimität einer realen Verzinsung (Nominalzins abzüglich Inflation) anerkennen, bedeutet, die Legitimität von Ausbeutung anzuerkennen, denn anders lassen sich Realzinsen noch immer nicht finanzieren. Kapital «arbeitet» nur in der Fiktion und setzt weder an Wert zu, wie alter Wein noch vermehrt es sich wie unbeaufsichtigte Kaninchen.

Nehmen wir für die verbleibenden 750 Milliarden angeblicher Trikontschuld die Drittelsregel, die besagt, dass Trikontkredite von den dortigen Eliten zu rund einem Drittel als illegale Fluchtgelder in die Metropolen zurückfliessen, so bleiben noch 500 Milliarden Dollar. Zählen wir davon die knapp 300 Milliarden Dollar weg, die dem Oelpreisanstieg ab 1973 geschuldet sind, so bleiben noch jene gut 200 Milliarden Dollar, um die sich die realen Austauschverhältnisse der nicht-ölexportierenden Trikontökonomien in der ersten Hälfte der siebziger Jahre und dann wieder ab 1980 gemäss Schätzungen verschlechtert haben. Und noch ist in dieser Schätzung kein Cent der Profite und Dividenden des transnationalen Industriekapitals im Trikont seit 1973 miteingerechnet. Würde uns hier nicht Bescheidenheit und Diskretion vor einer weiteren Schätzung abhalten, uns dämmerte der gemeine Verdacht eines massiven Werttransfers von Süd nach Nord, der bei einem Vergleich der unterschiedlichen Konsumniveaus der breiten Bevölkerung in Metropolen und Trikont immerhin nicht ganz aus der Luft gegriffen ist. Allein der Gewinntransfer des grössten Schweizer Nahrungsmittelkonzerns Nestlé aus dem Trikont übersteigt jährlich längst schon eine Milliarde Franken.

Kommt dazu, dass der Begriff der *«Entwicklungsländer»* der Politischen Oekonomie ausgesprochen schlecht bekommt. *Entwicklung* wohin? Von wem? Wer diesen Begriff verwendet, stellt sich in die Tradition von Kennedys Allianz für den Fortschritt und von deren als Entwicklungshelfer getarnten ModernisiererInnen, die unter dem Stichwort «Entwicklung» Subsistenz vernichteten, um Investitionsbedingungen in Richtung eines «Take-offs» herzustellen *(«Entwicklung durch Vernichtung»).* Und der *Länder*begriff mag in der Geographie hingehen, in der Politischen Oekonomie trägt er nichts zur Erhellung bei. Was heisst denn beispielsweise, «Zaire» schulde seinen internationalen Gläubigern fünf Milliarden Dollar? Ein einzelner Clan hat sich ein privates Vermögen in dieser Höhe beiseite gelegt und im Ausland in Sicherheit gebracht. Wer hat die Schulden gemacht in Mexiko, Brasilien, Argentinien, den Philippinen? Die Campesinas und Campesinos, die prekär überlebenden SlumbewohnerInnen, die sich, wenn überhaupt, aus Abfallhalden reproduzieren, die StrassenhändlerInnen, die entgarantierten Teile des Proletariats in den Weltmarktfabriken und freien Produktionszonen? Die paar hundert Milliarden Dollar, die angeblich in diese «Länder» geflossen sind, sind diesen Menschen nicht anzusehen.

Die neue Weltkarte

Seit zwei, drei Jahren macht es wenig Sinn mehr, global von *der* «Dritten Welt» oder *dem* «Trikont» (die drei Kontinente Afrika, Asien und Lateinamerika) zu sprechen. Zu unterschiedlich sind die Bedingungen geworden: Neben hochentwickelten Finanzzentren mit Metropolencharakter gibt es absolute Armutszonen, teilweise im selben Land, teilweise in derselben Agglomeration bis zur skurrilen Form einer unmittelbaren Nachbarschaft. Das zwingt uns, genauer hinzuschauen und zu fragen: Welche *Zonen* sind entstanden? Mit welchen Funktionen? Es wird wichtig zu differenzieren, ähnlich wie innerhalb des Metropolenproletariats, wo die unterdrückte Klasse in ihren verschiedenen Segmenten ebenfalls genauer zu bestimmen ist: Lohnabhängige mit oder ohne Garantien, Reservearbeitskräfte,

Hausarbeitskräfte, gänzlich Ausgegrenzte, die nicht mehr für Lohnarbeitsverhältnisse vorgesehen sind.

Ich will abschliessend für dieses Kapitel einigen Indizien dieser Entwicklung genauer nachgehen, will versuchen, auf diese Weise die Umrisse einer Weltwirtschaftskarte für die neunziger Jahre zu skizzieren. Dabei sei mir gestattet, einzelne grosse Räume wie etwa die Sowjetunion oder China gänzlich weiss zu lassen, nicht, weil dort eine Zonierung nicht ebenfalls ansteht, aber aus gebotener Vorsicht: In der Entwicklung in diesen Räumen steckt soviel Klassenauseinandersetzung mit ungewissem Ausgang, in der Berichterstattung darüber soviel Propaganda, dass sich der unbedarfte Leser vor Analysen und Prognosen nur hüten kann. Meine Striche sind Anfänge, Umrisse einer Weltskizze, die auszuzeichnen alle jene besser in der Lage sind, die sich vertieft mit einer Region befassen. Immerhin meine ich, einige Anzeichen einer differenzierten militärischen und wirtschaftlichen Strategie in den drei Kontinenten Afrika, Asien und Lateinamerika ausgemacht zu haben.

Seit 1981/82 ist klar, dass die Eliten in den hochverschuldeten Länder mit wenigen Ausnahmen die Kredite, die sie in den siebziger Jahren aufgenommen haben, nie in vollem Umfang werden zurückzahlen können. Die von ihnen ausgebeuteten Menschen sind nicht willens, ausserdem auch kaum oder nur unter ungeheuren Opfern in der Lage, durch ihre Arbeit wertmässig Zinsen und Teilamortisationen zu finanzieren. Privatwirtschaftlich müsste dies zu einem Konkurs führen, volkswirtschaftlich ist dies unzulässig. Also werden Strategien entwickelt, welche «Auswege» aus dieser Verwertungskrise zu finden sind. Wenn unter den Metropolengläubigern, den Regierungen und Banken, in dieser Frage ein Konsens besteht, dann der: Es darf keine *globale Schuldenstreichung* geben. Durchgesetzt hat sich in der Sprache des Internationalen Währungsfonds ein sogenannter *«Menüansatz»* (ein durchaus zynischer Begriff, weil die IWF-Programme in vielen Ländern Aushungerung und Verelendung bedeuteten): Demnach besteht eine Wahl zwischen vier Standardmenüs, eine Wahl selbstredend nicht für die Schuldner, sondern für die Gläubigerbanken (Londoner Club) und Gläubigerregierungen (Pariser Club).

1. Leicht verdaulich ist, wenn schon, einzig *Menü I:* Wenig oder praktisch kein Druck ist auf Schuldnerländer entstanden, die bereits

in hohem Masse exportorientiert sind und deshalb Zinsendienst und Teilamortisationen leisten können. Das hängt mit der Funktionsweise des Internationalen Währungsfonds zusammen, der in Fällen, wo keine massiven Zahlungsbilanzprobleme entstehen, nicht tätig wird. Auf Südkorea etwa, das mit einer Aussenschuld von über 50 Milliarden Dollar zu den höchstverschuldeten Trikontländern gehört, wurde nie Druck ausgeübt. Dasselbe gilt für Südafrika mit einer Aussenschuld von rund 10 Milliarden Dollar, stark exportorientiert ebenfalls und nie sonderlich unter Druck der Gläubiger. 1988, das einzige Mal, als ein solcher Druck zu entstehen drohte, hat sich *Fritz Leutwiler* in die Bresche geschlagen, um gegen diesen Druck sein Gewicht als Ex-Präsident der *Schweizerischen Nationalbank* und späterer Konzernleiter von *Asea Brown Boveri* zu stemmen.

2. In diesen beiden Fällen kommt ein politischer *«Bonus»* dazu: Südkorea und Südafrika sind Frontstaaten, Bollwerke gegen die Unterklasse in unstabilen Regionen, auf die aus politischen Gründen kein zusätzlicher Druck durch die internationale Finanzwelt entstehen soll. Im IWF, der aufgrund der Quotenzuteilung stimmenmässig von den USA dominiert wird - zusammen mit den EG-Ländern besteht sogar eine Stimmenmehrheit -, schwingt häufig ein politisches Kalkül mit. Jüngstes Beispiel dafür ist der Spielraum, der nach Ausbruch der «Golfkrise» aus politischen Gründen den irakischen Nachbarstaaten Türkei, Ägypten und Jordanien verschafft wurde. Daraus wurde ein *Spezialmenü II* für hochverschuldete Frontstaaten, die im Unterschied zu Südkorea und Südafrika nicht die Substanz haben, durch radikale Exportorientierung Teilamortisationen zu leisten. In diesen Fällen wurde pragmatisch vorgegangen: Schraube anziehen und selektiv lockern, wenn die Unruhen und Hungerrevolten *(«IMF-Riots»)* für die einzelnen Regierungen bedrohlich zu werden drohten (insbesondere in Nordafrika und Lateinamerika). Ähnlich, scheinbar wankelmütig, hat der IWF mit Argentinien und Brasilien verhandelt. Finanztechnokraten haben verschiedentlich Abkommen mit diesen Ländern kritisiert, weil sie aus politischem Kalkül abgeschlossen worden waren, ohne dass die ökonomischen Bedingungen erfüllt waren.

3. *Menü III* wird den ärmsten Ländern, der sogenannten *«Vierten Welt»*, angeboten. Zu dieser Gruppe gehören zwischen zwanzig und dreissig stark verschuldete Länder, vor allem in Schwarzafrika, aber auch einzelne asiatische Länder wie Bangladesh und ausgepowerte lateinamerikanische Länder wie Haiti. Gegenüber diesen *Armutszonen* mit Hunderttausenden von Hungertoten und extrem hoher Kindersterblichkeit wurde die Schraube des IWF selektiv gelockert. Der IWF fährt nicht mit seinem gesamten Gewaltsinstrumentarium auf, hat für diese Länder durch die sogenannten «Erweiterten Strukturanpassungsfazilitäten» (ESAF) Verschnaufpausen geschaffen. Naturgemäss gilt diesen Ländern auch das Hauptinteresse der Hilfswerke und allgemein der kirchlichen Position, weil hier der Bedarf nach moralischer Entlastung am grössten ist. Der Entschuldungsfonds etwa der Schweizer «Eidgenossenschaft» im Jubiläumsjahr 1991 wird mehrheitlich an die Adresse dieser Länder gerichtet sein. Mit ähnlicher Stossrichtung hat bereits der Weltwirtschaftsgipfel von Toronto 1989 beschlossen, bis zu ein Drittel der Schulden der ärmsten Länder bedingungslos zu streichen.

Die Tatsache, dass auf diese Länder vergleichsweise wenig Druck ausgeübt wird, spricht dafür, dass sie nicht, zumindest nicht in nächster Zukunft, in grösserem Umfang als Investitionszonen vorgesehen sind. In Schwarzafrika ist der *«donor fatigue»* (der müde Geldgeber) ideologisch bereits zum Schreckgespenst aufgebaut worden. Da die früheren Kapitalgeber in aller Regel aber weniger «donor» (Geber) als «taker» (Nehmer, genauer: Unter-Nehmer) waren, besteht in der Linken kein Anlass, über das Ausbleiben der Investitionen zu lamentieren,

4. *Menü IV* soll schliesslich Ländern mit hoher Aussenschuld, aber durchschnittlich nicht absolut tiefen, sondern mittleren Einkommen verabreicht werden. Es sind Länder, vorab in Lateinamerika, die als *Investitionszonen* vorgesehen sind, wo Investitionen in der Vergangenheit schon getätigt wurden und die Bedingungen für einen als ausreichend taxierten Rückfluss in Form von Zinsen und Gewinnen transnationaler Konzerne sich verschlechtert haben. Entsprechend wird hier die IWF-Schraube am härtesten angezogen. Schuldenstreichung wird eng an Strukturanpassung gekoppelt. Das US-Kapital hat seine Aufmerksamkeit traditionell diesen Ländern gewidmet. Nach der IWF-Jahreskonferenz von 1985 wurden fünfzehn dieser Länder

nach einer Initiative des damaligen US-Finanzministers *James Baker* zu *«Baker-Ländern»* umgetauft. Nach einer neuen Initiative seines Nachfolgers *Nicolas Brady* im Jahre 1988 haben siebzehn dieser Länder die Ehre, *«Brady-Länder»* zu heissen: Es sind Testgebiete für harte Strukturanpassungsprogramme, die auf der Reprivatisierung von Staatsaufgaben, dem Abbau von Preisbindungen und Subventionen und radikaler Exportorientierung beruhen.

Eine erste modellhafte Einigung im Rahmen der Brady-Initiative erfolgte 1989 mit Mexiko, dem von US-Gläubigern rund fünf Milliarden Dollar Schulden erlassen wurden. Ein Teil der Restschuld von immerhin noch knapp 100 Milliarden Dollar wurde zinslich nach oben begrenzt. Gegenleistung von Mexiko ist dessen Zustimmung zur Eingliederung in eine Freihandelszone mit den USA und Kanada. Dass der Durchbruch hier gelang, hängt mit dem politischen Bonus zusammen: Mexiko ist die Pufferzone der USA zu Lateinamerika, schon aufgrund seiner Lage zu wichtig, um sich selbst und seinen internen Klassenkämpfen überlassen zu werden. Wer danach im Visier der US-Aussenwirtschaftsoffensive ist, liess sich im Dezember 1990 aus der ersten längeren Reiseroute von US-Präsident *George Bush* durch Lateinamerika folgern: Brasilien (von *Henry Kissinger* seit Jahren nominiert), Uruguay, Argentinien, Chile. Auffällig an dieser Reiseroute ist, dass Bush kein Denkmal lateinamerikanischer Repression ausgelassen hat. Nach der Feindsäuberung interessiert sich auch das europäische Kapital wieder für diesen Raum. Von den Schweizer Direktinvestitionen im Trikont sind etwa 1989 rund 90 Prozent nach Lateinamerika geflossen, knapp 10 Prozent nach Asien und nicht einmal ein halbes Prozent nach Afrika. Politische Kennzeichen der Brady-Länder sind die labile, je nach Notwendigkeit auf die eine oder andere Seite kippende «Balance» zwischen Militärdiktatur und Rechtsstaat sowie als Folge «Tandems» zwischen Generälen und zivilen Politikern, deren Differenzen in aller Regel inszeniert sind, häufig nicht einmal sonderlich gut.

Testräume für Deregulierung und Restrukturierung scheinen mehr und mehr trikontinentale Wirtschaftsgemeinschaften zu werden. Eine afrikanische Wirtschaftsgemeinschaft mit den drei Subzentren Aegypten, Nigeria und Südafrika zeichnet sich dabei ebenso ab wie die panamerikanische Perspektive von US-Präsident Bush («Amerika-Initiative»), die in Projekten wie dem Mercosur in Südamerika und dem Mercomun in Zentralamerika ihren Ausdruck findet und über die «Gruppe von Rio» koordiniert wird. Gelingt es, diese Räume regional zu deregulieren, so steht ihrer Angliederung an einen der grossen Wirtschaftsblöcke nichts mehr im Wege.

Weiteres Indiz für die neue Offensivstrategie ist ein *differenzierteres militärisches Vorgehen:* Die USA etwa intervenieren, nach einer erzwungenen Phase der «Zurückhaltung» im Anschluss an das Vietnam-Debakel während der Carter-Administration, inzwischen wieder offensiv, gleichzeitig aber sehr selektiv, was Ort und Intensität der militärischen Intervention betrifft. Grosseuropa wird das nicht anders halten, wenn es nicht nur wirtschaftlich, sondern auch politisch und militärisch formiert sein wird. Schematisch formuliert, lautet die US-Doktrin «medium intensity warfare» für Frontstaaten (Israel, Südafrika, Türkei, Panama), «low intensity warfare» für Investitionszonen (Mexiko, Chile, Uruguay, Philippinen) und keine Intervention in Armutszonen (Liberia, Tschad, Somalia, Sudan, Uganda, Aethiopien, Haiti). Oder medizinisch formuliert: Operationen für «schwerkranke» Patienten, Homöopathie für chronische kleinere Leiden, passive Sterbehilfe für Todkranke.

Vielfach wird argumentiert, dass sich damit in den Armutszonen ein Spielraum für eine eigenständige Entwicklung mit dem vorrangigen Ziel der Subsistenzsicherung eröffne *(«Abkoppelung»).* Das trifft theoretisch zu, praktisch aber besteht in diesen Regionen als Folge der Zerstörung der alten Gesellschaften alles andere als eine demokratische Struktur, und sie folgt keineswegs einfach «automatisch», wenn die militärische Intervention von aussen wegfällt. Die Situation in diesen Ländern ist vergleichbar mit jener in den Armutszonen von Investitionsgebieten: Zwar besteht der staatliche Zugriff auf Slums und Favelas häufig nur indirekt, aber das entstandene Vakuum wird nicht nur von hoffnungsvollen Ansätzen zu Selbstorganisation und Widerstand, sondern auch mafiosen Strukturen und einem Überlebenskampf aller gegen alle geprägt.

Ein weiteres Moment der Differenzierung ist die Tatsache, dass in Regionen mit neu installierten US- oder EG-freundlichen Regierungen ebenfalls nicht einfach automatisch Kapitalflüsse folgen. In Panama, Nicaragua, aber auch in weiten Teilen Osteuropas sind die grossen Investitionsspritzen bisher ausgeblieben. Wer hatte nicht erwartet, dass in einem Moment, wo es gelingt, die Contra in der Regierung zu etablieren, die Kapitalien fliessen? Dieselbe Erwartung galt für Osteuropa, aber auch hier finden wir nur eine sehr selektive «Berüksichtigung» mit Kapitalströmen. Investitionszonen entstehen im ehemaligen Comecon am ehesten in Ungarn und der Tschechoslowakei, vielleicht noch in Polen, aber danach hat es sich schon. Die ehemalige DDR ist aufgrund des politischen Bonus ein besonderer Fall. Die Renaissance des deutschen Nationalismus darf etwas kosten, aber die Investitionen sind nicht im vielfach erwarteten Ausmass getätigt worden. Bulgarien, Jugoslawien, Albanien und Rumänien werden wohl verstärkt zu relativen Armutszonen, selbst wenn sich antikommunistische Regimes installieren sollten.

Auch der erwähnte Schweizer Nährmittelkonzern *Nestlé* teilt die Welt von seinem Hauptquartier am idyllischen Genfersee aus in Zonen auf. Hinweise auf die unterschiedliche Gewichtung dieser Zonen ist die Zahl von Fabrikationsbetrieben: In Ländern wie Mexiko etwa hat Nestlé zwölf Produktionsbetriebe, in Ländern in der absoluten Armutszone gerade noch einen Betrieb. Dort gilt es einzig, Stellung zu halten, um bei einer veränderten Zonenbewertung nicht bei Null anfangen zu müssen. Kommt dazu, dass der Markt zur Befriedigung von Grundbedürfnissen, in dem Nestlé tätig ist, auch in einer Armutszone nicht gänzlich zusammenbricht, im Unterschied zu einem Markt für Technologie etwa.

Weiterer Beleg für die Differenzierungsstrategie ist die *Lohnabstufung* innerhalb der drei Kontinente Afrika, Asien und Lateinamerika, die sogenannte *«Mehrwertkaskade»*. Dass die Löhne für vergleichbare Arbeit in Nord und Süd um das Zehnfache auseinanderliegen, das hatte in den sechziger und siebziger Jahren Neuigkeitswert. Neu und auf den ersten Blick überraschend ist heute, dass wir eine Süd-Süd-Lohndifferenzierung in nahezu ähnlicher Höhe finden. Ich verweise hier auf eine Untersuchung der weltweiten Investitionsbedingungen durch das Genfer *«World Economic Forum» (WEC)* und das Lausanner *«International Institute for Management Development» (IMD)*. Gemäss der Studie von 1990 betragen die Lohnunterschiede in der Metallindustrie zwischen einem Trikontland mit mittlerem Einkommen wie Brasilien und einem absoluten Billiglohnland wie Thailand heute real rund fünf zu eins. Als Folge benötigt ein Metallarbeiter in Thailand allein für den Broterwerb einer vierköpfigen Fa-milie zwölf volle Arbeitstage pro Monat, also rund die Hälfte seiner gesamten Arbeitszeit. Er benötigt seine gesamte Arbeitszeit, um für sich allein den monatlichen Minimalbedarf von je sieben Kilogramm Brot und Reis sowie je einem Kilogramm Fleisch und Butter decken zu können. Und hat dabei noch nicht regulär gewohnt, denn für die Miete von ein bis zwei Zimmern müsste eine weitere volle Arbeitszeit aufgewendet werden. Er wird damit faktisch vor den Entscheid gestellt, zu wohnen oder zu essen, was die Slumentwicklung in dieser Region mit erklärt. Diese Menschen sind für reguläres Wohnen nicht mehr vorgesehen, die Arbeitskraft wird massiv unter den Kosten ihrer Wiederherstellung entlohnt.

In einer differenzierten Betrachtung der Weltwirtschaft schliesslich, wie erwähnt, ist es unumgänglich, die Länderperspektive zu verlassen. Wenn wir «Brasilien» als Investitionszone bezeichnen, dann stimmt das für die Region um Sao Paulo, aber nicht für den Nordosten. Der Nordosten Brasiliens hat ökonomisch sehr viel mehr gemeinsam mit Schwarzafrika als mit dem Süden Brasiliens, insbesondere auch das hartnäckige Überleben feudaler Verhältnisse. Wir beobachten in vielen Trikontländern mit rascher «Modernisierung», wie etwa in Saudi-Arabien, einen augenfälligen Dualismus: Armutszonen neben Investitionszonen, Traditionalismus neben moderner Kapitalverwertung, religiöser Fundamentalismus neben den Kennziffern des modernen Rechnungswesens. Das Verhältnis zwischen beiden Sektoren ist nicht einfach hart gegensätzlich und unverbunden, sondern ein Autauschverhältnis: Die Arbeitskräfte werden «freizügig» aus den Armutszonen aus- und zurückgeführt, wie dies Südafrika bereits gegenüber den schwarzen Homelands praktiziert. In den Investitionszonen ist ihre Existenzgarantie eng an den Arbeitsplatz geknüpft, der ohne wirksame gewerkschaftliche Organisation wiederum nur höchst prekär garantiert ist.

Sollte sich ein solches Modell durchsetzen, so erklärt sich die Hinfälligkeit der formellen Diskriminierung im rassistischen Südafrika - beispielsweise durch die anstössigen *«Population Registration Act»* (Gesetz über die Registrierung der Bevölkerung) und *«Group Areas Act»*(Gruppenzonen-Gesetz). Über Zutrittsberechtigung werden inskünftig vermehrt ökonomische und nicht mehr juristische Gesetze entscheiden, nicht Pässe, sondern Kaufkraft. Eine ähnliche Zonierung über unterschiedliche Kaufkraft lässt sich heute bereits in der Stadtentwicklung in den Metropolen feststellen: Immer mehr Räume in Grossagglomerationen werden beispielsweise für das ausgegrenzte Drittel der Bevölkerung unbetretbar, nicht weil Zutritt und Benützung formell verboten wären, sondern weil die notwendige Kaufkraft als Voraussetzung der Zutrittsberechtigung fehlt. Das Leopardenfell der neuen Weltkarte wird statt durch unterschiedliche Klimazonen, durch unterschiedliche Kaufkraftzonen gemustert sein.

Kapitel 5

Das Verhältnis zwischen kapitalistischem Sektor und Milieu

Wenn wir das Verhältnis zwischen kapitalistischem Sektor und nicht-kapitalistischer Umgebung (« Milieu») fassen wollen, müssen wir auf jene Klassikerin zurückgreifen, die dieses Verhältnis in seiner ganzen Dialektik sichtbar gemacht hat: *Rosa Luxemburg.* Weit deutlicher als im Marxschen Gesamtwerk, wo insbesondere am Ende des erstes Bands des «Kapitals» der Eindruck entstehen kann, der Prozess der ursprünglichen Akkumulation sei im voll entfalteten Kapitalismus abgeschlossen, macht Rosa Luxemburg die Fortdauer von Phasen ursprünglicher Akkumulation auch oder gerade im hoch entwickelten Kapitalismus deutlich. Die *Aneignung* von Werten im nichtkapitalistischen Sektor *ohne wertmässig entsprechende Gegenleistung* ist für den kapitalistischen Verwertungsprozess ebenso konstitutiv wie die viel stärker thematisierte «klassisch» kapitalistische Aneignung durch nur teilweise bezahlte Lohnarbeit.

Das nicht-kapitalistische Milieu ist damit nur in diesem Sinne nicht-kapitalistisch, dass die unmittelbaren Merkmale kapitalistischer Produktionsweise fehlen: Formelle Freiheit der Arbeitskräfte im doppelten Sinne (bürgerliche Freiheiten, Freisetzung von Produktionsmitteln), Lohnarbeit als vorherrschende Arbeitsform, Aneignung des realisierten Mehrwertes zur Akkumulation und schliesslich wissenschaftliche Arbeitsorganisation als Form struktureller, d.h. indirekter Gewalt. Ich verwende den «Milieu»-Begriff in derTradition von Rosa Luxemburg. Die Tatsache, dass Milieu inzwischen als Bezeichnung des halblegalen Prostitutionsgewerbes eine spezifische Bedeutung hat, soll dabei nicht stören, weil dieser Milieubegriff im engeren Sinne dieselben Bedeutungsmerkmale wie der Milieubegriff im umfassenden Sinne hat: Unfreiheit der Arbeitskräfte, hohes Mass an direkter Gewalt, Informalität usw.. Der Milieubegriff, wie wir ihn im folgenden verwenden, geht aber weit über die aktuelle alltagssprachliche Bedeutung hinaus und soll alle Arbeitsverhältnisse bezeichnen, die nicht auf Lohnarbeit beruhen.

Ungewohnt für unsere Denkweise und folglich schwierig zu verstehen, ist dabei die *Dialektik des Verhältnisses von kapitalistischem Sektor und ausserkapitalistischem Milieu:* Diese beiden Sektoren sind, wenn sie dialektisch aufeinander bezogen werden sollen, trennbar und untrennbar zugleich. *Trennbar,* weil sich die Produktionsformen in den beiden Sektoren klar unterscheiden lassen, ebenso auch die zugrundeliegenden Gewaltverhältnisse und Tauschformen; *untrennbar,* weil die beiden Sektoren im Stoffwechselprozess ohne einander nicht denkbar sind. Der ausserkapitalistische Sektor ist damit dem Kapitalismus äusserlich und innerlich zugleich. Die Schwierigkeit liegt darin, diese Dialektik nicht einfach als Unschärfe stehen zu lassen, sondern inhaltlich präzise zu fassen und den ökonomischen Verknüpfungsregeln auf die Spur zu kommen.

Es ist aus dieser Sicht falsch, davon auszugehen, dass der kapitalistische Sektor sich unaufhaltsam in (zuvor noch) nicht-kapitalistische Sektoren vorfrisst und dadurch immer grösser wird. Richtigerweise ist von einem dialektischen Austauschverhältnis zwischen kapitalistischem Sektor und Milieu im oben erwähnten Sinne auszugehen. Weswegen angeblich «vorkapitalistische» Produktionsformen im Kapitalismus nicht nur weiterbestehen, sondern auch immer wieder neu generiert werden.

Die Renaissance des *informellen Sektors* etwa, häufig auch als *«Schattenwirtschaft»* bezeichnet, die gegenwärtig vor allem im Trikont augenfällig ist, belegt beispielsweise diese These unzweideutig. In diesem Bereich, wo ausserhalb der Erfassung durch die offizielle Wirtschaftsstatistik in Einzel,- Kleinst- und Klein «betrieben» produziert wird, fehlen mit Ausnahme von vereinzelt auftretenden Lohnarbeitsformen so ziemlich alle Momente kapitalistischer Produktions- und Distributionsverhältnisse: formelle Freiheiten der Produzierenden, wissenschaftliche Arbeitsorganisation uam.. In diesem Sektor wird im Unterschied zur hochentwickelten kapitalistischen Produktionsweise auch mit einer nach wie vor sehr tiefen organischen Zusammensetzung des Kapitals produziert und es fehlen jegliche Anzeichen eines systematischen Anstiegs des konstanten Kapitals .

Strategien, den informellen Sektor zu formalisieren, wie sie in Programmen der Klein- und Kleinstunternehmungsförderung durch Weltbank, US-Agency for International Development, privaten *NGOs («Non-Governmental Organisations»)* und einzelner Trikontregierungen (z.B. «Sistema Multiplicador de Micro-Empresas» in Guatemala) zum Ausdruck kommen, sind ökonomisch und politisch motiviert: Das Kapital stört sich nicht an der Konkurrenz der «Informellen», die häufig ja eher Ergänzung als Konkurrenz ist. Vielfach vermag das Heer des fliegenden Strassenhandels gerade noch jenen Ramsch kapitalistischer Massenproduktion abzusetzen, der sonst nicht absetzbar wäre. Durch die Millionen von StrassenhändlerInnen, die rund um die Uhr fliegend und an Ständen Waren abzusetzen versuchen, wird die *Umschlagszeit* des konstanten Kapitals in der Massenproduktion wesentlich verkürzt. Damit ist die Produktivität dieses Sektors indirekt höher, als es direkt scheint. Kredite und Formalisierung sind nun aber die einzigen Zugriffe, um den Werttransfer in Gang zu setzen. Das Kapital stört sich ausserdem an der schweren politischen Kontrollierbarkeit dieses Sektors. Hier existiert einerseits ein gegenhegemonialer mafioser Einflussbereich, andererseits aber auch ein noch viel bedrohlicheres hohes Mass an entwickelter Selbstorganisation und Autonomie und damit ein riesiges staatlich nicht eingebundenes Widerstandspotential. Diese Kombination erklärt, warum politische und militärische Zugriffe des Kapitals auf diesen Sektor vielfach als Projekte der Drogen- und Mafiaverfolgung lanciert werden, um dann in Kern und Wirkung in Projekte der Widerstandsbekämpfung umzuschlagen.

Aufgrund dieser gegenläufigen ökonomischen und politischen Wirkungsweise hat das Kapital gegenüber parallelen Machtstrukturen im informellen Bereich wie Mafia und Drogenkartellen ein ambivalentes Verhältnis. Hier werden in vornehmlich nicht-kapitalistischer Produktionsweise (offene direkte Gewalt, hohe Abhängigkeit und Verelendung der Arbeitskräfte, Terror, Mord) Werte akquiriert, die nichts anderes als Prozesse fortgesetzter ursprünglicher Akkumulation darstellen. Ihre spätere Einspeisung in den kapitalistischen Verwertungsprozess ist deshalb gleichwohl zentral für die Erweiterung der Stufenleiter hochkapitalistischer Produktionsweise. Das ist der Hintergrund der «Ventanillas siniestras» («unheimliche Bankschalter» zur Legalisierung von Drogengeldern) in Kolumbien wie auch das «peinliche» öffentliche Eingeständnis in Italien, dass das hohe angehäufte Staatshaushaltsdefizit von umgerechnet insgesamt 700 Mrd. Dollar in der Vergangenheit zu einem massgeblichen Teil von der Mafia finanziert wurde.

Deutlichster Ausdruck des untrennbar dialektischen Verhältnisses zwischen kapitalistischem Sektor und Milieu ist die «moderne» südafrikanische Wirtschaft: Hochtechnologie auf der Basis einer modernen kapitalistischen Produktionsweise gepaart mit formeller Ungleichheit auf rassistischer Basis als Grundlage tradierter und teilweise sogar neu generierter Sklavenarbeitsverhältnisse, vom aufgeklärten westlichen Kapital mit einer Ambivalenz wechselweise als direkte und effiziente Wertaneignung geliebt und gehätschelt, wie auch als offenes moralisches Aergernis und Hindernis der Entstehung breiter Märkte getadelt.

Rosa Luxemburgs Theorie der Parallelakkumulation

Versuchen wir dieser Dialektik mit Rosa Luxemburg auf den Grund zu gehen. Die Theorie ist in ähnlichem Zusammenhang entstanden wie diese Schrift hier. Rosa Luxemburg wollte die Marxsche Politische Oekonomie popularisieren und ist dabei zum Schluss gekommen, dass das Schema der erweiterten Reproduktion im zweiten Band des «Kapitals» für sich allein den Prozess der Akkumulation in einem geschlossenen kapitalistischen System nicht zu erklären vermag. Das war der Ausgangspunkt für die 1912 dann von ihr selber verfasste Schrift «Die Akkumulation des Kapitals». Marx hat im zweiten Band des «Kapitals» den Kreislauf des Kapitals untersucht und ist dabei von den verschiedenen Ausgangspunkten G (Geldkapital), P (Produktives Kapital) und W (Warenkapital) ausgegangen und nach der jeweiligen Verwertung unter Zusetzung des Mehrwertes auch zurückgekehrt.

Gehen wir beispielsweise von der Zirkulation des Geldkapitals aus, so ergibt sich folgendes Schema:

G - W (A + Pm) .... P.... W' - G'

Darstellung 5: Das Schema der erweiterten Reproduktion

Das Geldkapital geht über in Warenkapital (Arbeitskräfte und Produktionsmittel), wird in dieser Form im Produktionsprozess verwertet, setzt dabei dem produzierten Warenkapital Mehrwert zu (deshalb W', dass wertmässig um ein Inkrement w grösser ist als das dem Produktionsprozess vorausgehende W) und wird schliesslich zu einem um diesen Mehrwert ebenfalls vergrösserten Geldkapital G' verwertet. Nun läuft das in Wirklichkeit nicht so reibungslos und geschmiert, wie es dieses Schema glauben macht. Marx selber hat das Schema als Modell entwickelt und seine Krisentheorie im dritten Band des «Kapitals» beruht gerade auf dessen nachgewiesener Funktionsunfähigkeit.

Hauptproblem der Funktionsfähigkeit ist die durch den stei-genden Konkurrenzdruck unter den Kapitalisten und die Klassenkonfrontation wachsende organische Zusammensetzung des Kapitals. Damit geht einerseits die Akkumulationskraft des Kapitals zurück, weil der Mehrwert zwar noch absolut steigt, aber relativ zum eingesetzten Kapital sinkt (Gesetz des tendenziellen Falls der Profitrate, siehe oben). Gleichzeitig entsteht durch das relative Sinken der Lohnsumme ein Problem der Ueberproduktion in der Konsumgüterindustrie und damit ein Problem der Umwandlung von W' zu G' in dieser Abteilung.

Diese Sicht beschränkte sich vorderhand auf die wertmässige Ebene. Wenn wir die stoffliche Ebene miteinbeziehen, was Rosa Luxemburg macht, kommt ein drittes Problem dazu: In Abteilung I müssten exakt jene Güter produziert werden, die das Kapital für seine Reproduktion auf erweiterter Stufenleiter braucht. Das wäre - ganz abgesehen von der Regulierungskraft des Marktes, die langfristig diesen Prozess zu steuern vermag, kurz- und mittelfristig aber die Störungsprozesse erhöht - ein ziemlicher Zufall. Diese drei Problembereiche führen nach Rosa Luxemburg dazu, dass eine

Reproduktion des Kapitals auf erweiterter Stufenleiter in einem geschlossenen kapitalistischen System unmöglich ist.

Nicht unmöglich ist sie freilich, wenn wir den Austauschprozess eines offenen kapitalistischen Systems mit einem *«vor-», «neben-» oder «nichtkapitalistischen Milieu»* miteinbeziehen und dieses Milieu in der kapitalistischen Verwertungslogik nicht als «rückständigen» oder «vergessenen» Bereich fassen, sondern gerade als konstitutiv zur zeitlichen Aufschiebung oder möglicherweise sogar Ver-hinderung des offenen Ausbruchs einer allgemeinen Krise, wie sie in einem geschlossenen kapitalistischen System längst eingetreten wäre.

Schauen wir das neugeschaffene Warenkapital W' mit Rosa Luxemburg vorerst einmal *wertmässig* an. Es besteht aus einem abgegebenen Wertteil des konstanten Kapitals (also den ins Produkt eingegangenen Rohstoffen, aber auch dem wertmässig fassbaren Verschleiss der Maschinen und Anlagen in der Produktionszeit) und einem zugesetzten Wertteil des variablen Kapitals, der nicht nur den Reproduktionskosten der Arbeitskraft in der Produktionszeit entspricht, sondern auch den Mehrwert enthält. Um diesen zugesetzten Mehrwert w ist das neu produzierte Warenkapital höher als jenes Warenkapital (Arbeitskräfte und Produktionsmittel), das dem Produktionsprozess vorausging. Der Ersatz des im Produktionsprozess verwerteten konstanten Kapitals hat eine Nachfrage nach Gütern der Abteilung I (Produktionsgüterindustrie) zur Folge. Das in den Produktionsprozess eingeflossene variable Kapital ist als Lohneinkommen an die Arbeitskräfte ausgeschüttet worden und führt zu einer Nachfrage nach Gütern in Abteilung II (Konsumgüterindustrie). Diese Zusammenhänge haben wir bereits im Rahmen der Krisentheorie thematisiert. Schwieriger zu beantworten ist die Frage, wohin der realisierte Mehrwert fliesst. Auf der Stufe der einfachen Reproduktion wäre die Antwort rasch zu geben: Das Produktionskapital bleibt wertmässig auf derselben Höhe, folglich fliesst der gesamte realisierte Mehrwert in den Konsumtionsfonds der Kapitalisten. Damit erhöht der Mehrwert vollumfänglich die Nachfrage nach Konsumtionsmittel in Abteilung II, die Kapitalisten finanzieren mit dem Mehrwert ausschliesslich ihren Luxuskonsum.

So ist es im Kapitalismus gerade nicht. Die Akkumulation des Kapitals ist deshalb Buchtitel von Rosa Luxemburg, weil sie für das Wesen des Kapitalismus konstitutiv (d.h. begründend) ist. Wir müssen also den realisierten Mehrwert aufsplitten in einen *kleineren* Teil, der als *Revenue* tatsächlich in den Konsumtionsfonds der Kapitalisten und damit als Kaufkraft nach Gütern in Abteilung II fliesst, und einen *grösseren* Teil, der als *Nachfrage nach Produktionsmitteln* zur Erweiterung der Stufenleiter kapitalistischer Produktion in Abteilung I fliesst. Der Kapitalismus zeichnet sich gegenüber früheren Herrschaftsformationen nicht dadurch aus, dass die Herrschenden besonders luxuriös leben. Natürlich gibt es diese Erscheinung auch und sie ist zweifellos für agitatorische Zwecke brauchbar, aber sie macht im Unterschied zur Akkumulation nicht das Wesen des Kapitalismus aus.

Nun stellt sich, wie wir gesehen haben, im hochentwickelten Kapitalismus das Problem der wachsenden organischen Zusammensetzung des Kapitals. Das konstante Kapital wächst relativ zum variablen stärker. Es wird mit immer mehr und immer aufwendigeren Produktionsanlagen produziert. Das lässt sich empirisch mühelos nachweisen. Das heisst wertmässig nichts anderes, als dass ein immer grösserer Anteil des Mehrwertes als Nachfrage nach Produktionsgütern in Abteilung I fliesst und ein relativ kleiner werdender Anteil als Nachfrage nach Konsumtionsgütern in Abteilung II. Das führt zu einem wachsenden Ungleichgewicht durch die unterschiedliche Nachfrage nach Gütern in den Abteilungen I und II. Angesprochen ist hier erneut die bereits früher erwähnte *Disproportionalitätenthese,* wonach in Abteilung I eine zu grosse Nachfrage, in Abteilung II eine Nachfragelücke (immer bezogen auf die vorhandene Kaufkraft) entsteht. Nach Rosa Luxemburg ist dieses Ungleichgewicht nur durch den Austauschprozess mit dem ausserkapitalistischem Milieu lösbar, der in diesem Zusammenhang die Funktion hat, die Nachfragelücke in der Konsumgüterabteilung zu schliessen.

Dazu muss nun, wie angedeutet die *stoffliche* Betrachtungsweise kommen. Das Mehrprodukt liegt in beiden Abteilungen vor seiner Realisierung auf dem Markt in einer ganz bestimmten stofflichen Form vor. Das sind Produktionsmittel in Abteilung I und Lebensmittel (im weitesten Sinne, also einschliesslich Gebrauchsgüter) in Abteilung II. Nun weist Rosa Luxemburg mit Recht darauf hin, dass es ein riesiger Zufall wäre, wenn genau diese vorliegenden Produktionsmittel benötigt würden, um den Kapitalismus auf eine (im technologischen Sinne) «höhere» Stufenleiter zu führen. Viel wahrscheinlicher und plausibler ist eine Verwertung des Mehrprodukts von Abteilung I im ausserkapitalistischen Sektor, wodurch der realisierte Mehrwert dieser Abteilung in frei disponibler Geldform für die spezifische Erweiterung der hochentwickelten kapitalistischen Produktion zur Verfügung steht. Beispiele in diesem Zusammenhang sind etwa die bedeutenden Rüstungsexporte in den Trikont, aber auch der gesamte Export technisch überholter Produktionsanlagen (sogenannt *«mittlere Technologie»*). Nur so, meint Rosa Luxemburg, sind qualitative technologische Sprünge in den Metropolen möglich, weil in einem geschlossenen kapitalistischen System sonst stets nur genau jene Produktionsmittel zur Verfügung stünden, die nach dem gegebenen technologischen Stand in Abteilung I produziert werden.

Es läuft also nicht so, dass das Mehrprodukt aus Abteilung I in der gegebenen stofflichen Form laufend und kontinuierlich zur Ausdehnung der kapitalistischen Produktion auf stetig steigender Stufenleiter verwendet wird. Vielmehr wird das produzierte Mehrprodukt unabhängig von der Erweiterung der Stufenleiter verwertet, dieser Mehrwert unter der Koordination durch das Finanzkapital akkumuliert und in einer späteren Phase zur Finanzierung technologischer Sprünge verwendet. Das erklärt auch, warum technologischen Sprüngen, wie sie zum Beispiel im Nationalsozialismus stattfanden, unter den Reaganomics, aber auch im Vorfeld des grosseuropäischen Projektes «Binnenmarkt 92» stets Phasen intensivierter Akkumulation vorausgingen. Mit dieser wertmässig und stofflich begründeten «Lösung» des Disproportionalitätenproblems über den Umweg des ausserkapitalistischen Sektors hat Rosa Luxemburg zweifellos eine wichtige neue Spur aufgenommen, die weiterzuverfolgen zweifellos lohnt.

Rosa Luxemburg beleuchtet im weiteren den Einftuss des ausserkapitalistischen Sektors in einer frühen Phase des kapitalistischen Verwertungsprozesses. Hier kommt sie zum Schluss, dass der ausserkapitalistische Sektor auch dazu dient, das *variable Kapital* zu *verkleinern,* das *konstante Kapital* zu *verbilligen,* damit insgesamt den Anteil des ins Produkt eingehenden Wertes zu verkleinern und die Ware zu verbilligen. So ist die teilweise oder gänzlich entschädigungslose Aneignung von Rohstoffen in der Geschichte des Imperialismus geradezu zu einem Markenzeichen geworden *(Kolonialismus, Neokolonialismus).* Ausserdem ist die entschädigungslose Aneignung der Arbeitskraft, wie sie für den Nicht-Lohnarbeitsbereich typisch ist, eine in ihrer Bedeutung für das Funktionieren der kapitalistischen Weltwirtschaft nicht zu unterschätzende Form fortgesetzter ursprünglicher Akkumulation. Die tiefe Krise, in der die Textilindustrie in den sechziger Jahren des vergangenen Jahrhunderts weltweit geriet, hing unmittelbar zusammen mit der Erschütterung sklavischer Arbeitsverhältnisse in der Baumwollindustrie der US-Südstaaten durch den Sezessionskrieg ab 1862.

In diesen Zusammenhang gehört das auf den ersten Blick «seltsame» Fortbestehen sklavischer und verwandter Arbeitsverhältnisse im hochentwickelten Kapitalismus. Auf die südafrikanische Mischform von hochentwickeltem Kapitalismus und sklavischen Arbeitsverhältnissen (am deutlichsten sichtbar in der stacheldrahteingezäunten Barackenhaltung schwarzer Wanderarbeiter in sogenannten «Hostels», wo vereinzelt sogar schon fest installierte Tränengasleitungen projektiert wurden) haben wir bereits hingewiesen. Es ist angesichts des aktuellen Standes der Kommunikations- und Transportmöglichkeiten auch undenkbar, dass die im brasilianischen Norden kürzlich von der Weltöffentlichkeit neu «entdeckten» an Eisen geketteten Sklaven «zufällig» überlebende Relikte aus vergangenen Zeiten sind. Wahrscheinlicher und weit plausibler ist, dass in dieser Region Brasiliens jene fortgesetzte ursprüngliche Akkumulation stattfindet, die den Aufbau moderner freier Produktionszonen auf der Basis von ungesicherten klassisch-kapitalistischen Lohnarbeitsverhältnissen in andern Regionen des Landes ermöglicht.

Feministische Oekonomie

Völlig zutreffend hat in diesem Zusammenhang die feministische Forscherinnengruppe rund um die Universität Bielefeld *(Claudia v. Werlhof, Maria Mies u.a.)* auf die ökonomisch zentrale Bedeutung des grössten Milieubereiches hingewiesen, den es zur traditionellen kapitalistischen Lohnarbeit gibt: die *Hausarbeit*, die gegenwärtige und zukünftige Arbeitskräfte für das Kapital zu Tiefstpreisen reproduziert. Die Werte, die in diesem Bereich unter (teilweiser) Komplizenschaft des männlichen Metropolenproletariats gratis akquiriert werden, gehen in unermessliche Höhen, weswegen Hausfrauen in Wirtschaftsstatistiken lieber gleich als *«nicht-aktive Bevölkerung»* gefasst werden. Bewertungsversuche von Gerichten, bürgerlichen Frauenorganisationen und arbeitswissenschaftlichen Instituten bewegen sich in der Schweiz zwischen 1'000 Franken für Kleinsthaushalte und 3'500 Franken für Grosshaushalte monatlich (umgerechnet zwischen knapp 1'300 und 4'000 DM). Das ist etwa die Hälfte dessen, was die Reproduktionskosten von Arbeitskräften unter Bedingungen geregelter Lohnarbeit (also mit Höchstarbeitszeit und dergleichen) ausmachen würde. Damit wird deutlich, dass es für das Kapital weit lohnender ist, in diesem Bereich ohne geregelte Lohnarbeit produzieren zu lassen, was dadurch erleichtert wird, dass Männer als (mit «legitimer» Gewalt ausgestattete) Agenten und Aufseher in den «ausserkapitalistischen» Arbeitsverhältnissen an dieser Gratiswerteaneignung teilhaben.

Damit soll das Gewaltverhältnis zwischen den Geschlechtern selbstverständlich nicht allein auf eine Wertfrage reduziert werden. Kommt dazu, dass eine versicherungsrechtlich festgelegte Entschädigung ja nur im Ausnahmefall, d.h. bei ausserordentlichen Ausfällen der Arbeitskraft Hausfrau, geschuldet wird. Die ökonomische und politische Funktion des Billig- bis Nulltarifs für Hausfrauenarbeit erklärt aber mit die Nachsicht bürgerlicher Gerichte für die materielle Grundlage dieses Gewaltverhältnisses, als Spitze des Eisberges für die Vergewaltigungsdelikte an Frauen, die niedrige Zahl geahndeter Delikte (etwa ein Prozent) und insbesondere die faktische Straffreiheit von Vergewaltigung innerhalb der pseudoharmonischen bürgerlichen Institution «Ehe».

Die Erfahrung, dass es wertmässig nicht lohnt, Reproduktionsarbeit aus der Kleinfamilie (mit der oben beschriebenen Agenturfunktion) herauszunehmen und in geregelte Lohnarbeitsverhältnisse überzuführen, haben auch staatskapitalistische Akkumulations-modelle gemacht. Auch wenn im Bereich kollektiver Kindererziehung und Kantinenverpflegung die Möglichkeit zu Rationalisierungen grösser sind, ist der Anteil der einverleibbaren Gratisarbeit kleiner als in Familien, wo die «Heim-und-Herd»-Ideologie Werte aus der Hausfrauenarbeit in ganz anderen Dimensionen herauszupressen vermag. Kommt dazu, dass die traditionelle Hausfrau und Mutter in der Kleinfamilie verwertbare Arbeitskräfte nicht nur im biologischen Sinne produziert und reproduziert, sondern gleichzeitig auch in der emotionalen Dimension der Betriebsgemeinschaft sozialisieren soll: als

Mutter und Ehefrau hat sie in der Kleinfamilie den Personaldienst rund um die Uhr anzubieten.

Die Frage, ob unbezahlte Hausfrauenarbeit einzig die Reproduktionskosten der Arbeitskräfte verbilligt und damit vollumfänglich dem Kapital zugute kommt, ist nicht nur unter dem Wertaspekt von Bedeutung, sondern ganz wesentlich auch *Klassenfrage*: Wenn die unbezahlte Arbeit letztlich in vollem Umfang dem Kapitalbesitzer variables Kapital sparen würde, dann könnte im Marxschen Sinne noch immer von einer *Homogenität* (Gleichartigkeit) der unterdrückten Klasse ausgegangen werden. Wenn aber nur ein Teil der Gratisarbeit vom Kapital aufgesogen wird, während ein anderer Teil dem männlichen «Familienoberhaupt», also dem Agenten der Ausbeutung durch Hausarbeit, zugute kommt, dann ist damit auch die Homogenität des Proletariats fundamental in Frage gestellt. Der klassische männliche Lohnarbeiter, der in einer Ehe mit Hausfrauenarbeit reproduziert wird, ist dann nicht nur *Unterdrückter* (im Lohnarbeitsverhältnis), er ist gleichzeitig *Unterdrückender* (im Hausarbeitsverhältnis). Ob dieses Doppelverhältnis bereits ausreicht, um eine intermediäre Klassenposition zu begründen, oder, wie es die Bielefelderinnen tun, von einer *«Dreiklassengesellschaft»* zu sprechen, sei dahingestellt.

Zweifellos verdient die Untersuchung der Nicht-Lohnarbeitsbereiche unter dem Stichwort der *«Hausfrauisierung»* immer weiterer Arbeitsverhältnisse (Hausarbeit, Subsistenzarbeit, Zwangsarbeit, «Food-for-work» usw.) innerhalb der autonomen Linken ähnliche Aufmerksamkeit, wie sie seit Marx den klassisch-kapitalistischen Lohnarbeitsverhältnissen zuteil wird. Denkbar, dass dabei der Ansatz der Bielefelderinnen weiterführt, der das Verhältnis zwischen Lohnarbeiter und («seiner») Hausfrau als Verhältnis zwischen *Grundeigentümer* und *Boden* fasst. Der Lohnarbeiter wäre demnach Besitzer und Verwerter des «Rohstoffes Frau» und eignet sich aus der Verwertung eine *Grundrente* in Form einer Produkterente an (Ertrag der angeeigneten Produkte, insbesondere seiner eigenen Arbeitskraft).

So bestechend dieser Ansatz ist, er vermag die Verdinglichungs- und Leibeigenschaftsthese der Hausfrau in den Metropolen zumindest nicht gänzlich zu belegen und bleibt insbesondere auch die Erklärung formeller «Gleichberechtigungstendenzen» im modernen metropolitanen Ehe,- Familien- und neuerdings Arbeitsrecht schuldig. Die «moderne» bürgerliche Position scheint die Leibeigenschaft der

Hausfrau nicht einfach linear-historisch verlängern zu wollen, sie flexibilisiert den Status der Frau vielmehr als formell freie Lohnarbeiterin einerseits und Hausfrau in einem fabrikmässig durchrationalisierten Alltag anderseits. Die «moderne» Frau der Unterklasse ist damit der Kombination von Pech und Schwefel ausgesetzt, d.h. der Wahrnehmung traditionell weiblicher Funktionen im Produktionsbereich (Hygienetätigkeit, Feinstarbeit im Mikrobereich, emotionale Arbeit, Kontrolltätigkeit mit besonders hohem Konzentrationsanspruch) und der traditionellen, scheinbar frei gewählten Hausarbeit.

Weitere Folgerungen aus der Milieutheorie

Spannend und viel zuwenig untersucht ist die Bedeutung von Zwang und Abhängigkeit auch auf der *Konsumtionsseite.* Die grenzenlose Wahlfreiheit zahlungskräftiger KonsumentInnen, wie sie etwa die Werbung vorgaukelt, entspricht der *doppelten Freiheit* der Arbeitskraft im Kapitalismus: KonsumentInnen sind einerseits frei, ihre Kaufkraft gegen Gebrauchswerte jedwelcher Art in gleicher Höhe zu tauschen. Andererseits fehlt ihnen offensichtlich ein Moment der Souveränität in der Verfügung über ihre Konsumkraft: Sie sind *freigesetzt* von Konsumkompetenz, weil die Realisierung ihrer Konsumkraft ohne die von den Produzenten beherrschten Warenmärkte genauso unmöglich ist wie die Realisierung der Arbeitskraft ohne den Arbeitsmarkt. Zentrale Märkte im Konsumgüterbereich verdanken ihr Wachstum zu einem Grossteil einem Abhängigkeits- und Suchtmoment auf Seite der KonsumentInnen. Ich will als Beleg gar nicht den illegalen Drogenmarkt anführen, wo dieses Moment ohne weitere Erklärung augenfällig ist, sondern Alltagsmärkte des Massenkonsums wie jene für Zuckerwaren, Alkoholika, Zigaretten, Cola, Kaffee, Medikamente, Spielautomaten usw.. Auffällig ist in diesem Zusammenhang, dass nahezu alle transnationalen Grosskonzerne im Konsumgüterbereich einen wesentlichen Umsatzanteil in Märkten mit starkem Abhängigkeitsmoment der KonsumentInnen realisieren. Dabei habe ich die Suggestionswirkung, die häufig mit Konsum verbunden ist, von der Werbung gezielt geschaffen, noch nicht einmal erwähnt.

Die Wachstumsdynamik im Konsumtionsbereich scheint damit genauso untrennbar mit einem Moment von Zwang und Abhängigkeit verbunden, wie die Akkumulationslogik im Produktionsbereich.

Die zentrale These der neoklassischen Oekonomie, wonach KonsumentInnen am Markt in ihren Entscheidungen souverän sind und mit ihrer Kaufkraft über die Produktion bestimmen, wackelt damit schon in ihren Grundfesten - genauso wie die These der Entscheidungsfreiheit von Arbeitskräften. Freiheit im Kapitalismus hat stets mit *Freisetzung* zu tun, Lohnarbeit ist untrennbar verbunden mit *Zwangsarbeit,* Konsum untrennbar mit *Abhängigkeit.* Freiheit im Kapitalismus ist die Freiheit des Autofahrers auf dem *«highway to freedom»,* freigesetzt von organisch gewachsenen Siedlungsstrukturen, eingezwängt und privatisiert in seiner Blechkarrosse, für die er einen Tag pro Woche krüppelt - eine Illusionsmaschine der Unabhängkeit.

Noch ein Wort zum *politischen Ueberbau* der Sektoren von Lohnarbeit und Nicht-Lohnarbeit. Moderne Lohnarbeit im kapitalistischen Sinne setzt formelle Freiheit voraus. Die politische Form dieses Sektors setzt tendenziell den *bürgerlichen Rechtsstaat* mit seinen privaten Eigentumsgarantien voraus (Eigentum an Produktionsmitteln, Eigentum an der eigenen Arbeitskraft). Die Gewalt in diesem Bereich ist die geregelte *strukturelle Gewalt* des bürgerlichen Staates: Justiz, Polizei, Armee, Betrieb, Schule, Heime usw. . Anders im Sektor der Nicht-Lohnarbeit, wo der vorherrschende «Tausch» von nichtäquivalenten Werten systematisch nicht auf der Grundlage von Freiwilligkeit, Sympathie oder dergleichen beruhen kann. Grundlagen des nicht-äquivalenten Tausches sind vielmehr formell ungeregelte *Gewalt- und Abhängigkeitsverhältnisse.* In diesem Sektor fehlt folglich auch die - für den Lohnarbeitsbereich typische - formelle Freiheit, was in Zwangsarbeitsverhältnissen offenkundig ist. Die Gewalt in diesem Bereich ist die direkte Gewalt der Parallel- und Substrukturen des bürgerlichen Staates: Mafia, Schlägerbanden, formell «illegale» rechtsextreme Organisationen und Geheimlogen.

Wenn wir nun mit Rosa Luxemburg von einem dialektischen Austauschverhältnis zwischen Lohnarbeitsbereich und ausser-kapitalistischem Milieu ausgehen, dann haben wir in der politischen Konsequenz auch von einer *Dialektik zwischen der Staatsformation des bürgerlichen Rechtsstaates und des Faschismus* auszugehen. Allein diese Dialektik eröffnet uns einen ökonomischen Zugang zur vielfach beobachtbaren Oszillation zwischen Faschismus und bürgerlichem Rechtsstaat. Das Entstehen der Nachkriegs-BRD im bruchlosen Anschluss an den Nationalsozialismus, das Phänomen «Waldheim» in

Oesterreich, die Metamorphose faschistischer Generale in Militärdiktaturen zu zivilen Staatspräsidenten durch simples Ablegen der Uniform - all dies sind nicht nur Erscheinungsformen von auf den ersten Blick erstaunlicher politischer Kontinuität zwischen Faschismus und Rechtsstaat, sondern auch von der oben entwickelten ökonomischen Gesetzmässigkeit, wonach sich die zugrundeliegenden Akkumulationsformen dieser politischen Systeme nicht ausschliessen,. sondern gegenseitig bedingen.

Eine ähnliche, ebenfalls aktuelle Dialektik zwischen verschiedenen Aneignungsformen lässt sich gegenwärtig im *Umweltbereich* beobachten. Hier wächst einerseits der legale *Oekomarkt* mit für das Kapital absolut verlockenden Wachstumsraten und eröffnet im legalen Bereich Innovations- und Expansionsperspektiven, die zu erklären vermögen, warum sich beispielsweise die Weltbank neuerdings zur «Anwältin» der Oekologie aller Kontinente macht. Es wäre aber eine Fehleinschätzung und Verkennung der Dimension notwendiger Werte, wenn wir davon ausgehen würden, dass eine Therapierung aller (nicht irreversiblen) Oekoschäden weltwirtschaftlich voll finanzierbar wäre. Als weiteres, ebenso bestimmendes Merkmal für das Verhältnis der kapitalistischen Wirtschaft zur Umwelt wird infolgedessen die schrankenlose *unbezahlte Aneignung,* wie sie für den Fordismus typisch war und im Trikont seither noch weit gigantischere Formen angenommen hat, ihre Bedeutung nicht verlieren, womöglich sogar noch wichtiger werden. Denk- und kombinierbar sind dabei illegale Praktiken (in der Tradition des ausser-kapitalistischen Milieus), Gesetzesumgehungen, Gesetzeslücken oder «freiwillig» zugestandene Gratisplünderungen der Umwelt durch bankrotte Trikontregierungen.

Rosa Luxemburg verhilft so der ursprünglichen Akkumulation, also jener Anhäufung von Werten als Basis erster grosser Kapitalien, wie sie Marx am Ende des ersten Bandes des «Kapitals» thematisiert, in den folgenden Bänden aber (leider) aus den Augen verliert, zu hoher Aktualität. Der Prozess ursprünglicher Akkumulation ist im hoch entwickelten Kapitalismus offenbar längst nicht abgeschlossen, im

Gegenteil, er gewinnt gerade in Phasen drohender allgemeiner Krisen immer neu an Bedeutung. Nun wollen wir nicht den Eindruck erwecken, die fortgesetzte ursprüngliche Akkumulation, wie sie seit Mitte der siebziger Jahre wieder beschleunigt stattfindet, sei ein Naturereignis. Sie lässt sich weltweit nur durch eine Intensivierung des Klassenkampfes von oben durchsetzen.

Dabei soll die Gewaltförmigkeit und Brutalität des ausser-kapitalistischen Sektors in keiner Weise gegen die Gewaltförmigkeit des klassisch kapitalistischen Sektors ausgespielt werden. Ob indirekte oder direkte Gewalt, ob strukturelle oder offene, ist für die Bourgeosie keine moralische Frage, sondern die primär ökonomische Frage verschiedener Akkumulationsformen und - in zweiter Linie - ihrer propagandistischen Vorbereitung, Begleitung und Rechtfertigung. Rosa Luxemburg unterschätzt, auch wenn ihr das häufig vorgeworfen wird, die Brutalität struktureller Gewalt und klassischer Lohnarbeitsverhältnisse nicht. Im Lohnarbeitsbereich herrscht nicht keine oder eine mildere, sondern eine *andere* Gewaltform, die zu den Gewaltformen im ausserkapitalistischen Milieu in komplementärem (ergänzendem) Verhältnis steht. Sie steht deswegen nicht im Zentrum der Luxemburgschen Theorie der Akkumulation, weil sie in der marxistischen Analyse stets sehr detailliert untersucht worden ist.

Ein letzter Punkt, auf den Rosa Luxemburgs Theorie hinweist, ist die Frage der *Bevölkerungspolitik.* Zu Recht weisen Rosa Luxemburg und nach ihr verschiedene Vertreterinnen einer feministischen Oekonomie darauf hin, dass die Bevölkerungsentwicklung für die Frage der Akkumulation des Kapitals zu wichtig ist, um sie der «Zufälligkeit» (der eigenen Bestimmung der Frau im Rahmen der jeweiligen sozialen und ökonomischen Struktur) zu überlassen. Das Kapital betreibt folglich eine «aktive», selektive Bevölkerungspolitik auf rassistischer Basis: Geburtenförderung in den Metropolen und Zentren der Peripherie, Sterilisationsprogramme gegenüber der armen Bevölkerung.

Neben diesem klassenspezifischen Zugriff auf die absolute Bevölkerungsentwicklung wird zunehmend auch die «Wanderung» der Arbeitskräfte zwischen dem kapitalistischen Sektor und dem ausserkapitalistischen Milieu durch nationale und internationale *Migrationspolitik* geplant. Anders und einfacher gesagt: Je nach Verwertungsbedingungen soll der Lohnarbeitsbereich Arbeitskräfte anzieziehen oder ausstossen. Marx hat dieses disponible Heer von auf Abruf bereitstehenden Arbeitskräften *«industrielle Reservearmee»* genannt und auf die wichtige Puffer- und Lohndrückungsfunktion dieses Sektors hingewiesen. Darin gibt es ältere Arbeiterinnen und Arbeiter, die im Produktionsprozess nicht mehr kontinuierlich benötigt werden, aber noch auf Pikett stehen dürfen, um zwischenzeitlich eingesetzt zu werden. Dazu kommen Entlassene, Arbeitslose, Jobberinnen und Jobber, die als mobile Einsatztruppe für das Kapital ebenfalls bereit stehen. Ausserdem zählen dazu jene potentiellen Arbeitskräfte, die durch den Prozess der Agrarkapitalisierung auf dem Land von ihren Subsistenzmitteln (Ueberlebensmitteln) freigesetzt worden sind und im Trikont etwa in die Slumgürtel rund um die grossen Städte getrieben werden. Dazu kommen absolut verarmte Menschen ohne jede Perspektive, die Engels früher als «Poorhouse-Supply» (Arbeitskräfteangebot der Armenhäuser) bezeichnete. Heute wären auch die Gefangenen dazuzuzählen, deren Haftbedingungen ja nicht zufällig an ihre Bereitschaft gekoppelt ist, bei Auftragsspitzen Zwangsarbeit zu Niedrigsttarifen zu leisten. Diese Entwicklung wird durch Bestrebungen, Gefängnisse zu reprivatisieren, zweifellos beschleunigt, weil die Führung eines Gefängnisses damit stärker unter dem Verwertungsaspekt erfolgt als in staatlichen Gefängnissen, wo Sühne, «Resozialisierung» und moralische Zielsetzungen eine Rolle spielen mögen. Schliesslich sind - wie erwähnt - alle Hausfrauen zu diesem flexiblen Heer zu zählen, das je nach Bedarf in den Lohnarbeitsbereich hereingeholt und wieder ausgestossen werden kann.

Marx hat diesen Prozess von der *Produktions*seite her absolut richtig gefasst, dabei aber der *Konsumtions*seite wenig Beachtung geschenkt. Auch wenn das flexible Heer von Arbeitskräften in Phasen ungünstiger Verwertungsbedingungen aus dem Lohnarbeitsbereich ausgestossen wird, ist es ökonomisch nicht einfach ausradiert, sondern existiert als Konsumentinnen und Konsumenten oder *«unnütze Esser»,* wie es der Nationalsozialismus fasste, weiter. Nun gibt es verschiedene Brutalitätsstufen im Umgang mit diesem nicht benötigten Heer flexibler Arbeitskräfte: Es gibt die (vordergründig humanste) Form der «sozialen» Marktwirtschaft, den Keynesianismus in der beschriebenen klassisch sozialdemokratischen Form, die diese Schicht von Staates wegen auf Ueberlebensniveau mitträgt. Für dieses Modell ist typisch dass es nur von einem Metropolenhaushalt finanzierbar ist, der von der Bourgeosie mittels Ausbeutung im Weltmassstab alimentiert wird. (Deshalb die Bezeichnung «vordergründig human».) Ich werde im Zusammenhang mit der Systemtheorie in Kapitel 8 ausführlicher auf den Keynesianismus eingehen.)

Ausserdem gibt es aber die brutalere Strategie, das ausgestossene Heer in Phasen der Arbeitslosigkeit nicht «unnütz» konsumieren zu lassen, sondern zwangsmässig in den Nichtlohnarbeitsbereich zu treiben, der gerade eine wesentliche Funktion in der Krisenbewältigung hat. Die Zahl der ProduzentInnen in diesem Bereich und die Produktivitätsfortschritte im konkurrenzierenden Lohnarbeitsbereich drücken die Preise auf ein Niveau, das es verunmöglicht, nur für die Subsistenz (den eigenen Bedarf) zu arbeiten. Gleichzeitig wird damit eine flexibel rückführbare Masse von Arbeitskräften auf prekärem Niveau physiologisch erhalten.

Wer auch im ausser-kapitalistischen Bereich keine Ueberlebensmöglichkeit hat, die oder den trifft schliesslich die höchste Brutalitätsstufe kapitalistischer Bevölkerungspolitik: Strukturelle Gewalt durch Hungerwaffen in den Händen von Währungsfonds und Weltbank, gezielte direkte Gewalt durch Todesschwadrone oder «alltägliche», ungezielte Strassengewalt, wie sie in Kolumbien oder Brasilien schon «unpolitische» Strassenjungen trifft, in den Metropolen vorab die Drogen- und Gassenszene. In diesen Zusammenhang gehören auch die Geburtenregelung einer «modernen» Bevölkerungspolitik, ebenfalls vorangetrieben durch Währungsfonds, Weltbank, UNO und NGOs, die sich an den Plangrössen benötigter Arbeitskräfte in den verschiedenen Regionen und Sektoren von Grossräumen orientiert, ausserdem die Migrationspolitik, die Flüchtlinge und Arbeitskräfte unter denselben Planzahlen addiert.

Mit ihrem «Modell der drei Kreise» ist die Mustermetropole Schweiz in der Migrationspolitik im Frühjahr 1991 pionierhaft vorgeprescht: Demnach soll im innersten Kreis der EG- und EFTA-Staaten inskünftig *«Freizügigkeit»* (freie Migration der Arbeitskräfte abhängig vom Nachweis eines Arbeitsplatzes) herrschen. Sollte das Arbeitskräfteangebot in diesem Kreis nicht ausreichen, so wird es durch einen mittleren Kreis spezifisch erweitert: im qualifizierten Hochlohnbereich aus den Ländern USA und Kanada, im wenig qualifizierten Tieflohnbereich aus Mittel- und Osteuropa. Gegenüber dem dritten, äussersten Kreis, in den alle übrigen Länder fallen, soll schliesslich dicht gemacht werden. Die Schweizer Migrationspolitik trifft sich in diesem Modell mit der geplanten Migrationsstrategie in der grosseuropäischen Perspektive.

Kapitel 6

Politische Technologie

Es gibt verschiedene Formen eines unpolitischen Technologiebegriffes. So herrscht zum Teil auch innerhalb der Linken die Vorstellung, die Technologie sei wertfrei, neutral, politisch «sauber». Aus diesem Technologieverständnis heraus lässt sich jene politische Position ableiten, die zur entscheidenden Frage macht, wer die Technologie einsetzt. Ob also dieselbe Technologie von uns oder vom politischen Gegner eingesetzt wird, das wäre dann der grosse Unterschied. Nun kann ich eine Pistole oder ein Messer tatsächlich zu Unterdrückung und faschistischem Terror oder aber im Befreiungskampf einsetzen und das ist in der Tat ein himmelweiter Unterschied, aber: Vergessen wir nicht, dass sich die modernen Technologiesysteme, ihre Apparaturen und Bedienungsheere längst nicht mehr auf dem technologischen Niveau von Messer und Pistolen bewegen, sondern schematisierte und durchrationalisierte Prozessabläufe mit ausgeprägt hierarchischer Struktur und hohem Kontrollmoment sind, innerhalb derer das menschliche Leben mit seiner vielfältigen Subjektivität genauso viel Spielraum hat wie das Mäuseleben in einer Versuchsanordnung. Die Anordner bestimmen die Freiheitsgrade und sind in der Lage, die Varietät (Vielfalt) möglicher Systemzustände mathematisch exakt zu berechnen.

In den Händen des Gegners wäre diese Technologie also gefährlich, ausbeuterisch und dergleichen mehr. In unseren Händen wäre sie demgegenüber produktiv, vernünftig einsetzbar und ungefährlich, wenn sie nur richtig gehandhabt wird. Diese Haltung hat dazu geführt, dass verschiedene «Alternativbetriebe» neuen Technologien häufig sehr unkritisch gegenüberstanden, teilweise sie sogar als technologische «Avantgarde» an vorderster Front einführten.

Nun bedeuten aber neue Technologien nicht nur neue Produktionsanlagen, sondern auch neue Arbeitsorganisation. Es gibt also einen untrennbaren Doppelaspekt neuer Technologien: einerseits die naturwissenschaftliche Entwicklung von Mikrochips, die Rolle der Halbleiter darin, die Veränderung der Produktionsanlagen, der produzierten Waren etc., verbunden stets mit der sozialwissenschaftlichen Entwicklung der entsprechenden Produktionsweise, der Arbeitsorganisation. Elektronik ist nur dann in einem Betrieb oder in ausserbetrieblichen Arbeitsprozessen einsetzbar, wenn die Umgebung zuvor entsprechend schematisiert und parzelliert worden ist. Die Umgebung (oder sagen wir es im Fachjargon: die «Peripherie») muss passen, sonst bringt die Einführung der Mikroelektronik nichts. Und zu dieser Peripherie gehört eine gleichmässige Stromversorgung ebenso wie klare Funktionsteilungen, Hierarchien und normierte Regelabläufe.

Die Einführung des Fliessbandes im Produktionsprozess der zehner und zwanziger Jahre dieses Jahrhunderts war eine Reaktion auf vorangegangene Streikzyklen und Kämpfe zur Verteidigung der Produktionskompetenz im 19. Jahrhundert (Stichworte: Luddismus, «Maschinenstürmerei», Brand von Uster). Sie ist undenkbar, ohne dass vor und mit ihr die Grundsätze der tayloristischen Arbeitsorganisation verwirklicht werden. Schauen wir also die Prinzipien dieser damals neuen Arbeitsorganisation näher an, so wie sie ihr Schöpfer *Fredrick Winslow Taylor* in den «Grundsätzen wissenschaftlicher Betriebsführung» selber formulierte:

1. Loslösung des Arbeitsprozesses von den Fertigkeiten der Arbeitskräfte: Die tayloristische Neuorganisation der Arbeit brachte die Rationalisierung der Arbeit und damit einhergehend eine Produktivitätssteigerung nicht dadurch, dass sie das Wissen über die Arbeitszusammenhänge erhöhte und die einzelnen Handgriffe und ihre Abläufe verbesserte. So weist Taylor etwa darauf hin, dass die Rationalisierung der Maurerarbeit durch seinen Kollegen *Frank Gilbreth* keinerlei Erkenntnisse gebracht hätte, die die unzähligen Maurergenerationen in den vier Jahrtausenden dieses Metiers nicht schon erworben hätten. Entscheidend ist im Gegenteil, dass den Arbeitenden diese Kenntnisse und Fertigkeiten enteignet werden und fortan von der Betriebsleitung zusammengetragen, klassifiziert, neu gegliedert und in Netzpläne, Tabellenform und dergleichen eingebracht werden. Ziel ist die Verschiebung der Akkumulation von Wissen über den Produktionsprozess von den Arbeitenden weg und damit hin auf die Ebene der Betriebsleitung sowie insbesondere der in ihrem Sold stehenden Betriebswissenschaft (eben der sogenannt «wissen-schaftlichen Betriebsführung»). Wissenschaft und jedes Wissen über den

Produktionsprozess werden damit für das Kapital zu Produktionsmitteln, «capital fixe» (Marx).

Taylors Adlatus Frank B. Gilbreth ist aus einem weiteren Grund interessant: Er hat die «wissenschaftliche Betriebsführung» in der vierzehnköpfigen Familie am Leibe seiner eigenen Kinder geprobt. Diese schauerliche Geschichte der Familienrationalisierung *(«Im Dutzend billiger»)* ist der Nachwelt in Kinderbuchform erhalten geblieben - verfasst von zwei der zwölf Kinder. Gilbreth lässt etwa aus Rationalisierungsgründen allen Kindern gleichzeitig die Mandeln herausschneiden, schart die Familie jeweils auf Pfiff in Sekundenschnelle um sich und lässt am Mittagstisch nur Voten zu, die «von allgemeinem Interesse» sind.

2. *Trennung von Vorstellung und Ausführung im Produktionsprozess:* Die Werkstatt wird in der tayloristischen Arbeitsorganisation von geistiger Arbeit «befreit», d.h. das Denken über den Produktionsprozess geht vollständig in die Kompetenz eines Planungs- und Arbeitsbüros über. Mit dieser «Freiheit» entsteht eine zusätzliche, dritte Dimension der «Freiheit» der Arbeitskräfte im Kapitalismus: Sie sind nicht nur politisch «frei» im formal-bürgerlichen Sinne, nicht nur freigesetzt von Produktionsmitteln im materiellen Sinne, sondern auch freigesetzt vom Wissen über die Inhalte ihrer eigenen Arbeit und die Art der Ausführung (immaterielle Produktionsmittel). Was Marx im ersten Band des «Kapitals» als Wesensmerkmal menschlicher Arbeit festmachte, nämlich das Vorstellungsvermögen über das Ergebnis der Arbeit und den Weg dorthin (beispielhaft ausgeführt am Unterschied zwischen Biene und Baumeister), verliert in der tayloristischen Produktionsweise seine Gültigkeit. Menschliche Arbeit wird auf das Niveau tierischer Arbeit reduziert und damit «entmenschlicht». Beispielhaft für diese Entwicklung ist Taylors Reorganisation des Roheisenverladens in der «Bethlehem Steel Company», wo Arbeitskräfte «vom Schlag eines Stieres» (Zitat Taylor) gesucht werden, die so «unbeholfen» und «einfältig» sind, dass sie nicht in der Lage sind, andere Arbeit zu machen, dafür eine vielfache Menge von Roheisen verladen können. Aehnlich wie Zugstiere werden diese Arbeitskräfte mit einfachsten Befehlen herumkommandiert, bis sie das eigene Denken bei der Arbeit gänzlich verlernt haben: «Jetzt aufheben!», «Gehen!», «Abladen!», «Pause machen!».

3. Die Pensumidee: Als Ausgangspunkt und zugleich Folge der tayloristischen Arbeitsorganisation wird die Festlegung des Arbeitspensums gänzlich der Selbstbestimmung oder auch nur Einflussnahme durch die Arbeitenden entzogen. Als ehemaliger Dreher in den «Midvale»-Stahlwerken kennt Taylor die kollektiven Formen, Leistungserhöhungen durch Stücklohnvorgaben kollektiv zu unterlaufen, von innen her. Als er selber zum Meister aufsteigt. weiss er, dass das Leistungsvermögen der Arbeitskräfte potentiell etwa dreifach über der tatsächlich erbrachten Leistung liegt und kennt auch die Mechanismen kollektiver Leistungsverweigerung. Zentraler Inhalt seiner Tätigkeit im Dienste der Betriebsleitung ist in der Folge die Entwicklung von Sozialtechnologien zur Durchbrechung der Kollektivität innerhalb der Arbeiterschaft. Das führt ihn zu den Grundätzen 1 und 2 (siehe oben), womit die Pensumidee erst durchsetzbar wird. Am Ende stehen die Sollwerte des modernen Rechnungswesens als betriebliches «Führungsinstrument», Management «by objectives» (Zielvorgaben) und ähnliche Betriebstechniken, die verhindern sollen, dass ein Vergleich von Betriebsdaten «Schlendrian mit Schlendrian» vergleicht.

Zusammenfassend enteignet der Taylorismus als Organisationslogik die Arbeitenden um ihren Eigenwillen (der sich von Kapitalseite nicht oder nur höchst unvollkommen organisieren lässt), zerlegt und zerbricht den Prozess der Arbeitstätigkeit von einer Linie auf Punkte, und setzt diese Punkte aufgrund formalisierbarer Verknüpfungen (EDV!) neu zusammen. Damit fliesst die «Deutungs- und Verhaltensautonomie der Arbeitenden» ab in die «Programmwelt des Kapitals» *(Detlef Hartmann).*

Eine zweite unpolitische Technologieposition, die in der Alternativszene häufiger vertreten wird als die eben beschriebene, ist die negative Dämonisierung der neuen Technologien. Aus dieser Sicht ist Technologie an sich schlecht, bedrohlich, gefährlich. Die Computer und Viren selber sind die Bedrohung, oder wie es der Hofkritiker des «Massachussetts Institute of Technology» (MIT), *Joseph Weizenbaum,* am prägnantesten in einem Buchtitel fehlformulierte: «Die Macht der Computer und die Ohnmacht der Vernunft.» Wir staunen, die Technologie hat offenbar Macht, hat eine eigene Subjektivität. Konsequent haben die Organisatoren der ersten Velodemonstration in Zürich ein Auto auf dem Scheiterhaufen verbrannt. Nun ist das

Auto - Motor, Getriebe, Auspuff, Blechkarosserie auf vier Rädern - im Klassenkampf nicht unbedingt ein tauglicher Gegner, weniger tauglich jedenfalls als die Promotoren der autozentrierten Gesellschaft: Verkehrsplaner, Direktionen und Aufsichtsräte von Automobilkonzernen, Autoparteien und andere ständische Organisationen von AutofahrerInnen, die das Auto bewusst oder unbewusst zum Vehikel einer kleinbürgerlichen Identität gemacht haben.

Technologie ist also nicht an sich gewalttätig, aber sie vermittelt ein Gewaltverhältnis zwischen Menschen, Klassen, Schichten, Geschlechtern, insgesamt zwischen verschiedenen Sektoren der Gesellschaft. Wir können davon ausgehen, dass der Klassenkampf auch in Zukunft von Menschen geführt wird und nicht zwischen Mensch und Maschine, wenn auch, wie sich zeigt, auf einem andern technologischen Niveau als früher. Das genauer zu fassen und insbesondere die technische Vermittlung des Klassenkampfes in ihrer gesamten Vielfalt zu verstehen *(«technologischer Angriff»)*, ist der Anspruch einer politischen Technologie. Es geht darum, den *«Maschinenschleier»* wegzuziehen, um den freien Blick auf die dahinterliegende soziale Realität zu gewinnen.

Gängig werden dabei folgende technologische Zyklen gemäss herrschendem Sprachgebrauch unterschieden und zeitlich determiniert:

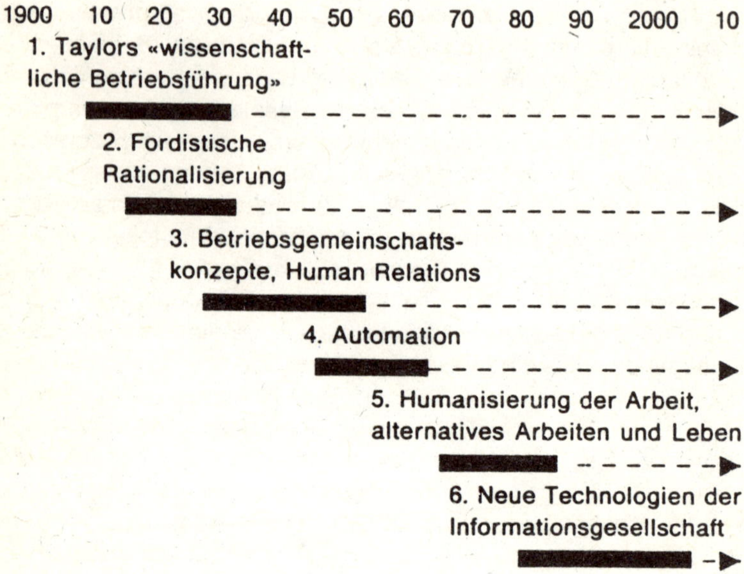

Darstellung 6: Technologische Zyklen im 20. Jahrhundert

Wichtig für das Verständnis dieser Darstellung ist das Verhältnis der einzelnen Zyklen zueinander, weniger (weil offenkundig) als zeitliche Ueberlagerung denn als Aufhebung im dialektischen Sinne: Beseitigung, Bewahrung und Weiterentwicklung. Der Zyklus der Automatisierung hebt damit beispielsweise Taylorismus, Fordismus und Betriebsgemeinschaft in diesem dreifachen Wortsinn auf.

Die Ebene der Fabrik

Detlef Hartmann hat darauf hingewiesen, dass das Fundament einer politischen Technologie bereits von Marx gelegt wurde. Allerdings fehlt im Marxschen Gesamtwerk eine konsistente, zusammenhängend entwickelte politische Technologie. Was es gibt, sind Bruchstücke in den Früh- bis Spätschriften, die von Hartmann in verdienstvoller, aber für Laien nur schwer zugänglichen Form aufgespürt und zusammengefügt wurden. Sie stammen aus den Frühschriften bis zu den Vorarbeiten zum Kapital («Resultate des unmittelbaren Produktionsprozesses», «Grundrisse der Kritik der politischen Oekonomie») und haben im Marxschen Gesamtwerk - wie Hartmann im Unterschied zur bürgerlichen Marx-Rezeption betont - Kontinuität.

Die Marx'sche Grundlegung der politischen Technologie geht vom Doppelcharakter der Ware Arbeitskraft aus. Wie jede Ware hat auch die Ware Arbeitskraft im Kapitalismus einen *Tauschwert* und einen *Gebrauchswert*. Nun spielt sich der Klassenkampf auf der Ebene der Produktion in der Tat so ab, wie es die marxistische Analyse seit einem Jahrhundert entwickelt hat: Der Tauschwert der Ware Arbeitskraft (Lohn) entspricht deren Reproduktionskosten (unter Abzug der Gratishausarbeit), nicht aber deren Wertschöpfung im Produktionsprozess. Die Arbeitskraft setzt also dem Produkt im Arbeitsprozess mehr Wert zu, als ihrem Eigentümer oder ihrer Eigentümerin (eben der Arbeiterin oder dem Arbeiter) entschädigt wird. Diese Differenz ist der sogenannte «Mehrwert», den wir im Zusammenhang mit der Wertlehre thematisiert haben. Dieser Prozess auf der Ebene des *Tauschwertes* der Arbeitskraft (auf der sich konsequenterweise auch alle Lohnkämpfe bewegen) ist in der Tat das Herzstück der kapitalistischen Ausbeutung, weswegen die Marx-Orthodoxie den Kapitalismus auf der Grundlage dieses Ausbeutungszusammenhangs, Besitz bzw. Nicht-Besitz von Produktionsmitteln, definiert.

Das ist wohl ein zentrales Moment der kapitalistischen Wertlehre, aber nicht das einzige. Wenn wir nun nämlich wechseln auf die Ebene des *Gebrauchswertes* der Ware Arbeitskraft für den Kapitalisten, dem diese Ware gegen Entgelt (Lohn) zur Verfügung steht, dann wechseln wir damit von der Ebene der *Gesellschaft* (wo sich die Verteilungskämpfe abspielen, sich auch die Reproduktionskosten der Ware Arbeitskraft bilden) auf die Ebene der *Fabrik* (wo die Ware

Arbeitskraft produktiv «konsumiert» wird). Die Technologie, verstanden jetzt ebenfalls in ihrem Doppelaspekt, Maschine und Arbeitsorganisation zu sein, bestimmt nun exakt die Höhe des Gebrauchswertes der Ware Arbeitskraft in ihrer produktiven Konsumtion im kapitalistischen Arbeitsprozess. Sie zwingt also die Arbeitskraft, die im Unterschied zur toten Materie lebendig, im Unterschied zum tierischen Wesen vernunftbegabt ist, in den kapitalistischen Verwertungsprozess hinein und zwar so, dass sie für ihren Konsumenten, den Kapitalisten, einen möglichst hohen Gebrauchswert hat. Damit wird letztlich auch die Differenz zwischen dem lebendigen Wert der Arbeitskraft vor und im Produktionsprozess und dem toten (oder geronnenen) Wert, den sie im Arbeitsprozess geschaffen hat, grösser, d.h. in der marxistischen Begrifflichkeit, dass der *relative Mehrwert* der Ware Arbeitskraft gestiegen ist.

Das Fundament der politischen Technologie bei Marx wird damit im *Doppelcharakter* des Werts oder eben der Ware, im speziellen der Ware Arbeitskraft, gelegt. In der Ware Arbeitskraft stecken zwei verschiedene Wertformen: Ein abstrakter Wert, losgelöst vom konkreten (stofflichen) Anwendungswert, in seiner Grösse ausgedrückt als Tauschwert, Preis der Ware Arbeitskraft, also Lohn. Das ist der *quantitative* Aspekt ihres Wertes. Andererseits steckt in der Ware Arbeitskraft aber auch ein konkreter stofflicher Wert, eine Nützlichkeit für die Verrichtung bestimmter Tätigkeiten, die zu einem Ergebnis führen. Das ist der *qualitative* Inhalt der Ware Arbeitskraft. Nun kann ich den abstrakten Tauschwert und den konkreten Gebrauchswert der Ware Arbeitskraft als hart gegensätzlich, d.h. in einer äusseren Widersprüchlichkeit fassen, wie das häufig gemacht wird: Auf der einen Seite hätten wir dann die *abstrakte* Arbeit, abstrahierend von ihrem konkreten stofflichen Inhalt, auf der anderen Seite, nur «zufällig» durch den «Träger» der Ware Arbeitskraft verbunden, *konkrete* Arbeit, die stoffliche Tätigkeit von unmittelbaren Produzenten mit ihren ganz konkreten Inhalten (Tischlerarbeit, Schlosserarbeit oder - moderner - irgendwelche Teilverrichtungen in einem für die Arbeitenden nicht mehr überschaubaren gesamtbetrieblichen Produktionsprozess).

Statt dieser harten Trennung kann ich nun aber versuchen, die beiden Wertformen der Ware Arbeitskraft dialektisch aufeinander zu beziehen. Die Frage, wie die Arbeit in der Fabrik konkret angewendet wird, hat ja wesentlich damit zu tun, welchen abstrakten Wert sie schafft und insbesondere, welchen Ueberschuss sie über ihre eigenen Reproduktionskosten hinaus zuhänden des Kapitalisten produziert. Auf der abstrakten Wertebene entscheidet dann der private Besitz an Produktionsmitteln über die Möglichkeit der privaten Aneignung dieses Wertüberschusses. Hier sprechen wir von einem *antagonistischen* (unversöhnlichen, sich gegenseitig ausschliessenden) Distributionsverhältnis (Verteilungsverhältnis) zwischen den gesellschaftlichen Sektoren Kapital und Lohnarbeit.

Auf der Ebene der Fabrik müssen wir fragen, wie die Arbeitskraft konkret eingesetzt wird, wie die Arbeitsprozesse geplant werden - also: wie steht es mit der «planerischen Vernunft» in der Fabrik? Wir kommen hier zur Frage der Kombination der einzelnen Teilprozesse der Arbeit, zu Fragen der *«Kooperation»*, der «gesellschaftlichen» Form der Produktion, die in Grosskonzernen offensichtlich ist. Am Ende sind wir beim zentralen Begriff der *«Arbeitsorganisation»*, die auf der Ebene des Gebrauchswertes der Ware Arbeitskraft für den Kapitalismus genauso konstitutiv (begründend) wird wie Besitz bzw. Nicht-Besitz von Produktionsmitteln. In diesem Zusammenhang definiert Marx die kapitalistische Lohnarbeit als «vorhandene, bürgerliche Organisation der Arbeit» («Die Klassenkämpfe in Frankreich 1848-50»). Mit einem dialektischen Bezug von abstraktem und konkretem Inhalt kapitalistischer Lohnarbeit sind damit die beiden konstitutiven Elemente der kapitalistischen Produktionsweise - Besitz bzw. Nicht-Besitz von Produktionsmitteln und Arbeitsorganisation - nicht mehr zu trennen.

Daraus lässt sich ableiten, dass eine sozialistische oder kommunistische oder autonome (oder wie wir unsere konkreten Utopien auch immer bezeichnen wollen) Gesellschaft nicht einfach nur den privaten Besitz an Produktionsmitteln aufheben kann und dabei die «Errungenschaften» kapitalistischer Arbeitsorganisation beibehalten oder sogar neu einführen kann. Damit übernimmt sie den konkreten stofflichen Gehalt der kapitalistischen Verwertungsform der Arbeitskraft. Oberstes Gesetz dieser Produktionsweise ist die Erhöhung des Gebrauchswertes der Arbeitskraft zum Zweck der Akkumulation, und mag die von Staats wegen auch akzeptabler sein als von privater Seite, so ändert sie nichts am Fortbestehen von Ausbeutungszusammenhängen, solange die basisdemokratische Staatsform im

Weltmassstab und damit jedenfalls die Abschaffung jeder bürgerlichen oder bürokratischen (oder jeglichen) Staatsform nicht verwirklicht ist. Damit ist auch gesagt, dass jede Uebernahme kapitalistischer Arbeitsorganisation durch formell sozialistische oder gar «kommunistische» Gesellschaftsformationen, die sich am Weltmarkt zu behaupten haben, im besseren Fall zu einem staatskapitalistischen Akkumulationsmodell führt, im schlechteren Fall die Konterrevolution an der inneren Front als Auferstehung des Privatkapitalismus einleitet.

Anspruch einer politischen Technologie ist also, den dialektischen Bezug zwischen der lebendigen Arbeit als konkrete stoffliche Tätigkeit und ihrer abstrakten Wertschöpfung wiederherzustellen. Die Frage lautet bloss noch: Wie? Wie machte das Marx? Er versuchte, die konkrete Arbeitsorganisation als abstrakten Wertbildungsprozess zu verstehen. Infolgedessen muss es möglich sein, marxistische Grundkategorien wie *Arbeit, Enteignung* oder *reelle Subsumtion* auf der abstrakten Wertbildungsebene wie auch auf der konkreten Ebene der Arbeitsorganisation zu entwickeln. *Arbeit* als «abstrakte» Arbeit fassen, heisst also, sie einerseits als Wertbildungsprozess zu fassen, andererseits auf der Ebene der Fabrikarbeit (also konkret, inhaltlich) als immer inhaltsloser, universeller bestimmbar, mobiler usw. zu fassen, was Kennzeichen einer modernen kapitalistischen Produktionsweise sind. Konkrete kapitalistische Arbeit verliert, wie Marx in den «Grundrissen» sagt, jeden handwerklichen Anspruch und jeden Kunstcharakter. Damit wird sie - und das ist jetzt wiederum nur dialektisch zu verstehen - auch als konkrete Tätigkeit abstrakt, weil ihr Inhalt in einer dequalifizierten Arbeit so bedeutungslos geworden ist, dass konkret davon abstrahiert werden darf. Der Begriff «abstrakt» hat damit nicht nur auf der Ebene der Wertbildung Bedeutung, sondern auch auf der Ebene des Gebrauchswertes der Arbeit.

Derselbe Prozess findet statt auf der Ebene der *Aneignung*. Undialektisch, nur auf der Ebene des Tauschwertes gefasst, heisst Aneignung einfach, dass das Produkt der Arbeit nicht den unmittelbaren ProduzentInnen gehört, sondern dem Besitzer der Produktionsmittel. Das Produkt der Arbeit gehört also nicht den Arbeitenden, sondern dem Kapitalisten, der es am Markt zu verwerten versucht. Das ist unter den herrschenden Eigentumsverhältnissen absolut logisch und leicht einsehbar. Nun hat Marx den Aneignungsbegriff gleichzeitig aber auch auf der Ebene des Gebrauchswertes zu fassen versucht. Hier zeigt sich, was wir bereits mit Taylors Prinzipien der wissenschaftlichen Betriebsführung thematisiert haben, dass auch die Organisation der Arbeit eine Form der Aneignung ist. Angeeignet wird nichts weniger als die gesamte Kompetenz und Befähigung der Arbeitenden durch den Kapitalisten. Im Arbeitsprozess werden die Arbeitenden durch die Zerlegung und Neuzusammenfügunmg der einzelnen Teilverrichtungen anhand des Schemas der Produktion ihrer Entscheidungsbefugnisse über den Inhalt ihrer Tätigkeit vollständig beraubt, d.h. auch auf dieser Ebene enteignet. Als blosse Glieder des Gesamtarbeiters verlieren die Arbeitenden den eigenen Willen und die eigene Subjektivität. Damit wird der Begriff der Aneignung auch auf der Ebene des Gebrauchswertes mit Inhalt gefüllt.

In diesem Zusammenhang werden Begriffe wie *Entäusserung* oder *Entfremdung* materialistisch fassbar. Entfremdung heisst dann weit mehr als durch idealistische Interpretationen oder durch einen sozialpsychologischen Ansatz thematisiert wird: Nicht der Umstand, dass sich die Arbeitenden in der Fabrik fremd *fühlen*, isoliert, unwohl, dass sie sich in der Arbeit nicht «selbstverwirklichen», wird hier thematisiert, obwohl das alles auch stimmt. Der materialistische Entfremdungsbegriff reicht aber weiter: Die Arbeitenden werden in der kapitalistischen Arbeitsweise materiell enteignet, die Seele des Arbeitsprozesses existiert *ausserhalb* der Arbeitenden *(«Veräusser-lichung»)* in der schematisierten Arbeitsorganisation der Fabrik. Die Seele der «planmässigen Vernunft» der Fabrik, die Pläne des Managements, erdrücken die Seelen der Arbeitenden.

So können wir den Begriff der *Sozialisierung* der Produktionsverhältnisse inhaltlich nur auf *beiden* Ebenen, Tausch- und Gebrauchswert, füllen. Wenn wir mit Sozialisierung nur die Abschaffung des Privateigentums an Produktionsmitteln meinen, also ausschliesslich auf der Ebene des Tauschwertes bleiben, dann bleibt die Vergesellschaftung der Produktionsverhältnisse äusserlich - auf einer rein formellen Ebene. Damit ist auch gesagt, dass es bei Strafe des Untergangs unmöglich ist, in einer realen sozialistischen, kommunistischen oder autonomen Gesellschaft Prinzipien des Taylorismus bei gleichzeitiger Abschaffung des Privateigentums an Produktionsmitteln zu übernehmen. Damit wären zwar die schlimmsten Formen privatkapitalistischer Ausbeutung beseitigt, auch die Produktionsmittel formell vergesellschaftet, aber die Arbeitsorganisation bliebe den unmittelbaren ProduzentInnen nach wie vor fremd. Die Revolution bliebe auf einer formellen Ebene stehen, würde die kapitalistischen Eigentumsverhältnisse, nicht aber die kapitalistische Arbeitsorganisation revolutionieren.

Staatstaylorismus

Weil nun eben die Arbeitsorganisation genauso konstitutiv ist für den Kapitalismus, also den Kapitalismus genauso ausmacht und mitschafft, hätten wir nichts anderes als einen reorganisierten Kapitalismus, wenn allenfalls auch auf der Basis von staatlichem Eigentum. Wir haben hier einen Erklärungsansatz für die aktuellen Erscheinungsformen des Staatskapitalismus, sei das in der Sowjetunion oder in China. Das muss auch die Grundfrage der politischen Oekonomie an Revolutionen wie die bolschewistische, die chinesische, sandinistische usw. sein: Haben sie nur formell die kapitalistischen Produktionsmittel verstaatlicht und gleichzeitig auf der Basis einer kapitalistischen Arbeitsorganisation dieselben Akkumulationsprozesse einzuleiten versucht? Ist die «Perestroika» ein Versuch, ein neues Akkumulationsmodell in einer staatskapitalistisch organisierten Wirtschaft einzuleiten? Oder ist sie Vehikel um staatskapitalistische in privatkapitalistische Akkumulation zu verwandeln? Die Vermutung liegt nahe, muss aber detailliert durch Untersuchung der Arbeitsorganisation in sowjetischen Betrieben und ihrer Veränderung belegt werden (siehe dazu die «Materialien für einen neuen Anti-Imperialismus», Nr. 4).

Wie stellte sich Lenin zu dieser Frage? War er ein Bewunderer oder Kritiker des Taylorismus oder gar beides? Wenn beides, in welcher Form von Dialektik standen Bewunderung und Kritik? Wir müssen zur Beantwortung dieser Frage auf jene Textstellen näher eintreten, wo sich Lenin mit der tayloristischen Arbeitsorganisation auseinandersetzt. Es gibt da in der Tat eine Bewunderung für die *technologische* Seite des Taylorismus und eine Abscheu vor den *sozialpolitischen* Folgen einer privatkapitalistischen Auspressung der Arbeitskräfte. Die Frage lautet bloss: Können wir diese beiden Aspekte des Taylorismus trennen, wie das Lenin vorschwebt? Die Frage stellen, heisst sie verneinen. Ich kann eine Zitronenpresse, auch wenn sie mich technologisch überzeugt, nur produktiv als Giesskanne verwenden, wenn ich oben Saft presse.

Ich will die widersprüchlichen Passagen, in denen sich Lenin zum Taylorismus und zur kapitalistischen Fabrikorganisation generell äussert, zitieren: «Gerade die Fabrik, die so manchem nur als Schreckgespenst erscheint, ist die höchste Form der kapitalistischen Kooperation, die das Proletariat vereinigte und disziplinierte, die es lehrte, sich zu organisieren, und es an die Spitze aller übrigen Schichten der werktätigen und ausgebeuteten Bevölkerung stellte. Gerade der Marxismus als Ideologie des durch den Kapitalismus geschulten Proletariats belehrte und belehrt die wankelmütigen Intellektuellen über den Unterschied zwischen der ausbeuterischen Seite der Fabrik (der auf der Furcht vor dem Hungertod beruhenden Disziplin) und ihrer organisierenden Seite (der auf der gemeinsamen, durch die Bedingungen der technisch hochentwickelten Produktion vereinigten Arbeit beruhenden Disziplin). Disziplin und Organisation, die der bürgerliche Intellektuelle so schwer begreift, eignet sich das Proletariat dank der "Schule", die es in der Fabrik durch macht, besonders leicht an. Die Todesangst vor dieser Schule, das völlige Nichtverstehen ihrer organisierenden Bedeutung sind eben für Denkmethoden charakteristisch. die kleinbürgerliche Existenzbedingungen widerspiegeln und jene Art von Anarchismus erzeugen, die von den deutschen Sozialdemokraten Edelanarchismus genannt wird...» (aus: «Ein Schritt vorwärts, zwei Schritte zurück»).

Was an dieser Textstelle erschreckt, ist die Gleichsetzung kapitalistischer, d.h. mit dem gesamten betrieblichen und gesellschaftlichen Gewaltinstrumentarium *aufgezwungener* Disziplin mit einer im revolutionären Prozess selbstverständlichen, aufgrund von politischem Bewusstsein als unabdingbar erkannten, autonomen Disziplin.

Im Vergleich zu diesem Textauszug sei noch eine spätere, nachrevolutionär entstandene Textstelle zur Frage der Arbeitsorganisation zitiert: «Der russische Mensch ist ein schlechter Arbeiter im Vergleich mit den fortgeschrittenen Nationen. Und anders konnte das auch nicht sein unter dem Regime des Zarismus und angesichts so lebendiger Ueberreste der Leibeigenschaft. Arbeiten lernen - diese Aufgabe muss die Sowjetmacht dem Volk in ihrem ganzen Umfang stellen. Das letzte Wort des Kapitalismus in dieser Hinsicht, das Taylorsystem, vereinigt in sich - wie alle Fortschritte des Kapitalismus - die raffinierte Bestialität der bürgerlichen Ausbeutung und eine Reihe wertvollster wissenschaftlicher Errungenschaften in der Analyse der mechanischen Bewegungen bei der Arbeit, der Ausschaltung überflüssiger und ungeschickter Bewegungen, der Ausarbeitung der richtigsten Arbeitsmethoden, der Einführung der besten Systeme der Rechnungsführung und Kontrolle usw.. Die Sowjetrepublik muss um jeden Preis alles Wertvolle übernehmen, was Wissenschaft und Technik auf diesem Gebiet errungen haben. Die Realisierbarkeit des Sozialismus hängt ab eben von unseren Erfolgen bei der Verbindung der Sowjetmacht und der sowjetischen Verwaltungsorganisation mit dem neuesten Fortschritt des Kapitalismus» (aus: «Die nächsten Aufgaben der Sowjetmacht»).

Lenin begreift den Doppelcharakter der Technologie nicht. Er mischt technologische Bewunderung mit sozialpolitischer Abscheu vor dem Taylorismus. Diese Schrift ist im Jahre 1918 entstanden, mitten also in einer Phase des aus Ueberlebensgründen der bolschewistischen Kriegswirtschaft formulierten Staatskapitalismus. Die Frage ist nur, ob die Phase des Staatskapitalismus in der Sowjetunion materiell jemals unterbrochen oder gar beendet wurde. Auch die orthodoxe Arbeiterbewegung setzt lange absolut unkritisch auf höhere «Produktivität» und technologischen «Fortschritt».

Autonome Kritik an diesem Technologie- und Fortschrittsbegriff ist absolut berechtigt, steht indessen solange im Regen, wie sie selber nicht darlegt, wie sich gesamtgesellschaftlich notwendige Produktivität autonom und eigenbestimmt innerhalb von Produktions- und Subsistenzkollektiven entwickeln lässt. Der Verweis darauf, dass kapitalistische Produktivität immer auch Destruktivität war, ist zwar richtig, vermag aber die Notwendigkeit eines autonomen «Produktivitätsbegriffes» (vielleicht hiesse Produktivität dann anders) ebensowenig aufzuheben, wie die Kritik an leninistischen Organisationsformen auf der Basis von Fabrikdisziplin , die Notwendigkeit der Entwicklung autonomer Organisationsformen aus einem Kampfverhältnis heraus.

Als Konsequenz des autonomen Technologieverständnisses wird das Potential des Widerstands viel breiter gefasst als im Marxismus-Leninismus. Widerstand im Betrieb leistet nicht nur das gegenorganisierte Proletariat, sondern jede - zum Teil auch «nur» subjektive Widerspenstigkeit gegen Fabrikdisziplin und Arbeitsorganisation. Dazu gehört auch jede Form von Arbeits- und Leistungsverweigerung, sei das in Form von selbstbestimmter Abwesenheit *(Absentismus),* Schlamperei, Trödlerei bis zu Formen aktiver und passiver Sabotage, ganz gleich ob kollektiv oder nicht. Das birgt die Gefahr und Hoffnung in sich, etwas vage und womöglich zweckoptimistisch weit mehr Ansatzpunkte individuellen und kollektiven Widerstands in den Betrieben zu sehen, als wir das heute gemeinhin tun, verhilft gleichzeitig jener Geschichte der «anderen Arbeiterbewegung» *(Karl-Heinz Roth)* zu der Anerkennung, die ihr ein eng gefasstes leninistisches Verständnis proletarischen Widerstands nicht gibt.

Die lebendige Subjektivität des menschlichen Lebens, die durch die Fabrik- und Arbeitsorganisation genutzt, schematisiert, kanalisiert und plattgedrückt werden soll, steht also im Fabrikbereich, aber zunehmend auch im fabrikisierten Alltag, der Durchsetzung neuer, effizienterer Formen der Arbeitsorganisation feindlich gegenüber. Das ist das bereits angedeutete, von der traditionellen und reformistischen Linken verkannte Widerstandspotential des menschlichen «Lebens als Sabotage» (Detlef Hartmann). So wichtig und richtig diese Rehabilitierung spontaner und unorthodoxer Widerstandsformen ist, so offen ist die Frage, wie diese «andere» Widerstandsbewegung jene Kollektivität und Kontinuität entwickelt, die der kapitalistischen Fabrikorganisation nicht nur Produktionsausfälle beschert, sondern auch einen jahre- bis jahrzehntelangen Abnützungskampf in der Klassenkonfrontation durchstehen und eine von unten organisierte revolutionäre Perspektive anbieten kann.

Falsch scheint auf jeden Fall, die *organisierte* und die *spontane* Seite betrieblichen Widerstands gegeneinander auszuspielen. Die Machtfrage wird letztlich genauso wenig allein in Gewerkschaft oder Betriebskommission wie am einzelnen Arbeitsplatz gestellt. Sie wird - wenn schon - erst gestellt durch eine Verzahnung der Organisation der Unterklasse (die sich selbstredend aus der jahrzehntealten Sozialpartnerschaft verabschieden muss) mit scheinbar individuellen unerwartbaren Widerstandsformen am einzelnen Arbeitsplatz und zuhause. So gesehen wird die Machtfrage nur doppelt stellbar: Als proletarische Organisation gegen bürgerliche Einbindung oder materielle Ausgrenzung, als Widerstand am Arbeitsplatz und im Haushalt gegen die Durchsetzung kapitalistischer Arbeitsorganisation und ihrer Verlängerung in die Kleinfamilie. Damit ist gesagt, dass durch Absentismus, Trödlerei, Schlamperei, «Dienst nach Vorschrift», Konsum ohne Arbeit usw. die Machtfrage letztlich eben auch gestellt wird, weil dieses Verhalten - je kollektiver es wird - neue Verwertungsstrategien genauso zu blockieren vermag wie organisierte Lohnkämpfe klassischer Art. Mit Widerspenstigkeit wird die Akkumulationskraft des Kapitals, die stets Voraussetzung und Ursache der Einführung neuer Technologien ist, auch in Frage gestellt. Das dürften insbesondere jene «orthodoxen» Linken nicht übersehen, die die Machtfrage auf der Ebene der Gesellschaft überzeugend stellen, selber aber im betrieblichen Verwertungsprozess reibungslos eingegliedert sind, darin vielleicht noch organisatorische Verantwortung tragen und in Kleinfamilien mit traditioneller Rollenverteilung und Herrschaft leben.

Wenn wir damit die Arbeits- und Familienorganisation als ebenso konstitutiv für die kapitalistische Produktionsweise fassen wie Besitz bzw. Nicht-Besitz von Produktionsmitteln (und das müssen wir im Rahmen einer politischen Technologie), dann scheint es, dass die scharfe Trennlinie, die der Besitz bzw. Nicht-Besitz von Produktionsmitteln zwischen Kapitalisten und Lohnabhängigen zieht, verwischt wird. Wer nämlich selber aktiv die kapitalistische Arbeits- und Familienorganisation mitträgt oder (meist damit verbunden) nach unten durchzusetzen hilft, könnte, auch wenn Nicht-BesitzerIn von Produktionsmitteln, nicht mehr so ungeschaut und schematisch dem Proletariat zugeordnet werden, wie das vielfach getan worden ist. Das gilt für jede betriebliche Funktion ab Vorarbeiter und Gruppenchef, für jede familiäre Funktion als «Begründer», «Namensgeber» und «Ernährer». Nun ist die Trennlinie zwischen den Klassen angesichts der modernen Form von Spar- und Investivlöhnen, Pensionskassen, modernem Eherecht und ähnlichem, wie sie im höheren Segment des Metropolenproletariats angeboten werden (in vielen Industrieländern wird das Proletariat durch Pensionskassen mit Aktienbesitz gesetzlich zum Eigentümer von Produktionsmitteln gemacht) ohnehin nicht mehr so klar durchführbar wie früher. Hier bringt der zusätzliche Einbezug des Kriteriums, Träger bzw. Objekt der Arbeits- und Familienorganisation zu sein, im Gegenteil Klärung und vermag die Klassen wieder schärfer zu segmentieren als Besitz bzw. Nicht-Besitz von Produktionsmitteln. Diese Perspektive macht sich übrigens auch Marx andeutungsweise zu eigen, wenn er im dritten Band des «Kapitals» im Zusammenhang mit Vorarbeitern, Meistern und Aufsehern von einer immer zahlreicher werdenden «Klasse industrieller und kommerzieller Dirigenten» spricht. Marx zitiert an derselben Stelle (Seite 402) in einer Fussnote ausserdem den englischen Oekonomen *Thomas Hodgskin,* der Meister explizit als «Kapitalisten» oder zumindest «Agenten der Kapitalisten» bezeichnet. Ein blinder Fleck bleibt ihm gegenüber den familiären Dirigenten.

Ein weiteres Moment der politischen Technologie ist das Verhältnis zwischen *Privateigentum* und *kapitalistischer Arbeit.* Die Frage stellt sich: Was ist Huhn, was Ei? Was war zuerst, was ist Ursache und was Wirkung? Das orthodoxe Verständnis geht davon aus, dass zuerst das Privateigentum da war und dass daraus die kapitalistische Arbeitsorganisation entstand. Die politische Technologie versucht stattdessen dieses Verhältnis dialektisch zu fassen: damit wird das Privateigentum nicht nur Ursache, sondern auch Wirkung der Arbeitsorganisation. Das Verhältnis zwischen Privateigentum wird in gutmarxistischer Tradition ähnlich dialektisch gefasst wie dasjenige zwischen Göttern und menschlicher Verstandesverwirrung: Wie Götter nicht nur Ursache, sondern auch Ergebnis menschlicher Verstandesverwirrung sind, so ist das Privateigentum nicht nur Ursache, sondern auch Ergebnis kapitalistischer Arbeitsorganisation.

Mit der Entwicklung einer politischen Technologie muss es also möglich sein, den Kapitalismus auch auf der Ebene der Arbeitsorganisation begrifflich zu fassen. Hartmann nennt in Anlehnung an Marx drei Formmerkmale kapitalistischer Arbeitsorganisation, d.h. drei Momente, die erfüllt sein müssen, damit von kapitalistischer Arbeitsorganisation gesprochen werden kann: *1. Die Punktualität,* d.h. die Zerlegung des Produktionsprozesses als Linie auf Punkte also das, was Taylor in seiner «wissenschaftlichen Betriebsführung» macht. Auf Zergliederung und Zerlegung folgt die Neuzusammensetzung des Arbeitsprozesses nach einem fremden Plan (Schema wie z.B. Flussdiagramm oder ähnliches). Das führt in der Folge zur bekannten Atomisierung und Isolation der Produzenten in der kapitalistischen Produktionsweise. Die Wissenschaft wird in dieser Funktion Teil des konstanten Kapitals, weil sie nichts anderes macht, als den Produktionsprozess genau gleich wie die Maschinerie zu zerlegen, die Produzenten zu spalten und den Arbeitsprozess neu zusammenzusetzen.

2. *Die Schematisierung,* d.h. die Normierung des betrieblichen Ablaufs auf der Basis eines Ablaufschemas, also die Auferlegung eines fremden Schemas auf den Produktionsablauf. Damit hängt der Begriff der Mechanizität der kapitalistischen Produktionsweise eng zusammen, das Verstehen der Produktion als schematisierter Mechanismus, also geregeltes Ineinandergreifen mechanisch aufeinanderpassender Teile gemäss fremdem Bauplan.

3. *Die Entfremdung* oder *Fremdheit* kapitalistischer Arbeitsorganisation, wiederum mit drei Unterdimensionen: die Fremdheit der einzelnen ProduzentInnen gegenseitig, die Fremdheit des subjektiven Willens und der Intelligenz der ProduzentInnen gegenüber dem Planungswillen und der Planungsintelligenz des Produktionsprozesses (damit also die Vernichtung des subjektiven Eigenwillens der Arbeitenden als blosse Objekte der Planung) und schliesslich die bekannteste Form der Entfremdung, die Fremdheit der Arbeitenden gegenüber dem Ergebnis ihrer Arbeit, dem von ihnen geschaffenen Produkt. Arbeit ist damit nicht mehr eine Vergegenständlichung oder Verwirklichung, sondern eine *Veräusserung* des menschlichen Tätigkeitswillens.

Das sind die drei konstitutiven Momente kapitalistischer Arbeitsorganisation und weiterführend auch der kapitalistischen Familienorganisation und *Reproduktionstechnologien*: Was machen Bio- und Gentechnologie denn anderes als Zerlegen, Neuzusammensetzen, Schematisieren (wie etwas aussehen soll: *Phänotyp*; die Erscheinungsform, die den entsprechenden Erbfaktoren, dem *Genotyp*, zuzuordnen sind), die Baupläne des menschlichen, tierischen und pflanzlichen Lebens Nach- und Vorzeichnen, notfalls das menschliche, tierische und pflanzliche Leben den Bauplänen Anpassen? Damit entstehen auch im Reproduktionsbereich Punktualität, Schematisierung und Fremdheit, die für neue Technologien und die Strategie ihrer Protagonisten gegenüber der Vielfalt und Subjektivität menschlichen und sozialen Lebens typisch sind.

Marx Schlusswort zur politischen Technologie ist von ihm zweifellos ungewohnt und soll zeigen, dass dieser Gehalt der Marxschen Arbeit in der Vergangenheit von der Orthodoxie unterschlagen worden ist: «Die Aufhebung des Privateigentums wird erst zu einer Wirklichkeit, wenn sie als Aufhebung der "Arbeit" (verstanden als Arbeit im Rahmen der kapitalistischen Arbeitsorganisation, d. Verf.) gefasst wird» (zitiert aus einem Briefwechsel über *Friedrich List*). Das heisst nichts anderes, als dass eine Revolution materiell nur möglich ist, wenn nicht nur das Privateigentum an Produktionsmitteln aufgehoben ist, sondern wenn auch die kapitalistische Arbeitsorganisation abgeschafft ist. Und - um den blinden Fleck zu erhellen - wenn die herrschende Familienorganisation abgeschafft ist. Sonst bringen Revolutionen nichts anderes als neue kapitalistische und patriarchale Akkumulationsmodelle.

Kapitel 7

Politische Geldtheorie

Aehnlich wie wir es im Kapitel der politischen Technologie thematisiert haben, wäre es unpolitisch, Geld als wertfrei anzusehen, neutral, als reines Medium. Geld wäre dann beispielsweise wie in der bürgerlichen Oekonomie ein reines *Tauschmittel,* das einen Tausch zwischen zwei Wirtschaftssubjekten ermöglicht. Als Folge wäre dann auch die Geldorganisation politisch neutral, das hiesse, dass sie eine sozialistische Gesellschaft tel quel übernehmen könnte. Das ist ein ähnliches Verständnis, wie wenn wir sagen, Technik sei politisch neutral und die Grundfrage sei, ob wir sie in der Hand hätten oder der politische Gegner.

Ein zweites Fehlverständnis ist, wiederum haben wir das im Rahmen der politischen Technologie ähnlich thematisiert, wenn wir Geld als schlecht und gewalttätig *an sich* begreifen. Geld an sich wäre damit die Schweinerei und «regierte» die Welt, wäre also selbsttätiger Machtträger. Es gibt einen nützlichen Vergleich, um die Absurdität dieser Denkweise sichtbar zu machen: Wie gross die Gewalt einer Banknote ist, lässt sich spüren, wenn sie einem auf den Fuss fällt. Will sagen: Die Gewalt einer Banknote ist null, es gibt keine Gewalt des Geldes. Aber wichtig und dies allein ist der Ansatz einer politischen Geldtheorie: Geld *vermittelt* Gewalt, Geld ist *Medium* der Gewaltübertragung, der Herrschafts- oder Machtbeziehung. Es ist damit nicht das Geld, das die Welt regiert, sondern derjenige, der das Geld oder genauer: das potentielle Kapital, in Händen hält und mit diesem Medium (potentiell) Kommando ausübt.

Wie also neue Technologien Herrschaftsverhältnisse neu definieren, d.h. auf eine neue Basis stellen, genauso ist es mit einer neuen Geldorganisation. Sie vermittelt neue Herrschafts- und Machtformen zwischen Wirtschaftssubjekten. Damit ist eine politische oder sozialwissenschaftliche Geldtheorie von ihrem Ausgangspunkt her bestimmt: Sie fragt nach der *Form* der Machtbeziehung, die sie vermittelt. Es ist das Verdienst des US-Redaktionskollektivs *«Zerowork»,* aufgezeigt zu haben, wie durch eine Neuorganisation der Geld- oder aussenwirtschaftlich gefasst: der *Währungs*beziehungen eine Neuorganisation der Verwertungsbedingungen im Weltmassstab erfolgt («Politische Materialien zum nordamerikanischen und internationalen Klassenkampf», Thekla 10).

Zum Ausgangspunkt: Ein marxistischer Klassiker, der sich mit dem Finanzkapital befasste, war *Rudolf Hilferding*. Er schrieb eine Art «Bibel» über das marxistische Verständnis einer Geldtheorie. 1910, also in einer Phase, wo das Finanzkapital bereits eine eigene Stärke hatte, verfasste er seine Analyse über die Rolle des Finanzkapitals. Ausgangspunkt war die Grundfrage: Ist Geld in seiner Erscheinungsform im Kapitalismus *Ware* oder nicht? Hilferdings Analyse ist zweifellos korrekt und eine wichtige Ausgangslage für eine politische Geldtheorie, auch wenn sie dem Verfasser aus Gründen, auf die wir zurückzukommen haben, den Vorwurf des Reformismus und der Sozialdemokratie eintrugen.

Hilferding schrieb folgendes: «Das Geld ist so Ware wie alle anderen und damit Verkörperung von Wert. Das Geld unterscheidet sich von allen anderen Waren dadurch, dass es für alle anderen Waren Aequivalent ist, also die Ware, die den Wert aller anderen ausdrückt. Dass es dazu geworden ist, ist das Resultat sämtlicher Austauschprozesse. Dadurch ist es zum Wertmass legitimiert. Die Geldware, also dieser bestimmte Körper mit all seinen natürlichen Eigenschaften, ist jetzt unmittelbar Ausdruck von Wert, von dieser Eigenschaft, die nur aus den gesellschaftlichen Verhältnissen der Warenproduktion und ihrem sachlichen Ausdruck herstammt. Zugleich sieht man, wie aus dem Tauschprozess selbst, aus der Notwendigkeit beständiger Gleichsetzung der Waren untereinander die Notwendigkeit des gemeinsamen Wertmasses entspringt, in dem der Wert jeder anderen Ware unmittelbar ausgedrückt wird, mit dem es daher jederzeit unmittelbar austauschbar ist. Geld ist also einerseits Ware. Anderseits ist aber diese Ware immer an die besondere Stelle des Aequivalents gerückt. Es ist dies geschehen durch die Aktion aller anderen Waren, welche die Geldware als ihr einziges und allgemeines Aequivalent legitimiert haben.

Der Tauschwert aller Waren wird also gesellschaftlich gültig ausgedrückt in der Geldware, in einem bestimmten Quantum ihres Gebrauchswertes. Durch die gegenseitige Aktion aller anderen Waren, die sich in ihr messen, erscheint so die Geldware als unmittelbare Verkörperung der gesellschaftlich notwendigen Arbeitszeit. "Geld ist so der Tauschwert der Waren als eine besondere, ausschliessliche Ware" (Zitat Karl Marx, Zur Kritik der Politischen Oekonomie). Alle Waren erhalten so durch ihre Verwandlung in Geld ihre gesellschaftliche Eichung.

Wie nach Ernst Mach das Ich nur ein Knotenpunkt ist, in dem die unendlichen Fäden der Empfindungen, aus deren Netz das Bild der Welt sich gestaltet, enger zusammenlaufen, so das Geld ein Knoten in dem Netz des gesellschaftlichen Zusammenhanges der warenproduzierenden Gesellschaft, das aus den zahllosen Fäden der einzelnen Tauschakte gewebt ist. Im Gelde ist zugleich das gesellschaftliche Verhältnis der Menschen zu einer Sache geworden, zu einem geheimnisvoll glänzenden Ding, dessen verwirrender Glanz noch immer die Augen vieler Oekonomen blendet, wenn sie es nicht vorziehen, die Augen ganz davor zu schliessen» (Rudolf Hilferding, Das Finanzkapital).

Nach Hilferding kommen im Geld die Tauschbeziehungen der Menschen auf den Punkt. Das Medium ist als Tauschäquivalent sämtlicher Waren so faszinierend, dass einzelne OekonomInnen nur noch das Geld sehen (also eine Geldtheorie entwickeln, die gänzlich abgekoppelt ist von der Warentheorie), während andere so stark vom Glanz der Münzform des Geldes geblendet werden, dass sie gleich lieber die Augen schliessen und die Hände von einer Geldtheorie lassen. Unsere Entwicklung einer Geldtheorie muss folglich die Bedeutung des Geldes in seiner «glänzenden Rolle» sehen, ohne sich deswegen blenden zu lassen. Wir müssen dazu kommen, den *«Geldschleier»* wegzuziehen, um dahinter auf die Wertbeziehungen zu sehen. Der Ausgangspunkt, den Hilferding setzt, ist dazu absolut geeignet und ausserdem hochdialektisch: Geld *ist* Ware und ist *nicht* Ware.

Geld ist insofern nicht Ware, als es keinen stofflichen Gebrauchswert hat. Jede Ware hat bekanntlich ihren stofflichen Gebrauchswert, sei es als Lebensmittel, Kleid usw.. Gleichzeitig hat Geld aber jeden stofflichen Gebrauchswert, weil es bei funktionierender Güterversorgung jederzeit gegen jede Ware im entsprechenden Aequivalenzverhältnis tauschbar ist. Geld ist damit keine Ware und gleichzeitig absolute Ware. Das ist der Ausgangspunkt einer politischen Geldtheorie. Damit können wir auf den Doppelcharakter der absoluten Ware Geld eintreten:

Ware

Produkt menschlicher Arbeit, das für den Austausch erzeugt wird. Die Ware hat Doppelcharakter und existiert in der Einheit von Gebrauchswert und Wert

Gebrauchswert		**Wert**
Summe der nützlichen Eigenschaften, mit der die Ware menschliche Bedürfnisse materieller, geistiger oder ästhetischer Art befriedigt	→ ←	Gesellschaftliches Verhältnis der privaten Warenproduzenten, das in dinglicher Form erscheint. Im Warenwert ist dieses gesellschaftliche Verhältnis als geronnene abstrakte Arbeit verkörpert und tritt als **Tauschwert** in Erscheinung
Verschiedene Qualität		Verschiedene Quantität

Darstellung 7: Der Doppelcharakter der Ware Geld

Zwischen den beiden Funktionen, die eine Ware erfüllt, nämlich Gebrauchswert und Tauschwert zu sein, besteht ein dialektisches Verhältnis, also einerseits Trennung, anderseits Einheit. Ganz ähnlich geht die politische Technologie, wie wir gesehen haben, bei der Ware Arbeitskraft nicht von einer harten Trennung dieser beiden Wertformen aus, sondern von deren Dialektik. Der konkrete stoffliche Gebrauchswert und die abstrakte Wertbildung als Tauschwert sind also gedanklich ebenso trennbar wie nicht trennbar. Das gilt auch für die Ware Geld. Einerseits hat sie einen konkreten stofflichen Gebrauchswert, anderseits einen abstrakten Tausch- und Arbeitswert. Ihr Arbeitswert ist die gesellschaftlich notwendige Arbeitszeit, die in einer Geldeinheit geronnen ist, also jene Arbeit, die nötig war, um eine bestimmte Geldeinheit zu produzieren. Dieser Arbeitswert entspricht dem Tauschwert dieser Ware, d.h. ihrem Mass, mit dem sie sich gegen andere Waren tauscht. Dieser Tauschwert wird allgemein als Geldwert bezeichnet. Gebrauchswert wäre dann der konkrete stoffliche Wert, der in der Konsumtion dieser Ware genutzt wird.

Für Geld ist das analog übertragbar: Der Gebrauchswert des Geldes, das ist bereits in der Theorie Hilferdings angelegt, ist die Möglichkeit, dieses Geld als Tauschmittel konkret zu gebrauchen. d.h. *der Gebrauchswert des Geldes ist sein Tauschwert.* Ich kann also jederzeit irgendeine andere Ware mit Geld tauschen. Im Geld fallen damit Gebrauchswert und Tauschwert zusammen, was nicht heisst, dass ich die beiden Wertformen gedanklich nicht auseinanderhalten kann.

Wenn Geld also (auch) Ware ist, wie ist sein Wert zu bestimmen? Oder auf der Grundlage der Arbeitswertlehre gefragt: Wieviel Arbeit ist notwendig, um ein bestimmtes Geldquantum zu produzieren? Das ist vor allem bei modernen Geldformen sehr schwierig zu bestimmen, weil sie materiell längst nicht mehr so fassbar sind, wie das noch beispielsweise Metallgeld war. Der Arbeitswert von Gold- und Silbermünzen ist noch relativ einfach bestimmbar: Wieviel gesellschaftliche Arbeitszeit ist nötig, um ein bestimmtes Quantum Gold oder Silber zu produzieren? Diese Wertbestimmung ist für *Kurantmünzen* zutreffend, bei denen der Prägewert dem Stoffwert entspricht. Aber schon bei *Scheidemünzen*, bei denen der Prägewert höher ist als der Stoffwert, wird es schwieriger den Wertüberschuss des Prägewertes *(«Münzgewinn»)* arbeitswertmässig oder als Mehrwert zu erklären. Bei Papiergeld oder inzwischen völlig stoffwertlosem Geld, wie etwa dem *Giral- oder Buchgeld* im Bankensektor, wird die Arbeitswertbestimmung noch schwieriger. Geld ist hier «bloss» noch elektronisch übermittelte Information. Es ist unmöglich oder zumindest sehr schwierig, den Wert des Geldes aufgrund der in ihm steckenden Arbeit zu definieren. Nun steckt in einer EDV-Geldorganisation und im gesamten Zahlungssektor des Bankenbereichs eine ganze Menge Arbeit drin, aber wie diesen Arbeitswert auf die einzelne Geldeinheit umlegen?

Geld und Kapital

So wird die Frage, was dem Geld seinen Wert gibt zu einer Grundfrage. Aber genau hier liegt der Punkt, der eine politische Geldtheorie erst begründet. Ich will nochmals auf Marx zurückgehen, der einen Versuch zur Begründung einer politischen Geldtheorie im dritten Band des «Kapitals» macht. Marx befasst sich dort mit der Frage des Kredits und in diesem Zusammenhang mit dem Finanzkapital. Die Geldform ist zu der Zeit natürlich noch längst nicht auf dem heutigen Stand und so ist seine Theorie nur eine Grundlage zur Geldtheorie, aber wie meistens bei Marx, eine interessante und wichtige Grundlage. Ich will die Richtung dieser Grundlegung durch das Zitieren einiger Sätze über Wesen des *zinstragenden Kapitals* andeuten: «Geld respektiv Ware, ist an sich potentiell Kapital, ganz wie die Arbeitskraft potentiell Kapital ist. Denn 1. kann das Geld in die Produktionselemente verwandelt werden und ist, wie es ist, bloss abstrakter Ausdruck derselben, ihr Dasein als Wert; 2. besitzen die stofflichen Elemente des Reichtums die Eigenschaft, potentiell schon Kapital zu sein, weil ihr sie ergänzender Gegensatz, das, was sie zu Kapital macht - die Lohnarbeit -, auf Basis der kapitalistischen Produktion vorhanden ist. Die gegensätzliche gesellschaftliche Bestimmtheit des stofflichen Reichtums - sein Gegensatz zur Arbeit als Lohnarbeit - ist, getrennt vom Produktionsprozess, schon im Kapitaleigentum als solchem ausgedrückt. Dies eine Moment nun, getrennt vom kapitalistischen Produktionsprozess selbst, dessen stetes Resultat es ist und als dessen stetes Resultat es seine Voraussetzung ist, drückt sich darin aus, dass Geld und ebenso Ware, *an sich, latent, potentiell, Kapital* sind, dass sie als Kapital verkauft werden können und dass sie in dieser Form *Kommando über fremde Arbeit* sind. Anspruch auf Aneignung fremder Arbeit geben, daher *sich verwertender Wert* sind (Hervorhebungen rst.). Es tritt hier auch klar hervor, dass dies Verhältnis der Titel und das Mittel zur Aneignung fremder Arbeit ist und nicht irgendeine Arbeit als Gegenwert von Seite des Kapitalisten» (Das Kapital, Band 3).

Marx sagt zusammengefasst folgendes: Der Wert des Geldes erklärt sich dadurch, dass Geld potentiell immer Kapital ist. Als Kapital hat es die Möglichkeit, eine Arbeitskraft, die sich auf dem Markt finden lässt, zu verwerten und damit Mehrwert anzueignen. In diesem Verwertungsprozess wird also ein Profit gemacht, der dem Eigner des Kapitals gemäss der geltenden Rechtsordnung zusteht. Das heisst nichts anderes, als dass sich der Wert des Kapitals dadurch erklärt, dass es im kapitalistischen Verwertungsprozess verwertbar ist, sich fremde Arbeit aneignen kann und damit Kommando über fremde Arbeit ist. Deshalb muss sich eine politische Geldtheorie, wie sie etwa «Zerowork» zu entwickeln versuchte, die Frage stellen, wie das *Kommando über Arbeit* organisiert und allenfalls neu organisiert, wenn die Verwertungsbedingungen schlecht sind, als Währung im nationalen Rahmen, als Blockwährung im entsprechenden Wirtschaftsblock (Yen, ECU), als Weltgeld im Weltmassstab ($, IWF-Ziehungsrechte). Der Wert des Geldes erklärt sich also dadurch, dass Geld unter kapitalistischen Verwertungsbedingungen den Anspruch auf Aneignung fremder Arbeit beinhaltet, zumindest eben potentiell, d.h. der Möglichkeit nach.

Kapital ist damit nicht einfach ein Geldhaufen oder besonders hohes Sachwertvermögen, sondern ein *soziales Verhältnis* oder - weil sich die Arbeitskraft in aller Regel diesem Kommando nicht freiwillig unterzieht - ein *strukturelles Gewaltverhältnis.* Kapital beinhaltet einen Anspruch auf Aneignung fremder Arbeit als Mehrwert, beinhaltet Zwang zur Arbeit über die zur Reproduktion notwendige Arbeitszeit hinaus. Auch wenn dieser Zwang in unterschiedlichster Intensität (sanft/hart) und Form (Ausgrenzung bei Zuwiderhandlung in den verschiedensten Formen) auftritt - er ist stets Voraussetzung des Kapitalverhältnisses.

Davon sprechen wir, wenn wir von *Kapitalismus* reden. Nicht Warenförmigkeit an sich macht also das Wesen des Kapitalismus aus, nicht besonders hohe Geld- oder Sachwertvermögen an sich, sondern das Kapital als soziales Verhältnis. Damit ist auch gesagt, dass Geld als Kapital in früheren (eben vorkapitalistischen) Wirtschaftsformen nicht bestand. In früheren Gesellschaftsformationen machte zum Beispiel tatsächlich der stoffliche Wert des Geldes seinen Wert aus. Frühere Geldformen haben deshalb stets einen stofflichen Wert, sei es als Silber, Gold oder Zigaretten. Der Prägewert entspricht in etwa dem Stoffwert. Mit der Zeit wird das ungenügend, weil die Geldquantität an die materiellen Fesseln der Geldproduktion gebunden ist und damit nicht mit der Wirtschaftsentwicklung Schritt halten kann. Ausserdem führt jede Erhöhung des Stoffwertes dazu, dass das Stoffgeld nicht mehr als Geld, sondern wieder rein stofflich als Ware genutzt wird, d.h. seine Geldfunktion nicht mehr wahrnehmen kann. Sinkt der Stoffwert umgekehrt allzu tief unter den Prägewert, so verliert das Kurantgeld ebenfalls seine Geldfunktion, weil diese ja gerade auf dem Stoffwert beruht.

Deshalb hat sich früh bereits *Papiergeld* in Form von Banknoten entwickelt. Dies hing auch damit zusammen, dass es nicht sehr praktisch ist, hohe Werte in Form von Edelmetallen oder Edelsteinen für Transaktionen physisch zu verschieben, wenn die Möglichkeit besteht, Handänderungen durch blosse Bescheinigung des Besitzwechsels auf Wertpapieren zu machen. Die Banknote entsteht ursprünglich als Hinterlegungsbescheinigung für Vermögenswerte und erweitert später ihre Funktion durch erleichterte Uebertragbarkeit

(*Zession, Indossament,* Uebergabe). Mit der Zeit werden Banknoten ohne entsprechende Depots herausgegeben, wobei aber das Vertrauen in den Wert dieser Scheine auf der Möglichkeit basiert, jederzeit das entsprechende Goldquantum einzutauschen. Das ist die sogenannte *«Goldkonvertibilität»*. Um die Jahrhundertwende entsteht das alleinige Notenausgaberecht des Staates. Es basiert auf der hoheitlichen Bestimmung, dass Staatsgeld *«gesetzliches Zahlungsmittel»* ist, ist ursprünglich noch gegen Gold eintauschbar (goldkonvertibel) und später noch durch Gold teilweise «gedeckt». Die Notenbank hält eine Goldreserve in Relation zu der von ihr herausgegebenen Banknoten als Vertrauensbasis für das Publikum *(«Goldkernwährung»).* Das ist der Hintergrund der teilweise noch heute herumgeisternden «naiven» Geldvorstellung, der Wert des Geldes basiere darauf, dass eine Banknote jederzeit in Gold eintauschbar ist. Diese Möglichkeit besteht nirgends mehr.

In der Folge wird der Wert des Geldes dann dadurch erklärt dass Geld «gesetzliches Zahlungsmittel» sei, d.h. vom Staat kraft Gesetz zum Zahlungsmittel gemacht wird. In der Schweiz ist beispielsweise im Obligationenrecht, der Gesetzessammlung des Wirtschaftslebens, festgeschrieben, dass eine Schuld, die in Schweizer Franken beglichen wird, als bezahlt gilt. Die Zahlung folglich in dieser Form angenommen werden muss. Die EmpfängerInnen können sich also nicht weigern, die entsprechende Zahlung, sofern sie in Landeswährung erfolgt, anzunehmen. Das ist aber nur die rechtliche und damit formale Erklärung des Geldwertes. Die neoklassische Theorie in der bürgerlichen Oekonomie erklärt den Wert des Geldes dadurch, dass die Wirtschaftssubjekte die Gewissheit haben, mit einer Banknote jederzeit den entsprechenden Gegenwert in Güter eintauschen zu können. Geld wird hier definiert also sogenannt *«unbedingte»* (bedingungslose, ohne Notwendigkeit der Erfüllung zusätzlicher Auflagen) *«Anweisung»*, als Anspruch auf einen Teil des Bruttosozialprodukts in entsprechender Höhe.

Mit hundert D-Mark oder Schweizer Franken habe ich also jederzeit Anspruch auf einen entsprechenden Gegenwert des deutschen oder schweizerischen Bruttosozialproduktes, also auf die dort verkäuflichen Güter und Dienstleistungen. Das ist die klassische bürgerliche Geldtheorie. Marx bestreitet nicht, dass mit Geld ein Konsumgut im äquivalenten Tausch zu erwerben ist, aber das ist nicht das wichtige und entscheidende Moment. Entscheidendes Moment des Geldwertes ist, dass ich mit Geld nicht nur Konsumgüter erwerben kann, sondern auch *Produktionsgüter*. Damit wird Geld erst zum Geldkapital, dann zum Sachkapital und zeigt so seine Verwertungsmöglichkeit ganz offen, eben als Anspruch, fremde Arbeit anzueignen.

Damit erklärt sich auch das Wesen des *Zinses*. Zins für zur Verfügung gestelltes Geldkapital ist nicht damit erklärbar, dass sich das Geld durch ein Wunder vermehrt oder in der Zeit an Wert zulegt. Zins fällt an, wenn Geld Kapital wird, zusammen mit Arbeitskraft sich selbst verwertender Wert, das heisst an Wert zusetzt. Das ist der bekannte Mehrwert, an dem der Kapitalausleiher anteilmässig beteiligt wird. *Kredit* ist damit eine Form von Kapital, die nicht unmittelbar als Produktivkapital verwertet wird, sondern zunächst als reines Geldkapital fungiert. Der Kapitaleigner gibt das Geldkapital für eine bestimmte Zeit an einen produktiv fungierenden Kapitalisten in Form eines Kredites weiter. Dieser Kreditnehmer fungiert nachher als eigentlicher Kapitalist im Verwertungsprozess. In dieser Verwertung wird Mehrwert produziert, an dem der Kreditgeber in Form eines Zinses beteiligt wird. Die Anteile werden zwischen diesen beiden Kapitalfraktionen je nach Kräfteverhältnis ausgehandelt. Geldkapital an sich schafft also unmittelbar keinen Mehrwert, ist aber als Kredit für den die Mehrwertproduktion beaufsichtigenden Kapitalisten mittelbar an der Mehrwertproduktion beteiligt. Damit ist der Zins *Anspruch des Geldkapitals auf künftig produzierten Mehrwert*.

Die Forderung, den Zins abzuschaffen, wie sie die *Freigeldtheorie* unter Berufung auf die frühsozialistische Tradition eines *Pierre-Joseph Proudhon* (1809-1865) in guten Treuen erhebt, entpuppt sich damit als ebenso vernünftig wie halbpatzig: Vernünftig als Absage an den Anspruch des Geldkapitalisten auf Mehrwert als eine Form von Raub, aber halbpatzig, weil sie den Anspruch des produktiv fungierenden Kapitalisten auf Mehrwert als andere Form von Raub nicht in Frage stellt. Die Freigeldtheorie, die später von *Silvio Gesell* weiterentwickelt wurde, geistert in der Schweiz noch immer als *WIR*-Geld der Wirtschaftsring-Genossenschaft herum, zinsloses, nichtstaatliches Geld, das vorab im Kleingewerbe zirkuliert. Diese Form von Selbsthilfe im Bereich der Investitionskredite ist zweifellos nicht dumm, weil sie Zinsen gegenüber dem Finanzkapital und Steuern gegenüber dem Staat spart, aber auch nicht sonderlich weltbewegend, weil sie die Mehrwertproduktion und -aneignung nicht grundsätzlich antastet.

Nun gibt es aber nicht nur Investitionskredite sondern auch *Konsumkredite*. Letztere helfen mit, das produzierte Warenkapital zu verwerten, wenn die Konsumkraft sonst relativ zu gering wäre. Konsumkredite können also eine Verwertungskrise im Bereich der Mehrwertrealisierung in die Zukunft verschieben. Ob sie ein taugliches Mittel sind, eine Krise längerfristig zu verhindern, hängt davon ab, ob es dem Kapital gelingt, zwischenzeitlich neue Verwertungsbedingungen zu schaffen, die dann zugleich Wertbasis für Akkumulation, Konsum und Kreditamortisierung samt Zinsen sein können. Das ist zum Beispiel im Falle der oben erwähnten «Verschuldungskrise» des Trikonts bisher nicht generell gelungen. Was hier einzig gelungen ist, ist die zeitliche Staffelung und teilweise Lastenverteilung bisheriger Krisenschäden. Krisenausdruck sind nicht die Hungertoten (die zu verhindern, war nie Ziel von Kapitalverwertung) sondern die Zahlungsunfähigkeit der Trikontschuldner bezüglich Zinsen und Amortisationen als Ausdruck einer Krise des Wertabzuges aus dem Trikont.

Entscheidend am Geldwert ist also längst nicht mehr die Möglichkeit des Umtausches gegen Gold, auch nicht der Anteil von Goldreserven der Notenbank im Verhältnis zum Notenumlauf, sondern einzig die im Geld schlummernde Möglichkeit, Kapital zu sein, sich zu verwerten, dabei an Wert zuzusetzen und seinen EigentümerInnen einen staatlich garantierten (legalen) Anspruch auf Aneignung dieses zugesetzten Wertes zu geben. Das ist der materielle Hintergrund der staatlichen Wertgarantie des Geldes. Daraus lässt sich auch ableiten, dass der Staat den Geldwert dann nicht mehr garantieren kann, wenn die Verwertungsbedingungen für Kapital nicht mehr gegeben sind, ganz unbesehen davon, wie hoch die staatliche Autorität sonstwie noch gegeben ist (wenn diese beiden Bedingungen überhaupt trennbar sind, weil staatliche Autorität in der kapitalistischen Gesellschaftsformation mit dazu dient, Verwertungsbedingungen aufrecht zu erhalten und umgekehrt ohne Verwertungsbedingungen auf die Dauer nicht haltbar ist).

Dass die Golddeckung den Wert des Geldes nicht erklären kann, zeigt in der Finanzmetropole Schweiz schon die Tatsache, dass nur etwa ein Sechstel der kurzfristig wirksamen Geldmenge (im Fachjargon *«M 1»*) goldgedeckt ist, fünf Sechstel nicht. Auch wenn dieses Verhältnis aufgrund des offiziellen Goldkurses, wie er als Grundlage der Bilanzierung der Goldbestände durch die metropolitanen Notenbanken noch immer Gültigkeit hat, errechnet wurde, ändert auch die Einsetzung des Marktpreises für Gold nichts Grundsätzliches am Bestehen dieser Differenz. Es gibt demnach allenfalls einen indirekten Zusammenhang zwischen dem Goldbestand einer Zentralbank und dem Wert der entsprechenden Währung. Ein hoher Goldbestand erwirbt sich eine Zentralbank durch entsprechende Einbindung in die weltweiten Ausbeutungszusammenhänge. Damit offerieren sich der entsprechenden Währung internationale Verwertungsbedingungen, die wiederum den hohen Wert dieser Geldform zu erklären vermögen. Diese Zusammenhänge sind aber indirekt und erklären den Wert des Geldes durch den (unnötigen) Umweg über die im Ergebnis angeeigneten Goldbestände einer Zentralbank.

Wenn Verwertungsbedingungen nicht mehr gegeben sind, dann können wir damit rechnen, dass das Geld sofort an Wert verliert, im Extremfall bis gegen Null oder jedenfalls bis zur sachwertmässigen Grundlage der entsprechenden Geldmenge. Das private Bankensystem würde unverzüglich seine Geldschöpfungsfähigkeit verlieren, auch Zinsen wären real nicht mehr finanzierbar, da der Mehrwert als ihre Quelle versiegt. Das ist der politische Ausgangspunkt einer *Inflationstheorie,* die in der klassischen und neoklassischen Oekonomie auf der Erscheinungsebene (Geldmengenentwicklung, Staatshaushalt, «Anspruchsinflation» etc.) stehen bleibt. Bei Hyperinflation versuchen die Anleger panikartig ihr Geld auf der Bank abzuholen, um es in Sachwerten anzulegen und werden dabei feststellen, dass nur ein Bruchteil dessen da ist, was ihre Ansprüche auf Papier oder Diskette sind, während ein Grossteil ihrer Forderungen auf dem «Ehrenwort» der Bankiers beruht, dass Verwertungsbedingungen da sind und aufrecht erhalten werden - eine hochspekulative Grundlage, wären die Bankiers nicht mit Staat und internationalen Organisationen nicht hundertfach verfilzt. Sichtbarstes Zeichen nicht mehr bestehender Verwertungsbedingungen für Kapital sind deshalb stets Bankenzusammenbrüche. Umgekehrt sollen Renommierbauten und Toplagen von Bankgebäuden Optimismus bezüglich der Aufrechterhaltung von Verwertungsbedingungen materialisieren.

Gleichzeitig kann Inflation in Ausnahmefällen aber auch strategisch produziert werden, wenn sich Reallöhne und Sozialeinkommen gegenüber einer organisierten Gewerkschaftsbewegung oder spontanem Widerstand in Betrieben und auf der Strasse nicht anders nach unten drücken lassen. Die Leute halten dann *nominell* zwar noch gleichviel Geld in Händen, können damit aber aufgrund der gefallenen Kaufkraft einer Geldeinheit *real* weniger kaufen (sogenannte *«Geldillusion»*). Wir können davon ausgehen, dass strategisch produzierte Inflation stets mit schlechteren Verwertungsbedingungen einhergeht, weil sowohl Gewerkschaften wie spontane Subsistenzkämpfe genau jene Konsumansprüche zu verteidigen versuchen, die die Verwertungsbedingungen in Frage stellen. Inflation drückt in aller Regel auch die Realverzinsung des Kreditkapitals nach unten, weil die Zinsen nominell selten im Gleichschritt zur Inflation steigen. Das kann zeitweilig als Umverteilung zugunsten des produktiv fungierenden Kapitals erwünscht sein, ist aber beim Finanzkapital nicht sonderlich beliebt und hat in jedem Fall Umverteilungswirkungen, die nicht bis ins Detail planbar sind.

Geldorganisation und Weltgeld

Geld hat in der klassischen Oekonomie vier Funktionen: *Recheneinheit* (also Mass für Warenwert), *Tauschmittel* (Mittel im Zirkulationsprozess der Waren), *Zahlungsmittel* (Mittel der einseitigen Wertübertragung) und *Wertaufbewahrungsmittel.* Als Tauschmittel tauscht es sich auch gegen Produktionsgüter, insbesondere gegen jene Ware, die die seltsame Eigenschaft hat, im Produktionsprozess dem Produkt mehr Wert zuzusetzen, als ihren unmittelbaren Produktionskosten entspricht: die Arbeitskraft. Wir haben hier wieder die Grunddifferenz zwischen der Marxschen und der klassischen Oekonomie, die bereits Ausgangspunkt der Wertlehre war.

Bei der Funktion des Geldes als *Wertaufbewahrungsmittel* zeigt sich eine wichtige Bedeutung des Finanzkapitals: Wenn, wie Hilferding schon thematisierte, jeder Kapitalist für sich akkumulieren würde, bis er eine Neuinvestition tätigt, dann würde das gesamte Kapital in der Zwischenzeit «brachliegen» und sich damit die Umschlagszeit des gesellschaftlichen Gesamtkapitals bedeutend verlängern. Das Finanzkapital hat also mithin die Funktion, ansonsten «brachliegende»

Kapitalien zu sammeln und jeweils dorthin zu leiten, wo Investitionen getätigt werden. Mit dieser Dienstleistung ist das Finanzkapital zwar nicht selber, direkt, produktiv, wohl aber indirekt, weil es die Umschlagszeit des Gesamtkapitals massiv verkürzt. (Dasselbe gilt auch für das Handelskapital.)

Eine weitere, fünfte Geldfunktion erscheint in der bürgerlichen Oekonomie kaum, ist aber vor dem Hintergrund der ökonomischen Imperialismustheorie ebenso wichtig: Geld soll die erwähnten vier Funktionen im Weltmassstab erfüllen, d.h. es soll in einer höheren Form *Weltgeld* sein. Damit stellt sich die Frage, ob Verwertungsbedingungen weltweit gegeben sind bzw. von der entsprechenden Kapitalfraktion international garantiert und aufrecht erhalten werden können. Frühe Formen von Weltgeld mit direktem materiellen Bezug waren und sind Edelmetalle. Mit der *Demonetarisierung* des Goldes (Verlust seiner Geldfunktion) einher geht der Bedeutungsgewinn von Währungen imperialistischer Staaten und Wirtschaftsorganisationen, die kraft ihrer militärischen und politischen Stärke den Wert ihrer Währung weltweit zu garantieren vermögen. Das waren schon früh das englische Pfund, in der Bretton Woods-Nachkriegsordnung natürlich Dollar und Ziehungsrechte des Internationalen Währungsfonds, später auch D-Mark, Gulden, Schweizer Franken, IWF-Sonderziehungsrechte und die EG-Währung ECU (European Currency Unit). Die jüngsten militärischen Interventionen der USA (Grenada, Lybien, Panama, Kuwait/Irak) sind aus dieser Sicht Stützungsoperationen für den Dollar als Weltwährung und haben dieses Ziel vorderhand erreicht. Militärische Stärke soll den drohenden wirtschaftlichen Hegemonialverlust überkompensieren..

Wenn Währungen Geldfunktionen im Weltmasstab zu erfüllen vermögen, heisst das folglich, dass ihre Schöpfer an der Schaffung und Aufrechterhaltung von Verwertungsbedingungen im Weltmassstab massgeblich beteiligt sind. Die hinter einer Währung stehende Hegemonialmacht muss also in der Lage sein, in ihrem Währungsraum Verwertungsbedingungen zu garantieren, allenfalls auch im Verbund mit anderen Hegemonialmächten, wie das etwa im Rahmen des IWF (und neuerdings der UNO) der Fall ist. Wenn nicht sicher ist, ob das funktioniert, braucht es eine direkte stoffliche Wertsicherung des Geldes, etwa durch Gold. Das ist der Hintergrund der historischen Verpflichtung der USA als Basis des *Nachkriegswährungsordnung von Bretton Woods* Dollars gegen Gold zu tauschen - eine Verpflichtung, die nur durch die Behauptung hegemonialer Stärke zu erfüllen war. Die einseitige Aufhebung dieser Verpflichtung durch US-Präsident Richard Nixon im August 1971 ist nur dialektisch als Zeichen von Schwäche und Stärke zugleich interpretierbar: Schwäche aufgrund der manifest gewordenen Unfähigkeit, Aussenschulden mit Gold abzugelten; Stärke aufgrund der Einseitigkeit dieses Beschlusses, ohne dass deswegen der Dollar seine Funktion als Weltgeld grundsätzlich eingebüsst hätte.

Die Basis der Nachkriegsordnung von Bretton Woods bildete also die Sicherheit, dass der Dollar so wertvoll ist wie Gold. Das bedurfte entweder einer Umtauschgarantie in Gold oder eines allgemeinen Vertrauens der Anleger in die Stärke des US-Imperialismus, der weltweit für Verwertungsbedingungen zu sorgen hatte. Das ist ihm in den vierziger Jahren (Griechenland) und fünfziger Jahren (Iran, Guatemala, Korea) zweifellos noch gelungen, erwies sich aber in den sechziger und siebziger Jahren angesichts der nur teilweise erfolgreichen (Indonesien) Südostasien-Intervention als zunehmend zweifelhaft. Weltweit heisst hier zumindest Präsenz in jenen Wirtschaftsräumen, die vom entsprechenden Imperium als zugehörig beansprucht werden. Die Blockbildung der achtziger Jahre macht in Konturen bereits deutlich, welche Blockwährungen sich in den einzelnen Räumen durchsetzen werden.

Sonderfall einer Weltwährung ist der *Schweizer Franken*. Wenn diese Währung bedeutungsmässig dicht hinter den imperialen Blokkwährungen rangiert, dann nicht deswegen, weil auch die Schweiz militärisch in der Lage wäre, zugunsten der Aufrechterhaltung von Verwertungsbedingungen in den entsprechenden Räumen zu intervenieren. Die Stärke des Schweizer Frankens widerspiegelt vielmehr die Bedeutung des Finanzplatzes Schweiz - gewissermassen als «Gesamtimperialist»: Hier in den Bankenzentralen, Konzernheadquarters und Hauptsitzen internationaler Finanzorganisationen (z.B. Bank für Internationalen Zahlungsausgleich in Basel) wird von allen transnationalen Kapitalfraktionen Kapitalverwertung weltweit geplant und koordiniert. Gemäss Prognosen der internationalen Finanzpresse (Wall Street Journal, Europe) sind bis ins Jahr 2000 unter dem Dutzend der weltweit führenden Banken die drei Schweizer Grossbanken an vorderster Front dabei.

Eine Einleitung in die politische Geldtheorie muss auch auf die unterschiedlichen Geld*formen* im kapitalistischen Finanzbereich im engeren Sinne und seinem Milieu zu sprechen kommen. Es geht darum, sich zu überlegen, wie Geld im kapitalistischen Sektor und im ausser- oder nebenkapitalistischem Milieu erscheint. Im kapitalistischen Sektor ist ein Prozess der *Entstofflichung* und *Entmaterialisierung* zu beobachten in Richtung einer Geldform, die immer weniger durch einen entsprechenden Stoffwert gedeckt ist. Höchster Ausdruck dieser Entmaterialisierung ist die moderne Geldform als reine *Information*, als Datum gespeichert in einem Rechensystem. Geld ist in diesem Sektor völlig stoffwertlos geworden, was einzelne (auch linke) Oekonomen dazu verleitet hat, Geld ähnlich wie ein Chip im Kasino als fiktiven Wert zu betrachten,der ausschliesslich in den Computern von Bankiers, Devisenhändlern und Anlegern existiert, ohne stoffliche Verankerung im täglich stattfindenden materiellen Ausbeutungsprozess. Das ist leider falsch, wie wir spätestens dann realisieren müssten, wenn sich diese angeblich fiktiven Werte grossklotzig in Form neuer Bankgebäude der teurerern Bauart materialisieren, meist nicht an der billigsten City-Lage, und wenn offenkundig wird, dass auch für die Bankkader materiell nicht die ungünstigsten Lebensbedingungen herausschauen. Das Märchen des fehlenden materiellen Zusammenhangs der Anlage- und Geldwerte mag als moralische Rechtfertigung «alternativer» (noch nicht jeder Moral beraubter) GeldanlegerInnen taugen, für tiefere Einsicht in die Zusammenhänge politischer Oekonomie taugt es nicht.

Im ausserkapitalistischen oder wie wir ihn wieder in Anlehnung an Rosa Luxemburg nennen wollen: im «Milieu»-Sektor finden wir nach wie vor *stoffliche* Geldformen: Noten, Münzen, Gold, z.T. sogar archaische Geldformen wie Edelsteine, Perlen u.a.. Wir finden hier einen nach wie vor hohen stofflichen Zusammenhang, der häufig noch auf die Herkunft der Gelder verweist. Weil die Herkunft grosser Geldanhäufungen hier nicht über jeden Zweifel erhaben sein kann, wird häufig von *«schmutzigem»* Geld gesprochen. Der Prozess des Geldwaschens bedeutet in diesem Zusammenhang - dies belegt die Untrennbarkeit der beiden Sektoren aus einer neuen Sicht -, dass Geld aus einer materiellen Form via Geldhändler oder Notar von seinem Ursprung gelöst wird, vom Notenkurier ins moderne Bankensystem gebracht und dort zum - scheinbar - sauberen Datum wird, zur elektronischen Anweisung. Damit lässt sich die Trennung zwischen sauberem und schmutzigem Geld nurmehr auf der Erscheinungsebene machen: Auch «sauberes» Geldvermögen beruht auf der Aneignung fremder Arbeit, sprich: Ausbeutung, ist also im moralischen Sinne so sauber nicht. Sauber und unverfänglich ist einzig seine Erscheinungsform.

Aus dieser Verwechslung von Erscheinungsform mit Wesen und Ursprung moderner Geldformen beruht wie bereits angedeutet, die Theorie des *Kasino-Kapitalismus.* Es gibt tatsächlich eine grosse Zahl von Anlegern, die davon leben, Geld potentiell 24 Stunden am Tag zwischen den Finanzplätzen zu verschieben. Wenn diese Anleger die ökonomischen Gesetzmässigkeiten kennen und eine gute Nase haben, dann können sie dabei nicht schlecht verdienen. Viele dieser neuen Anleger denken, ihre Gewinne würden Spekulationsgelder abschöpfen, ganz ähnlich, wie wenn sie im Kasino auf die richtige Zahl gesetzt hätten. Das ist natürlich falsch, denn die Werte, die in diesem System drin sind, haben ihre materielle Grundlage, wie alle Werte im Kapitalismus, in der Verwertung von Arbeitskraft. Wenn durch Verschieben von Geldern Geld verdient wird, so ist das die Belohnung des Kapitals für die Agenten seiner höchstmöglichen Beweglichkeit. Das Kapital hat aber nach wie vor seine materielle Grundlage einzig und allein im Aneignungsprozess von durch Arbeit geschaffenen Werten.

Nun ist die Beweglichkeit der Geldformen in beiden Sektoren ebenfalls unterschiedlich. Allgemein gilt: Je stofflicher, desto unbeweglicher. Im kapitalistischen Sektor gibt es dadurch angesichts der neuen Geldformen eine hohe Beweglichkeit aufgrund der *flexibilisierten, deregulierten* (mit immer weniger Regeln und Auflagen eingeschränkten) und *globalisierten* (weltweit vernetzten) Finanzmärkte. Diese hohe Beweglichkeit hängt mit der Notwendigkeit zusammen, auf sich verändernde Verwertungsbedingungen rasch reagieren zu können.

Nun ist diese Veränderung von Verwertungsbedingungen, wie weiter oben schon gesagt, zentral abhängig vom Widerstand, der in den verschiedenen Räumen besteht. Es ist nicht gott- oder kapitalgegeben, ob in einer Region Verwertungsbedingungen für das Kapital da sind, sondern hängt davon ab, ob sich Menschen in Verwertungsverhältnisse hineinpressen lassen oder nicht. Jede Form von

Konsumtion ohne Arbeit ist Widerstand gegen Verwertung: Klauen, Plünderung von Supermärkten, professionell betriebener Sozialhilfeempfang - all dies sind Infragestellungen von Verwertungsbedingungen. Die höhere Beweglichkeit von Kapitalien hängt also damit zusammen, dass diese Widerstandsformen im weitesten Sinne breiter geworden sind. Das gilt ab Mitte der siebziger Jahre genauso für die organisierten Widerstandsformen, die nur deshalb nachrangig erwähnt werden, weil ihr Angriff auf Verwertungsbedingungen offensichtlicher und viel weniger sprachlos als die erwähnten Widerstandsformen ist.

Das Kapital hat heute auf den globalisierten Finanzmärkten faktisch die Möglichkeit, sich innerhalb von kleinsten Zeitspannen aus einem Raum mit verschlechterten Verwertungsbedingungen in einen andern Raum mit besseren Verwertungsbedingungen zu bewegen. Das gilt selbstverständlich nicht für Realkapital, dessen Bewegungseinschränkungen durch seine physische Form nach wie vor gegeben sind. Dieser wichtige Unterschied vermag übrigens mit die relativ wachsende Stärke des Finanzkapitals gegenüber dem Industriekapital zu erklären und damit auch die Tatsache, dass alle grossen Industriekonzerne von Finanzholdings geleitet werden. Diese hohe Beweglichkeit gegenüber Klassenkämpfen oder auch nur gegen sämtliche Formen von unspektakulärem Widerstand ist in der Tat auffällig geworden. Sie hat wenig zu tun mit der Beweglichkeit einer Roulette-Kugel, dafür umso mehr mit Reaktion auf Widerstand und Klassenkampf. Wer also entschädigt wird in Form sogenannter «Spekulationsgewinne», weil er sich zum Agenten dieser Kapitalbeweglichkeit machen lässt, wird dafür entschädigt, «Guide» des Weltkapitals zu sein, vielleicht auch «nur» Lokalführer (die sich in den verborgenen Um- und Schleichwegen bekanntlich am besten auskennen).

Die Geldvermögen im Milieubereich (ich spreche jetzt bewusst nicht von Kapital, weil wir uns hier im nebenkapitalistischen Raum befinden) sind demgegenüber in ihrer Beweglichkeit eingeschränkt. Das hat einerseits mit den entsprechenden Gesetzgebungen zu tun, anderseits mit dem nach wie vor nicht gänzlich aufhebbaren moralischen Anspruch, daneben auch mit der höheren Stofflichkeit dieser Geldform. Wir können diese Einschränkung der Beweglichkeit verdeutlichen anhand der Person des Geldkuriers, der eine Banknotensendung an einem Gurt um den Leib geschnallt hat. Es ist offensichtlich, dass die Beweglichkeit dieser Geldform nicht annähernd vergleichbar ist mit der Beweglichkeit einer Information in einem elektronischen Datenverbund zwischen Finanzplätzen auf der ganzen Welt. Die Beweglichkeit der Geldvermögen im Milieubereich ist, wie erwähnt, auch durch moralische Auflagen eingeschränkt, weil Geldvermögen in diesem Bereich noch stets auf seine Herkunft verweist. Drogengelder und ihre Besitzer sind nicht aus dem Zusammenhang der Verelendung in der Drogenszene befreit. Das ist der Hintergrund der «Ventanillas siniestras» (dunkle oder geheime Schalter) in der kolumbianischen Zentralbank etwa, wo das Finanzkapital den mit dem moralischen Makel behafteten Drogen- und Mafiageldern die Möglichkeit eröffnet, sich via Spezialschalter mit absoluter Diskretion zu legalisieren und damit als Geldkapital zu integrieren.

Es gibt einen kleinen Bereich, wo Geldvermögen im Milieubereich beweglicher sind als legale Kapitalien: Das betrifft jene Sektoren, wo nationalistisch orientierte Trikontregierungen versuchen, durch protektionistische Massnahmen (z.B. Devisenkontrolle) die freie Beweglichkeit des Kapitals einzuschränken. Diese Versuche der Regulierung werden häufig unterlaufen durch Abstecher «legaler» Kapitalien in den Bereich der Illegalität, die dann international an jenen Finanzplätzen, die diese Dienstleistung offiziell anbieten, wieder diskret in die Legalität zurückgeführt werden (Schweiz, Liechtenstein, Luxemburg, Bahamas u.a.m.). Dieses Pingpong zwischen Legalität und Illegalität ist durchaus vergleichbar mit jenem von hohen Militärs, die geheime Todesschwadronen initiieren, sich aber offiziell von solchen Praktiken entschieden distanzieren. Dominierend ist aber zweifellos die höhere Beweglichkeit von Kapitalien im hochtechnologisch organisierten Bereich der globalisierten Finanzmärkte, insbesondere auch deswegen, weil Devisenbeschränkungen meist zu den ersten von IWF und Weltbank angegriffenen protektionistischen Massnahmen gehören.

Was die *Geldorganisation* dieser beiden Bereiche betrifft: Wir haben im kapitalistischen Sektor eine moderne Geldorganisation die bereits das Kommando des Finanzkapitals aufgrund der modernen technologischen Form des Geldes begründet. Die Geldorganisation ist zu einem weiteren Merkmal kapitalistischer Gesellschaftsformationen geworden, genauso wie wir das für die Arbeitsorganisation in der politischen Technologie begründet hatten und wie das für den

Besitz/Nicht-Besitz an Produktionsmitteln von der Orthodoxie notwendig, aber nicht hinreichend, stets hervorgehoben wurde. Nicht hinreichend deshalb, weil eine kapitalistische Arbeits- und Geldorganisation kapitalistische Herrschaft auch bei Nicht-Besitz von Produktionsmitteln aufrecht zu erhalten vermag, weil sie eben genauso konstitutiv für Kommando über Arbeit und damit für die Aufrechterhaltung kapitalistischer Verwertungsbedingungen sind.

Mit der Geldorganisation wird das Kommando über Arbeit in einem Wirtschaftsraum unter der Führung des Finanzkapitals weltweit durchsetzbar. Genauso wird in der Fabrik die Arbeitsorganisation unter der Führung des Managements fabrikweit durchgesetzt. Wenn Angehörige des Managements dann auch die kapitalmässige Mehrheit an jenem Konzern übernehmen, in dem sie die Arbeitsorganisation durchsetzen (sogenanntes *«Management buy-out»*), handelt es sich um nichts weiteres, als um die formelle Besiegelung materieller Machtverhältnisse. Dasselbe gilt für die in Zeiten der Restrukturierung (Neuorganisation) eines Industriekonzerns typische «treuhänderische» Uebernahme grosser Aktienpakete und Aufsichtsratmandate durch das Finanzkapital. Das Finanzkapital spielt damit eine führende Rolle bei der Einführung, Durchsetzung und Kontrolle günstiger Verwertungsbedingungen. Das erklärt auch die starke Position des Internationalen Währungsfonds, der weltweit umso sichtbarer in Erscheinung tritt, je mehr die Verwertungsbedingungen in Frage gestellt sind.

Der politische Vorwurf des Reformismus gegen Hilferding beruht nun darauf, dass Hilferding die Geldorganisation als politisch neutral ansah. Aehnlich gibt es ja auch SozialistInnen und «KommunistInnen», die die Fabrikorganisation als politisch neutral ansehen. Daraus ergibt sich, dass der Sozialismus vermeintlich über eine Verstaatlichung des tel quel übernommenen Bankensystems eingeführt werden kann - eine Illusion, die die Sozialdemokratie seit ihrer Entstehung wissentlich oder nicht ein ganzes Jahrhundert weiter transportiert hat. Es hat frühe Sozialisten gegeben, die die Entstehung des modernen Bankensystems in der zweiten Hälfte des 19. Jahrhunderts als politische Hoffnung sahen: Es gehe nun, wie sie meinten, nur noch um eine Sozialisierung, also Vergesellschaftung, der Banken und danach wäre die sozialistische Gesellschaft realisiert. Wir wollen ihnen die Unkenntnis um die spätere Dimension der Entwicklung des Finanzkapitals zugute halten, was wir heute jenen Kreisen der halblinken und alternativen Szene, die meinen selber Banken oder bankenähnliche Institute gründen zu müssen, nicht mehr tun können. Hier hat das Wort *Bertolt Brechts,* es sei ein grösseres Verbrechen, eine Bank zu gründen als eine zu überfallen, eben auch seine Gültigkeit, denn Brecht selber schien es immerhin klar, dass sich eine «linke» von einer rechten Bank nicht so grundsätzlich unterscheidet, dass deshalb von einem Ueberfall aus moralischen Gründen abzuraten sei.

Es ändert also nichts, einzelne Sektoren des Wirtschaftsbereiches zu verstaatlichen, wie das die französischen oder peruanischen «Sozialisten» gemacht haben und daneben die Geldorganisation national und weltweit nicht anzutasten. Dann werden eben die neuen Eigentümer der Finanzinstitute für Verwertungsbedingungen zu sorgen haben, wenn sie sich nicht selber das Grab schaufeln wollen, was solche Organisationen aufgrund eines historisch vielfach bewiesenen Selbstbeharrungsvermögens in aller Regel nicht machen.

Die Kontrollinstanzen, die heute die Geldorganisation überwachen sind die multinational tätigen Privatbanken, die nationalen Zentralbanken, daneben aber auch die internationalen Finanzorganisationen wie der erwähnte IWF, die Weltbank, die regionalen Entwicklungsbanken, aber auch die Bank für Internationalen Zahlungsausgleich (BIZ), der Zehnerclub, der Pariser Club (der Gläubigerstaaten), der Londoner Club (der Gläubigerbanken) - all diese Gremien, die sich weltweit um Verwertungsbedingungen kümmern. Wir finden deshalb in diesen Kreisen auch eher Kapitalstrategen als etwa im Sektor des Industriekapitals, das abgesehen von seinen Spitzen, die häufig ebenfalls durch Vertreter des Finanzkapitals besetzt sind, vielfach den Blick auf Branchen- und Regionenprobleme verengt hat und deshalb weniger zu Globalstrategien befähigt scheint. Kontrollinstanzen im nebenkapitalistischen Bereich sind demgegenüber die traditionellen Herrschaftsträger: die Oligarchie, die Mafia, aber auch koloniale Ueberreste.

Die Nachkriegsordnung von Bretton Woods versuchte also, auf der Basis der Schaffung eines neuen Weltgeldes (Dollar, IWF-Ziehungsrechte bei Zahlungsbilanzdefiziten, Sonderziehungsrechte zur Aufrechterhaltung des Trikontgefälles) weltweit die Verwertungsbedingungen des westlichen Kapitals neu zu organisieren. Dass dabei ursprünglich auch die Sowjetunion miteinbezogen wurde (und wohl früher oder später wieder einbezogen wird), hing und hängt weniger mit internationaler Entspannung zusammen als mit der Frage, wie sich die verschiedenen Hegemonialmächte zueinander stellten: Kooperation oder Konkurrenz oder Dialektik zwischen diesen beiden Formen - eine Frage, die auch heute wieder zentral das Verhältnis zwischen den Grossmächten bestimmt, innerhalb von Westeuropa auch das Verhältnis zwischen den potentiellen Hegemonialmächten Deutschland, Frankreich und England. Ein Blick auf die Gewichte der einzelnen Hegemonialwährungen zur Konstituierung der gemeinsamen Währung ECU (BRD über ein Drittel, Frankreich und Grossbritannien je knapp ein Fünftel, alle übrigen EG-Mitgliedstaaten teilen sich in den Rest) gibt einen Hinweis auf das aktuelle Kräfteverhältnis in Westeuropa. Hier liegt der Erklärungswert einer politischen Geldtheorie.

Kapitel 8

Systemtheorie

Es muss uns abschliessend gelingen, die einzelnen Bausteine der Politischen Oekonomie - insbesondere die der Krise entgegenwirkenden Tendenzen: Imperialismus, Verhältnis zwischen Kapitalismus und Milieu, Politische Technologie, Geldtheorie - zu einem Ganzen zusammenzufügen, damit sie nicht unverbunden nebeneinander stehen bleiben. Wenn es eine kapitalistische Strategie gibt, eine Planung oder auch nur eine Intuition von Kapitalisten, dann darf eine Anti-Krisenstrategie nicht punktuelle Einwirkung bleiben, Einwirkung von Fall zu Fall, sondern muss *Totalität* (Ganzheit) werden. Die verschiedenen Momente der Krisenverhinderung müssen zusammenkommen und dieser Anspruch führt zum Begriff des *Systems.*

Hier ergibt sich auch der Bezug der Politischen Oekonomie zu anderen Wissenschaften, die über den zentralen Begriff des Systems zusammenfinden: die *politische* Regierungs- oder Regulierungsform als Aufgabe des bürgerlichen Staates (Politologie und Rechtswissenschaft), die *soziale* Kontrolle (Soziologie), *psychologische* Momente (Psychologie) usw.. Eine Einführung in die Politische Oekonomie muss am Ende über das eigene Fach hinausweisen. Sie muss sich in einen Zusammenhang zu Erkenntnissen aus anderen Wissenschaften stellen. Simpel gefragt: Wie hängen Reallöhne mit der Staatsform («Rechtsstaat» bzw. Militärdiktatur) zusammen? Was haben Betriebsgemeinschaft und Kleinfamilie gemeinsam? Welcher Zusammenhang besteht zwischen Entfremdung im Betrieb und Entfremdung im Alltag? Welche ökonomische Funktion haben Knäste? Reformen?

«Südafrika» beispielsweise steht nicht einfach nur für Represssion, nicht einfach nur für Rassismus und hohes Mass an Ausbeutung der grossen Bevölkerungsmehrheit. Das alles auch, aber insgesamt steht Südafrika für ein hochausgeklügeltes Machtgefüge einer schmalen weissen Minderheit auf hohem technischen (insbesondere auch sozialtechnischen) Stand. Wenn es hier zu Reformen kommt, dann nicht deswegen, weil die weisse Machtelite plötzlich vernünftig geworden ist oder schlecht geträumt hat und über Nacht ein Gewissen entdeckt hat. Auch nicht "nur" deswegen, weil die schwarze Unterklasse so stark geworden ist, dass sie Reformen aufgrund der veränderten Machtverhältnisse erzwingen kann. Wir müssen davon ausgehen, dass militärisch und polizeilich die Macht in der bisherigen Form auf prekärem Niveau haltbar gewesen wäre. Die Frage ist aber, ob damit auch Investitionsbedingungen - oder deutlicher gesagt: Ausbeutungsbedingungen - auf Zeit aufrecht haltbar gewesen wären. Ob sich «Südafrika» so zu einem Brückenkopf in der Afrikanischen Wirtschaftsgemeinschaft, speziell in einem regionalen Zusammenschluss mit den Frontstaaten im südlichen Afrika machen lässt?

Bei der «Lösung» dieser Fragen ist das System «Südafrika» offensichtlich an eine Grenze gestossen, wie die schweren Einbrüche der südafrikanischen Wirtschaft in den achtziger Jahren zeigten. Die weissen Machthaber nennen den sorgfältig dosierten Wandel, die Kombination von Repression (inklusive Mittel des Massenterrors) und Reformen, *«National Management System»* - auf deutsch etwa: *«Nationales Führungssystem»*. Dazu gehören Landvertreibung ebenso wie selektive Landvergabe und Wohnbauförderung für das obere Segment der schwarzen Unterklasse (z.B. durch die «Urban Foundation»), Streikbekämpfung ebenso wie selektive Ausbildungsförderung für die schwarze Bevölkerung, propagandistische Offensiven und Pressezensur ebenso wie deren punktuelle Aufhebung, Knast für politische Gefangene ebenso wie selektive Amnestierung. Reformen können dabei nicht einfach aus der Schublade gezaubert werden. Sie müssen einerseits gegen eine stockkonservative weisse Rechtsaussenminderheit durchgebracht werden, andererseits auf reformwillige Kräfte in der schwarzen Bevölkerung abgestützt werden. Solange solche Reformen von den weissen Machthabern freiwillig gewährt werden, ist davon auszugehen, dass eine fundamentale Veränderung der Machtverhältnisse nicht beabsichtigt ist. Hauptfrage für die weissen Machthaber ist demzufolge die *Kontrollierbarkeit des gesellschaftlichen Prozesses von oben* und diese Frage führt uns mitten in die Systemtheorie.

Grundlagen der Systemtheorie

Systeme sind *zusammenhängende Ganzheiten aus Teilen mit einer bestimmten Struktur (Ordnung).* Ausgegangen wird demnach von Teilen oder «Elementen», die in irgendeiner Form zusammenwirken und dabei ein Ganzes ausmachen, das mehr ist als die Summe seiner Teile (sogenannte «*Synergie*» oder mathematisch formuliert: 2 + 2 = 5). Es entsteht etwas Zusätzliches: die Totalität oder eben das *System.*

Der Begriff des Systems ist in den Naturwissenschaften entstanden. Eine einfache Darstellung eines Regelkreises sieht in etwa wie folgt aus:

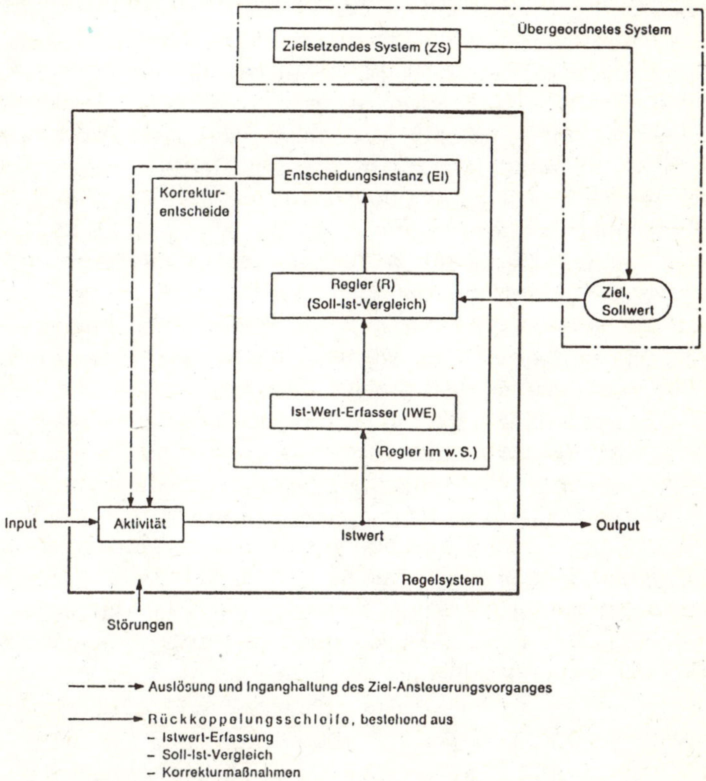

Darstellung 8: Einfacher Regelkreislauf in der Systemtheorie

Klassisches Beispiel für einen solchen Regelkreislauf ist der *Thermostat* in einem Zentralheizungssytem: Das zielsetzende System gibt die Soll-Temperatur ein, ein Fühler misst die Abweichungen und aufgrund dieser Abweichungen wird über eine Rückkoppelungsschleife *(«Feed-back»)* Aktivität ausgelöst oder beendet. Störungen wie beispielsweise offene Fenster führen zu einem Temperaturabfall, der vom Ist-Wert-Erfasser festgestellt wird und bei Ueberschreitung einer vorgegebenen Abweichungstoleranz vom Sollwert zu Korrekturentscheiden (z.B. Brenneraktivität erhöhen) führt. Es gibt die verschiedensten Techniken der Systemhandhabung. Die einfachsten und bekanntesten sind die *Steuerung* (Lenkung von aussen) und die *Regelung* (Lenkung im System selbst). Ein Beispiel aus der sozialwissenschaftlichen Realität zu dieser Unterscheidung: Wird *Sozialpartnerschaft* von aussen durch Streikverbot, Repression, Propaganda usw. durchgesetzt, so wäre dies Steuerung; steckt sie bereits in den Köpfen der betroffenen Menschen, ohne dass Repression im «Normalfall» notwendig ist, dann wäre von Regelung zu sprechen. Aehnliches gilt für Zensur und Selbstzensur in der bürgerlichen Presse. Als Spannungsverhältnis zwischen Steuerung und Regelung ist auch die aktuelle Debatte über *Regulierung* (Steuerung)und *Deregulierung* (Selbstregelung) der Marktwirtschaft zu verstehen.

Systeme können je nach Verbindung und Austausch mit der Umgebung *offen* oder *geschlossen* sein - wieder eine harte, undialektische Trennung, die mit dem analytischen Moment (0 oder 1, Ja oder Nein) der Systemtheorie zusammenhängt. Ausserdem können Systeme je nach ihrer Wandlungsfähigkeit *dynamisch* oder *statisch* (im sozialen Bereich eine seltsame Vorstellung) sein, je nach ihrer Fähigkeit, sich auch unter veränderten Bedingungen zu behaupten, sind sie *instabil, stabil* oder *ultrastabil* . Die Abgrenzungsfähigkeit des Systems gegenüber der Aussenwelt heisst *Identität.*

Kybernetik ist die Lehre von der Handhabung von Systemen. Das Wort geht zurück auf den lateinischen Begriff «Gubernator» (Steuermann). Wer soziale Realität kybernetisch begreift, fasst sie damit erstens als System und interessiert sich zweitens für die Lenkung dieses Systems. Daraus ergibt sich von allem Anfang an ein wichtiger politischer Gehalt der Kybernetik in den Sozialwissenschaften. Die Systemtheorie gewinnt an Bedeutung in der *Weltwirtschaftskrise* der dreissiger Jahre. Der tiefe weltwirtschaftliche Einbruch ab 1929 ist nach der Krise in den siebziger Jahren des vergangenen Jahrhunderts der zweite (und damit kaum mehr widerlegbare) Beweis der Unfähigkeit der Marktwirtschaft zur Selbstregulierung. Das ist der materialistische Ausgangspunkt für Systemtheorie und Kybernetik in den Sozialwissenschaften.

Im Zentrum der folgenden Entwicklung der Systemtheorie steht das *Massachussetts Institute of Technology (MIT).* Unter der Leitung von *Norbert Wiener,* einem Mathematiker, bildet sich hier ein Kreis von Wissenschaftern aus verschiedenen Disziplinen, die systemtheoretisch zu forschen beginnen. Wiener selbst schreibt in den vierziger Jahren verschiedene Bücher zur Kybernetik, eines unter dem Titel «Mensch und Menschmaschine» (1946). Er begründet darin moderne *Sozialtechnologie:* Mensch und soziale Realität werden exakt gleich angegangen wie naturwissenschaftliche Probleme. Das heisst zum Beispiel mit einer harten Trennung zwischen Forschenden (Subjekt) und Erforschtem (Objekt), emotionslos und (vorgeblich) objektiv. Wichtigstes Berufswerkzeug auch der Sozialwissenschaft wird das analytische Messerchen oder Skalpell, das soziale Zusammenhänge seziert, die isolierten Teile bestimmt und neu zusammensetzt. *Experimente* unter kontrollierten Bedingungen werden auch in den Sozialwissenschaften salonfähig. Eine wichtige Rolle im MIT-Forscherkreis zur Kybernetik spielen von allem Anfang an Tierversuche. Sie dienen letztlich der Erforschung menschlichen Verhaltens, das sich nach der harten Trennung von Subjekt und Objekt analog zum tierischen Verhalten experimentell untersuchen lässt.

Auffällig ist hier die Parallele zum tayloristischen Moment in der Fabrikorganisation, wo die Arbeitskraft im Produktionsprozess ebenfalls ihre spezifische menschliche Eigenschaft, das Bewusstsein, verliert. Gegen die Verwischung der Grenze zwischen Mensch und Tier, wie es der australische Moralphilosoph *Peter Singer* vorschlägt, wäre weniger einzuwenden, würde sie dazu benutzt, Tieren ein Bewusstsein zu unterstellen. Dient sie aber als Beitrag zur wieder aktuell gewordenen *Euthanasie*-Debatte und spricht Menschen das Bewusstsein ab, um Schwerstbehinderte als «nicht-personale Wesen» ohne eigenen Willen zur Tötung freizugeben, so passt sie allzu zufällig in die öffentlichen Sparprogramme, die unproduktiven Menschen die Existenzgrundlage verweigern wollen und sich dafür die moralische Rechtfertigung suchen.

Die breite Einführung von Tierversuchen und die Uebertragung von deren Ergebnissen auf die Sozialwissenschaften sind typische «Errungenschaften» der Sozialtechnologie. Wenn später Shoppingzentren und FussgängerInnen-Zonen mit angrenzender Verkaufsfläche projektiert werden, dann orientiert sich die sozialtechnische Lenkung der «Fussgängerströme» im Interesse einer grösstmöglichen Quadratmeter-Rendite an den Erfahrungswerten des Rattenverhaltens in einer Versuchsanordnung. Wie reagieren Ratten auf Verlockungen? Wie reagieren FussgängerInnen auf Störungen? Dasselbe gilt für die Isolationsforschung im Strafvollzug: Wie reagieren soziale Wesen auf Kontaktentzug? Auf Reizentzug überhaupt? Auf Ueberreizung?

Um das Denken der ersten Kybernetiker zu verdeutlichen: Wiener stellt sich in Mensch und Menschmaschine beispielsweise die Frage, wie Menschen örtlich verschoben werden können, ohne dass sie «körperlich» reisen müssen. Als Hinweis, dass dies möglich sein muss, führt er Religionen wie etwa Buddhismus oder Christentum an, die Seele und Körper nicht als untrennbare Einheit fassen (Seelenwanderung, Leben nach dem Tod usw.). Wiener will in der Folge die Seele eines Menschen «fernkopieren» und schlägt dazu die Erfassung und technische Uebermittlung der wichtigsten Informationen des zu verschiebenden Menschen vor. Heute spätestens ist klar, dass solche «Visionen» viel weniger Science-Fiction waren als die Denkrichtung angaben, in die sich Informations- und Gen-technologie in der Folge entwickelten. Der Mensch ist nach Wiener nichts weiter als eine Fülle von Informationen, eine *«Nachricht»,* eine spezifische Kombination von Ja und Nein, 0 und 1, Merkmalen und fehlenden Merkmalen.

Systemtheorie erscheint von den fünfziger Jahren an in allen Sozialwissenschaften. So wird etwa die Unternehmung in der *Betriebswissenschaft* seither vielfach als System gefasst, die Manager darin als «Homöostaten» *(Stafford Beer).* Aehnlich den Thermostaten in Zentralheizungssystemen sind Manager in ihrem System Unternehmung für Gleichgewicht und Stabilität bei veränderten Innen- und Aussenbedingungen verantwortlich. Sie sind gleichzeitig Fühler, Ist-Wert-Erfasser und geben auch neue Sollwerte ein.

Systemtheorie wird ausserdem wichtig in der *Politikwissenschaft.* Die moderne bürgerliche Politologie fasst Gesellschaft als politisches System mit - das entspricht ihrem Auftrag - zentraler *Stabilitätsvorgabe.* Opposition wird folglich in funktionale und dysfunktionale unterteilt: *Funktional* oder «reformistisch» ist Opposition, wenn sie Systemschwächen und -fehler frühzeitig erkennt, eine Verhaltensänderung des Systems bewirkt und damit langfristig dessen Stabilisierung begünstigt. *Dysfunktional* ist Opposition, wenn sie die Systemstabilität in Frage stellt. Zu den Systemforschern unter den US-Politologen zählen etwa *David Easton,* später auch der MIT-Forscher *Karl W. Deutsch,* der bezeichnenderweise die Schweiz als *«ultrastabiles soziales System»* untersucht. Deutsch geht der in der Tat erstaunlichen Tatsache nach, wie eine «festgefügte Integration» verschiedenster Bevölkerungsgruppen (Klassen?) auf Dauer möglich ist. Als Ursachen erwähnt er «die Existenz eines freien, bewaffneten Bauernstandes» (das gilt heute nicht mehr oder noch nicht), das Ueberleben der mittelalterlichen Kommunalrevolution im Föderalismus, Kapitalbildung und industrielle Revolution (mit hoher Akzeptanz der Kapitalverwertung) und die «politische Kultur der Mässigung». Was Deutsch als Kultur der Mässigung bezeichnet, lobt eine US-Untersuchung 1988 als freiwillige Selbstbeschränkung der SchweizerInnen bei der Inanspruchnahme staatlicher Leistungen.

Systemtheorie erscheint in den USA seit der Weltwirtschaftskrise der dreissiger Jahre auch in der *Soziologie.* Während sich Soziologie, die Wissenschaft von den sozialen Beziehungen, Rollen usw. in Europa lange vergleichweise harmlosen Themen wie der Gruppendynamik, Folklore- und Brauchforschung widmete, betrieb sie in den USA schon seit den dreissiger Jahren Systemforschung. *Talcott Parsons* etwa, ein Klassiker der modernen Soziologie, publizierte 1937 sein *«Allgemeines Handlungssystem»,* eine Art Raster, der die verschiedenen Aspekte sozialen Handelns im Hinblick auf Systemstabilisierung auflistet und zusammensetzt: Strukturerhaltung, Integration, Erreichung vorgegebener gesellschaftlicher Ziele und Anpassung an die Umwelt. Diese vier Funktionen des sozialen Handelns klemmt er ein zwischen die beiden Pole menschlicher Existenz und - wir staunen - es sind dieselben wie bei Marx, wenn auch anders benannt: «physisch-organisches Milieu» (Basis) und «letzte Realität» (Ueberbau). Im Unterschied zu Marx gibt es zwischen diesen beiden Polen keine dialektische, sondern eine «kybernetische» Beziehung, d.h. eine Steuerungs- und Kontrollbeziehung von oben (Kopf) nach unten (Bauch, Organismus).

Auch die *Psychologie* arbeitet mit systemtheoretischen Modellen. An der Universität Zürich etwa wird in den siebziger Jahren ein computer-unterstütztes *«Mutter-Kind-System»* entwickelt: Eine Mutter ist mit ihrem Kind in einem geschlossenen Raum. Das Kind spielt im Wissen, dass die Mutter da ist. Ein Aussenstehender tritt in den Raum - systemtheoretisch gefasst als Störung der Systemstabilität. Wie reagiert das System? Versteckt sich das Kind hinter der Mutter? Ist es möglich, Daten über Mutter, Kind und Eintretenden sowie deren Beziehungen so zu erfassen und zu verknüpfen, dass die verschiedenen Möglichkeiten des Systemverhaltens (sogenannte *«Varietät»*) mitsamt der Wahrscheinlichkeit ihres Eintretens berechenbar werden?

Diese wenigen Beispiele aus verschiedenen Teilwissenschaften sollen zeigen, wie Systemtheorie und die darauf beruhende Systempraxis die soziale Realität unter eng gefassten Voraussetzungen (Stabiliät, Störung usw.) technisch handhabt. Eine erste moderne Gesellschaftsformation, die verschiedene Momente sozialtechnisch zusammenbrachte, war der von den USA ausgehende *Fordismus,* der später auch in Westeuropa und (in ähnlicher Form) der Sowjetunion der sozialen Stabilisierung dienen sollte.

Fordismus als System

Der Begriff Fordismus geht auf den US-Automobilfabrikanten *Henry Ford* zurück und bezeichnet insgesamt viel mehr als nur dessen Produktionsweise: eine Gesamtheit oder eben ein System, bestehend aus einer neuen Produktionsweise mit Fliessband und extrem hoher Arbeitsteilung (siehe «Taylorismus» im Kapitel zur Politischen Technologie), Betriebspsychologie, Sozialdienste, Werkärzte, Industriepfarrer, Betriebsturnen - insgesamt alles, was in den USA als sogenannte *«Human Relations»*-Bewegung (menschliche Beziehungen im Betrieb) zusammengefasst wird. Die Human Relations-Bewegung wird häufig als Gegenbewegung zum Taylorismus verstanden. Das ist so richtig wie falsch, denn sie ist nur in der Dialektik zum Taylorismus zu verstehen: als dessen Beseitigung *und* Bewahrung, denn letztlich machen erst Sozialdienste und organisierte Betriebsfröhlichkeit die extreme Arbeitsteilung und Entfremdung im Taylorismus überhaupt auf Dauer aushaltbar und damit auf einer höheren Stufe funktionsfähig.

Im Fordismus kommt zu Taylorismus und Human Relations ein neues *Konsum- und Freizeitmodell* dazu: Entscheidend für die Kostensenkung ist Massenproduktion, also kann die produzierte Ware nicht ausschliesslich an die Oberschicht verkauft werden (die weder zahlenmässig-objektiv Masse ist, noch sich subjektiv so versteht). Für Henry Ford ist es nicht Zufall und auch nicht Wohltätigkeit, dass das Billigmodell T für «seine» Arbeiter erwerbbar ist. Dasselbe gilt für den deutschen Volkswagen, dessen Entwicklung von den Nationalsozialisten in den dreissiger Jahren in Auftrag gegeben wird. Dass ausgerechnet *Ferdinand Porsche* den Auftrag zur Entwicklung eines Volkswagens erhält, spricht für die Dialektik zwischen Elite- und Massenkultur: Der Volkswagen soll einen Hauch von Porsche haben, ganz ähnlich wie das Fernsehen später den Glamour von Hollywood mittransportieren muss und die Boulevardpresse eben auch (und sei es nur mit einer einzigen Nachrichtenspalte) Weltpresse zu sein hat.

Sehr anschaulich beschreibt *Upton Sinclair* in seinem Roman «Autokönig Ford» die Veränderungen, die der Fordismus im Alltag zweier Generationen von Beschäftigten in den Ford-Werken mit sich bringt. Der Vater und dessen Familie leben vor-fordistisch, der Sohn wird zu einem Musterarbeiter im Fordismus. Eindrücklich dabei, wie sich die Kontrolle des Betriebes mit diesem Generationenwechsel über den Betrieb hinaus «fürsorglich» in den Alltag ausdehnt, wie die Wohnverhältnisse, das Familienleben usw. kontrolliert oder systemtheoretisch gesprochen: *gesteuert* werden. Die Genossenschaftssiedlungen der reformistischen Arbeiterbewegung haben verschiedene dieser Momente übernommen und *regeln* (Lenkung im System selber) den Alltag ihrer MieterInnen ganz ähnlich.

In der Human Relations-Forschung werden auch die ersten Betriebsexperimente gemacht. Sie erinnern in der Versuchsanordnung wiederum stark an Tierversuche, weil die Verhaltensforschung sich allein an der Vorgabe der Produktivitätssteigerung und nie an Bewusstsein und Selbstreflexion der Betroffenen misst. Beleuchtungsexperimente, aber auch die Erforschung gruppendynamischer Prozesse etwa in den Hawthorne-Werken von AT&T erfolgen aus Akzeptanzgründen pro forma *mit* den Beschäftigten, de facto sind es Experimente zur Leistungssteigerung *gegen* die Beschäftigten.

Der Fordismus reicht weiter bis in die *Stadtentwicklung:* Es entstehen die neuen Vorstädte mit den dominierenden «Wohnsilos». Der hohen betrieblichen Arbeitsteilung entspricht die Funktionsteilung der einzelnen Siedlungszonen: Wohnen, Arbeiten, Erholen. Analog zum Fordismus entsteht in diesen Räumen ausserdem eine Nutzungsverdichtung: Mietskasernen statt Einfamilienhäuschen, Hochstatt Flachbauten in der Bürozone, Bar an Bar in Vergnügungsviertel.

In Europa erlebt der Fordismus seinen breiten Durchbruch in der Nachkriegszeit mit zwei bis drei Jahrzehnten Rückstand auf die USA (sogenannte *«nachholende Fordisierung»*). In der BRD machen sich Sozialdemokratie und Christdemokratie gemeinsam zu Promotoren des Fordismus, was eine grosse Koalition nahelegt. In der Schweiz sind es insbesondere Sozialdemokratie und Landesring, die dem Fordismus zum Durchbruch verhelfen. Landesring-Gründer *Gottlieb Duttweiler* reorganisiert unter der Flagge des *«sozialen Kapitals»* die Warenverteilung im Detailhandel *(«Migros»* - inzwischen grösster Schweizer Detaillist), sein Kompagnon *Ernst Göhner* lässt die ersten Wohnsilos hochziehen. Aehnliche Funktionsteilungen gibt es in anderen Konzernen: Amag holt die deutschen Volkswagen in die Schweiz, Mobag baut Vorstadtsiedlungen. Mövenpick verschweizert die Fast-Food-Welle aus den USA, nicht ohne ihr ein schweizerisches Qualitäts- und Gesundheitssiegel aufzudrücken.

Typisch für all diese Konzerne ist die standardisierte Massenproduktion als Mittel zur Kostensenkung: Migros beginnt mit einer Handvoll Gütern des täglichen Bedarfs, die in grosser Masse produziert und verteilt werden, Mövenpick und seine Billiglinie «Silberkugel» mit voll standardisiertem Speise- und Getränkeangebot. Aehnlich wird auch die Betriebsverpflegung auf- und ausgebaut - in der Schweiz unter Führung des «Schweizerischen Volksdienstes» (SVD), der in der Freizeitverpflegung der Soldaten in sogenannten «Soldatenstuben» Erfahrung mit durchrationalisierter Massenverpflegung erworben hat. Weil die Sphäre der Reproduktion traditionell Frauenarbeit ist, entsteht die Kantinenverpflegung in der Schweiz in enger Anlehnung an die bürgerliche Frauenbewegung. Aehnlich entstehen und entwickeln sich Massenmedien, Massensport und Massentourismus bis insgesamt ein neues Arbeits-, Konsum- und Freizeitmodell entsteht, dass mit der traditionellen proletarischen Kultur immer weniger zu tun hat. Es orientiert sich stattdessen nach «oben» an den bürgerlichen Konsum- und Freizeitmustern, kopiert diese auf entsprechend tieferem Kostenniveau im «kleinen Massstab» und wird damit *«klein-bürgerlich»*.

Der Mensch, speziell natürlich die Angehörigen der Unterklasse, entwickelt aufgrund dieser Prägung durch Arbeitsorganisation, Konsum- und Freizeitmodell im Fordismus eine neue Identität und neue Wahrnehmungsmuster: Politische Psychologie und Soziologie sprechen vom *«fordistischen Subjekt»*. Vor der Prägung durch den Fordismus hatten die Angehörigen der Unterklasse eine proletarische Identität: Arbeiterbeizen, Arbeitervereine, eigene Lieder, Sport- und Jugendgruppen, die sich deutlich von gleichartigen bürgerlichen Vereinen unterschieden, internationalistisch waren und ausserhalb der reformistischen Positionen teilweise auch den Klassenkampf als Moment der eigenen Identität verstanden. Sie waren die revolutionäre Klasse *an sich* (objektiv aufgrund materieller Betroffenheit) und *für sich* (subjektiv mit eigenem Bewusstsein). Das fordistische Subjekt ist zwar an sich nach wie vor Teil des Proletariats, aber es hat die frühere proletarische Lebens- und Denkweise, die sogenannte *«Proletarität»,* verloren. Dieser Verlust führt dazu, dass die Entwicklung eines eigenen Klassenbewusstseins immer schwieriger wird.

Als Folge entwickelt das fordistische Subjekt im Falle der materiellen Verarmung oder nur schon Bedrohung Aengste, die kollektiv viel weniger zur Klassenkonfrontation gegen oben als zur Selbstzerstörung oder zu Abgrenzungen nach unten und aussen führen: Verstärkte rassistische und sexistische Uebergriffe und Renaissance des Nationalismus. Das fordistische Subjekt ist «vermasst» als Objekt der Massenangebote, aber es ist einsam in der Masse, weil es die früheren kollektiven Zusammenhänge verloren hat, ohne selbstbestimmte neue entwickelt zu haben. Es wird kollektiv identitätslos und sucht sich eine neue kollektive Identität in Fussball-Fanclubs und dergleichen. Ausdruck dieser Identitätslosigkeit werden Psychoboom, Suchtmittelboom und ähnliches - all dies, was insgesamt mit «psychischer Verelendung» umschrieben wird. Was früher Furcht war, rationales Wissen um konkrete Risiken und Gefahren mit entsprechender Schutzmöglichkeit, wird zur existenzbedrohlichen *«Angst im Kapitalismus» (Dieter Duhm).* Dieses diffuse Ohnmachtgefühl demobilisiert, lähmt und gibt einen idealen Nährboden für Heilsbringer und Gurus jedwelcher Art ab. Zum klassischen Vehikel dieses Gefühls wird die atomare Bedrohung, auf die Anti-AKW- und Friedensbewegung kollektive Antworten suchen.

Die 68er Bewegung in den Metropolen ist, vielleicht nicht im Kern, aber sicher an den Rändern weniger anti-kapitalistisch als anti-fordistisch, d.h. gegen jene historische Gesellschaftsformation des Kapitalismus mit ihrem verdummenden Entfremdungsprogramm namens Fordismus gerichtet. An den Rändern ist sie zu gewinnen für ein post-fordistisches Gesellschaftsmodell, das ökologie-, körper- und drittweltbewusst ist, Qualität wiederentdeckt, deswegen aber längst nicht oder nicht mehr anti-kapitalistisch ist. Davon später.

Auch der *Staat* erhält im Fordismus eine neue Aufgabe. Er soll ökonomisch wie politisch wie sozial *regulieren.* In der ökonomischen Dimension wird er zum oben beschriebenen keynesianischen Staat. In der politischen Dimension wird er zum *nationalen Konsens,* zum politischen Ausgleichsstaat mit Beteiligung der reformbereiten Linken. Der unter Präsident *Franklin D. Roosevelt* in den USA der dreissiger Jahre vereinbarte *»New Deal»* erlebt unter Kennedy als *«Great Society»* eine modernisierte Neuauflage. Analog entsteht in der BRD die grosse Koalition zwischen CDU und SPD. In der Schweiz vereinbaren die Parteien 1958 einen als «Zauberformel» benannten festen Zuteilschlüssel für die sieben Regierungssitze. In der sozialen Dimen-sion entsteht unter dem Schlagwort der *«sozialen Sicherheit»* ein Netz, das wie jedes Netz abfedert *und* umgarnt, minimal materiell si-chert *und* kontrolliert.

John M. Keynes entwickelt, wie oben angedeutet, in den dreissiger Jahren in seiner *«Allgemeinen Theorie der Beschäftigung, des Zinses und des Geldes»* (1936) eine wirtschaftspolitische Anti-Krisenstrategie mit zentraler Rolle des Staates. Der Staat soll sich inskünftig gezielt *anti-zyklisch* verhalten und notfalls dafür auch massive Staatshaushaltsdefizite in Kauf nehmen. Er soll in Krisenzeiten Geld ausgeben (sogenanntes *«deficit spending»*), in der Hochkonjunktur sparen und mit dem Ersparten seine Schulden zurückzahlen. Gleichzeitig wird die Regulierung der Geld- und Kapitalmärkte für den Staat von entscheidender Bedeutung. In Krisenzeiten soll ein tiefer Zinssatz die Unternehmungen zu billig finanzierbaren Investitionen veranlassen. Klar ist, dass eine solche Form staatlicher Regulierung weit über das von Marx beschriebene «bilaterale» (zweiseitige) Verhältnis zwischen Kapital und Lohnarbeit hinausgeht. Der Marxist *Werner Hofmann* hat versucht, Keynes' «Allgemeine Theorie» als System darzustellen und hat dabei folgenden Regelkreis der Gesamtnachfrage abgebildet:

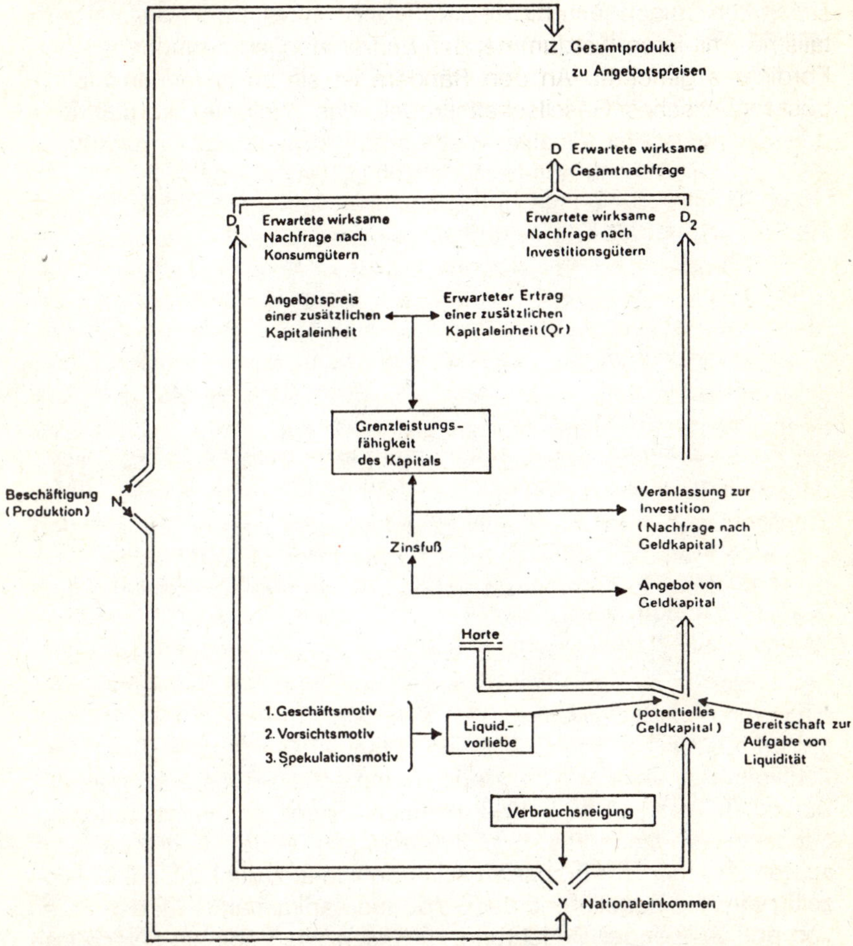

Darstellung 9: Das Keynessche System nach der «Allgemeinen Theorie»

Dreh- und Angelpunkt des Keynes'schen Systems ist das staatlich zu regulierende Gleichgewicht zwischen dem gesellschaftlichen Gesamtprodukt zu Angebotspreisen *(«Bruttosozialprodukt»)* und der erwarteten Gesamtnachfrage. Keynes unterteilt die Gesamtnachfrage in die Nachfrage nach Konsum- und Investitionsgüter. Durch eine Hochzinspolitik kann der Staat die Konsumnachfrage dämpfen, weil Sparen bei hohen Zinsen attraktiver wird, wodurch der gesparte Anteil des *Volkseinkommens* (Löhne, Zinsen und Grundrenten aller Haushalte) grösser wird. Gleichzeitig werden durch einen Zinsanstieg auch die Investitionen gedämpft, weil ihre Finanzierungskosten steigen und damit die Investitionsrechnungen ungünstiger werden. Für den gegenteiligen Fall einer staatlichen Tiefzinspolitik wird die Nachfrage nach Konsum- und Investitionsgütern umgekehrt stimuliert. Die Höhe der Spargelder wird dabei als zentrale Bestimmungsgrösse des Zinsniveaus zu wichtig, um sie der «Zufälligkeit» (d.h. der Selbstbestimmung der Wirtschaftssubjekte im Rahmen ihrer sozialen und wirtschaftlichen Lage) zu überlassen. Mehr und mehr tritt deshalb *«Zwangssparen»* (staatlich verordnete Pensionskassen, Preiserhöhungen auf Suchtmittelmärkten, Mietpreiserhöhungen und ähnliches) an die Stelle des freiwilligen Sparens.

Gleichzeitig kann der Staat auch direkt auf die Nachfrage einwirken, indem er selber als Nachfrager auf- oder abtritt. Diese *nachfrageorientierte* Wirtschaftspolitik steht im Gegensatz zu der unter den Reaganomics praktizierten *angebotsorientierten* Wirtschaftspolitik *(«Supply-side-economy).* Mit ihrer Absicht, den Staatshaushalt *(Fiskus)* als Steuerungsmittel zu verwenden, wird sie auch *fiskalistisch* genannt und steht im Gegensatz zum *Monetarismus*, der im Rahmen der Geldtheorie dargestellt wurde. Die Vorgabe, die Nachfrage in der Rezession nicht allzu tief fallen zu lassen und notfalls staatlich zu stützen, begründet eine Verwandtschaft des klassischen Keynesianismus mit der Sozialdemokratie, die ihre WählerInnen traditionell mit minimalen Einkommensgarantien köderte.

Hauptproblem des Keynesianismus - dies ergibt sich aus der Wertlehre - ist dessen Finanzierbarkeit, sobald ein wirtschaftlicher Einbruch nicht nur vorübergehend, sondern langandauernd ist. Direkte staatliche Nachfrage und indirekte Nachfrageförderung müssen «bezahlt» werden und damit ist stets eine Abschöpfung realer Werte verbunden. Ihre Finanzierung beansprucht also früher oder später Mehrwert. Früher, wenn die erhöhten Staatsausgaben durch *Steuern* finanziert werden, später, wenn die Mittel durch *Kreditaufnahme* am Kapitalmarkt beschafft werden. Aufgeschoben ist auch in diesem Fall nicht aufgehoben: Irgendwann müssen die Kredite abgetragen oder zumindest begrenzt werden, soll die Zinslast nicht bis zu einer kritischen, d.h. aus den laufenden Einnahmen nicht mehr zu deckenden Höhe ansteigen. Populistische Trikontregierungen haben in diesem Dilemma die Staatsausgaben mit der Notenpresse zu «finanzieren» versucht - ein untaugliches Mittel, weil eine wachsende Geldmenge ohne entsprechendes Wachstum der real produzierten Werte zu massiver Geldentwertung mit schwer zu kontrollierenden Umverteilungswirkungen führt. Ohne volle Anpassung der Löhne wird die Geldentwertung die private Gesamtnachfrage entsprechend senken, was in der absoluten Verarmung breiter Bevölkerungssektoren eine Grenze hat.

Mit dem Kriseneinbruch Mitte der siebziger Jahre stiess der Keynesianismus auch in den Metropolen an die Grenze seiner Finanzierbarkeit. In nahezu allen Metropolenstaaten gerieten die Staatsfinanzen massiv aus dem Gleichgewicht, was sich langfristig in einer hohen Verschuldung auf den Kapitalmärkten und entsprechend hohen Zinsverpflichtungen ausdrückte. Die *Staatsverschuldung* auf dem Kapitalmarkt als Folge anhaltender Staatshaushaltsdefizite (Ausgaben höher als Einnahmen) wird häufig zusammengebracht und verwechselt mit der *Aussenverschuldung* gegenüber ausländischen Gläubigern als Folge anhaltender Zahlungsbilanzdefizite (Devisenabfluss höher als Zufluss). Das mag damit zusammenhängen, dass in den USA unter den Reaganomics beide Defizite massiv anstiegen (sogenanntes *«Zwillingsdefizit»*). Hohe Aussenschulden haben in der Regel aber insbesondere Trikontstaaten aufgrund des strukturellen Ungleichgewichts auf dem Weltmarkt (siehe Kapitel zum Imperialismus). Eine hohe Staatshaushaltsverschuldung ist demgegenüber typisch für alle keynesianisch orientierten Metropolenländer. Der Umstand, dass unter den Reaganomics beide Defizite unkontrollierbar anstiegen, ist Anzeichen dafür, dass die USA am Weltmarkt strukturell an Terrain verloren, während gleichzeitig der Keynesianismus binnenwirtschaftlich an eine Finanzierungsgrenze stiess. Mit dieser Grenze einher ging und geht ein *Ende des Fordismus* als - vergleichsweise - undifferenziertes Massenkonsummodell in den Metropolen und damit ein mögliches Ende politischer Konkordanz und traditioneller - auf Ausgleich und kollektive Einbindung bedachte - Sozialdemokratie.

Post-Fordismus

Mit der Grenze von Fordismus und Keynesianismus entsteht ein neues Gesellschaftssystem, das mangels positiver Assoziationen als *«Post-Fordismus»* oder *«nach-keynesianisch»* bezeichnet wird. Im Vordergrund steht weniger Regulierung als *Deregulierung* (Aufhebung staatlicher Lenkung). Das Verhältnis zwischen Regulierung und Deregulierung ist dabei wiederum nur dialektisch zu fassen: Regulierungen werden nicht einfach nur beseitigt, sondern auch bewahrt und verbessert (auf eine neue Stufe gehoben). Wir müssen uns nur zentrale Märkte wie beispielsweise jenen für Immobilien absolut dereguliert zu denken versuchen: Stadt und Land würden in den Metropolen ziemlich anders aussehen als heute, die Vertreibung einkommensschwacher Bevölkerungsgruppen hätte eine ganz andere Dimension. Dasselbe gilt für die gesicherte Versorgung mit Grundnahrungsmitteln für die gesamte Bevölkerung. In diesem Bereich hat sich auch der Internationale Währungsfonds mit seinen Strukturanpassungsprogrammen am wenigsten durchsetzen können. Eine absolute Deregulierung des Grundnahrungsmittelsektors (Aufhebung der staatlichen Preisfestsetzung, Aufgabe von Subventionen) ist nahezu weltweit auf massiven Widerstand der betroffenen Bevölkerung gestossen.

Wir können das Verhältnis zwischen Regulierung und Deregulierung anhand der Verkehrspolitik darlegen: Auch wenn der Strassenverkehr in einzelnen Momenten dereguliert wird, überflüssige Ampeln aufgehoben oder nachts ausgeschaltet werden, käme es nicht einmal einer erzliberalen Position in den Sinn, eine generelle Deregulierung des Verkehrs zu fordern. Dasselbe gilt für den Luftverkehr. Niemand fordert, dass alle so fliegen können, wie sie wollen. Kapitalverwertung wird also auch in der aktuellen Phase der angesagten Deregulierung auf Regelung angewiesen sein. In der Schweiz beispielsweise sind nahezu alle Märkte vergleichsweise stark reguliert. Dass hier unter dem Stichwort der «Europafähigkeit» übertriebene

Regulierung abgebaut werden soll, ändert nichts an dieser Feststellung.

Das *post-fordistische Subjekt* ist sehr viel schwieriger zu beschreiben als das fordistische Subjekt, weil es erst in Umrissen sichtbar geworden ist, vielleicht auch nicht mehr einfach ein homogenes Subjekt ist, sondern in den verschiedensten Gestalten mit völlig unterschiedlicher Freiheit in der Wahl des Arbeits- und Konsumniveaus auftritt: Als nicht mehr garantiertes *ausgegrenztes Drittel*, Viertel oder Zehntel (Schweiz) der Bevölkerung, Teil der *Neuen Armut* in den Metropolen, obdachlos vielleicht, arbeitslos wahrscheinlich, materiell und psychisch teilweise tief verelendet. Als *Yuppie* («Young Urban Professional») auf der entgegengesetzten Seite der Einkommensskala mit den hohen Garantien einer Facharbeitskraft im qualifizierten Bereich neuer Technologien, preislich und qualitativ hohem Konsumstandard und einem Schuss «Bon-vivant». Dazwischen gibt es die verschiedensten Lebensformen in einer Pluralität, eine Art von Auffächerung gesellschaftlicher Unbewusstheit: Fossilien des fordistischen Subjekts (das zwar aufgehoben, aber ebenfalls nicht einfach nur beseitigt ist), aber auch moderne *«Z-Typen»* (Z wie zukunftsorientiert), die traditionelle Werte wie Armee, Autorität usw. in Frage stellen, ohne aber über eine individualistische Perspektive hinauszukommen. Nicht zu vergessen natürlich die radikale, kommunistische, autonome und/oder feministische Linke, die den revolutionären Widerstand neu entwickeln will, darin auch teilweise eine Kollektivität wiedergefunden hat, aber aufgrund der beschriebenen Auffächerung ihrer potentiellen Basis an *und* für sich nur sehr schwer und mühsam an Breite gewinnt.

Zur kollektiven Orientierungslosigkeit trägt das modern gewordene (männliche)*«Minimal self» (Joachim Hirsch/Roland Roth)* seinen Teil bei: sich selbst auf zynische Art so stark zurückzunehmen, dass das wahrgenommene Unrecht nicht mehr in Empörung und Handlungsfähigkeit mündet, sondern in schwarzen Humor, der die eigene Ohnmacht und Handlungsunfähigkeit persifliert, verhüllt und prekär aushaltbar macht.

Die neuen Technologien tragen ihren Teil zur *Spaltung* der Arbeitskräfte bei: Die homogene Massenarbeitskraft des Fordismus, traditionell revolutionäres Subjekt der Autonomie, wird aufgesplittet in ein (grösseres) Segment *dequalifizierter Hilfskräfte* mit hohem

Frauenanteil ohne Arbeitsplatzgarantie und ein (kleineres) Segment hochqualifizierter *«Maschloniker»* in der Industrie, Bänkler und Bürofachleute im Dienstleistungsbereich, Bio- und Sozialtechnologen usw. mit sehr tiefem Frauenanteil, dafür hohen Arbeitsplatzgarantien und hohem Einkommen. Im Bereich des unteren und mittleren Kaders entsteht eine *Zwischenklasse,* die nicht Eigentümerin von Produktionsmitteln ist, aber aktive Trägerin von Arbeitsorganisation und die Einführung neuer Technologien vorantreibt. Die traditionellen Gewerkschaften, fordistisch schon orientierungslos geworden, versuchen sich nach oben und unten zu öffnen, werden dabei nicht beides zugleich tun können und erst noch den Wünschen ihrer einstigen fordistischen Stammbasis entsprechen. Naheliegend ist, dass sie sich in diesem Clinch auf die Verteidigungslinie garantierter Arbeitsplätze zurückziehen, was sie politisch weiter nach rechts schieben wird.

Die klassenübergreifende *«Betriebsgemeinschaft»* wird sich dabei als Unternehmerstrategie halten, möglicherweise sogar nach japanischem Vorbild verstärken und damit auch mehr und mehr gegen «aussenstehende» Gewerkschaften richten. Auswüchse der Arbeitsteilung und des tayloristischen Akkordlohnsystems werden sich in der flexiblen Fertigung überleben und durch kollektive Formen von Leistungskontrolle in sogenannten *«teilautonomen Fertigungsgruppen»* ersetzt werden. Die steigende organische Zusammensetzung des Kapitals hat dazu geführt, dass der Maschinenpark zu teuer geworden ist, um dem Desinteresse und damit den aktiven und passiven Verweigerungsformen der tayloristischen Massenarbeitskraft ausgesetzt zu werden. Die *«andere Arbeiterbewegung» (Karl-Heinz Roth)* hat durch ihre aktiven und passiven Widerstandsformen - Absentismus, Schlamperei, Sabotage - den Fordismus mit in die Kostenklemme geführt. Die Differenzierung der Arbeitskräfte soll hier herausführen. Hochqualifizierte Arbeitskräfte sind in aller Regel freiwillig loyal, weil sie interessante Arbeit und einen hohen Lohn haben. Unqualifizierte Arbeitskräfte sind zur Loyalität gezwungen, weil sie keine Garantien haben: Frauen, AusländerInnen mit befristetem Wohnrecht für die Dauer ihres Arbeitsverhältnisses, Flüchtlinge, SchwarzarbeiterInnen sind jederzeit ersetzbar - unter den Bedingungen freier Migration innerhalb des grosseuropäischen Wirtschaftsraumes noch einfacher als zuvor.

Wir können also davon ausgehen, dass sich der Post-Fordismus im Produktionsbereich durchgesetzt hat, ähnlich wie der Post-Keynesianismus auf der staatlichen Ebene durch die fortgesetzte Beschränkung des nationalstaatlichen Regulierungsspielraums. Deregulierung auf Staats- und internationaler Ebene heisst, Regulierungen von Markt und Wirtschaft aufzuheben. Ein wichtiges Mittel dazu ist der *Monetarismus,* wonach Geld und Geldorganisation nicht mehr wie bei Keynes Regulierung transportieren sollen, sondern Deregulierung. Durch die deutsche Währungsunion seit dem 2. Juli 1990 etwa soll Deregulierung vermittelt werden. Der ehemaligen DDR bzw. den «neuen Bundesländern» wird durch die Einführung der D-Mark die eigenständige Regulierungsfähigkeit genommen. Sie werden stattdessen der monetaristischen Strategie der Bundesbank unterworfen, wonach Geld nichts anderes transportieren soll als das Wertgesetz kapitalistischer Marktwirtschaft.

Fordismus war offenbar nicht untrennbar verbunden mit Privateigentum und freier Marktwirtschaft. Er war auch auf planstaatlicher Ebene durchaus denkbar, wenn seine tragenden Elemente - Taylorismus, Betriebsgemeinschaft, Massenkonsum und staatliche Regulierung - erfüllt waren. In dem Sinne war es absolut korrekt, von einem *«Staatsfordismus»* in den Metropolen des ehemaligen COMECON (Russland, DDR u.a.) zu sprechen. Das «Modell T» der DDR war der Trabant, die ökologische Zerstörung in diesen Räumen grüsst den Fordismus. Die DDR der letzten Jahrzehnte war ja wohl weniger ein allseits überzeugender kommunistischer oder auch nur sozialistischer Staat, aber sie war zweifellos ein sozialtechnisch gesteuerter Wirtschaftsraum mit hoher Regulierungsdichte in Märkten, Betrieben und auf Staatsebene. Das hat sich geändert.

Unklar ist noch, wieweit sich im Post-Fordismus auch im *Konsum- und Wohnbereich,* in *Alltag* und *Freizeit* ein neues Subjekt herausbilden wird. Vorderhand müssen wir von einer Auffächerung der Konsummuster ausgehen: Toffu, Champagner-Kultur, Cola und Haschisch neben Neuer Armut. Die neuen Ernährungsmuster der Mittelschicht, etwa die Renaissance der vegetarischen Küche, Vollkorn, Frischprodukte und Soja, hängen dabei nicht nur mit gestiegenem Ernährungs- und Oekobewusstsein zusammen, sondern auch mit der Tatsache, dass diese Bevölkerungsschicht hochwertige Arbeitskräfte stellt, Trägerin hoher Kapitalinvestitionen ist und deshalb auch hochwertig reproduziert werden muss. Der Fordismus ist auch an seiner Zerstörungskraft an eine Grenze gestossen. Post-Fordismus soll einen anderen Umgang mit Körper, Natur und Umwelt postulieren, wenn er nicht an dieselbe Grenze stossen will.

Ob Fordismus oder Post-Fordismus, Taylorismus auf privat- oder staatskapitalistischer Basis, Keynesianismus als Oeko-, sozialdemokratische oder offen kriegerische Variante: Systemtheorie, die Lehre von der Steuerung und Regelung von Gesellschaftlichkeit, ist in jedem Fall eine ungemütliche Geschichte für die Betroffenen. Trösten wir uns mit der Gewissheit, dass Planung nie so total sein kann, dass sie nicht durch unplanmässiges Verhalten unterlaufen werden kann. Gerade die einleitend erwähnte «Total strategy» Südafrikas, eine Planung weiss-elitärer Gesellschaftlichkeit auf modernstem und brutalstem Niveau ist weit vom erfolgreichen Konfliktmanagement entfernt. Sie ist in ihren bisherigen Formen immer wieder am organisierten schwarzen Widerstand gescheitert, aber auch am unorganisierten Hintergehen von rassistischen Planvorgaben und Gesetzen durch Millionen von «ganz gewöhnlichen Menschen».

Schlußbemerkung:

Über Politische Oekonomie hinaus

So. Nun habe ich, jenem Hund auf dem Titelbild gleich, den Kopf in allerlei Unergründliches gesteckt, dabei einige Leckerbissen, aber vermutlich auch einzelnes schwer Verdauliches herausgezogen. Nun ist das Kapitalverhältnis noch um einiges tiefer und damit unergründlicher als dieser Abfallkübel. Ein Untier allein wird es nicht schaffen. Die Politische Oekonomie eines atomisierten Metropolenbewohners muss am Ende über sich selbst hinausweisen auf kollektive Handlungszusammenhänge, die über ein ökonomisches Grundwissen verfügen, aber über viel mehr dazu. Politische Oekonomie ist alles und nichts. Alles, weil sie daran hindert, die Welt nur in der Vorstellung ändern zu wollen. Nichts, weil sie für sich allein theoretisch bleibt, wenn nicht sogar ökonomistisch den Blick auf andere Realitätsfelder verstellt. Sie muss sich einfügen in eine viel umfassendere Logik des Widerstands.

Diese Logik steht - ob sie es will oder nicht - in einem dialektischen Verhältnis zur *Logik des Kapitals.* Es ist notwendig, aber nicht hinreichend, die Kapitallogik zu kennen. *Notwendig,* weil wir anders gar nicht wissen, was ansteht, falsche Bündnisse eingehen, oder falsch nicht Bündnisse eingehen, den Faschismus am falschen Ort, zur falschen Zeit oder vielleicht in der falschen Form erwarten. Kapitallogik zu kennen, gehört zum Bewusstsein der von Verwertung betroffenen Menschen, wie Wissen um Alltagszusammenhänge. *Nur* Kapitallogik zu kennen, macht blind für Alternativen. Die Kapitallogik *nicht* zu kennen, macht blind für die Realisierungsschwierigkeiten von Alternativen. Im einen Fall ist das Kaninchen von der Schlange gebannt, im andern Fall läuft es ihr direkt in den Schlund.

Wenn einmal der Schutt oder die «Todsünden» (Idealismus, Dogmatismus u.a.), wie ich sie einleitend mit erhobenem Mahnfinger, aber zwinkerndem Auge genannt habe, weggeräumt sind, dann ist Politische Oekonomie gar nicht so unergründlich mehr, wie ich hoffe. Kapitalverwertung heisst, alles, auch den Menschen, auch Natur, auf Verwertung hin zu fassen und alle Nicht-Werte aus dieser Logik heraus, der Ausgrenzung und letzten Endes Vernichtung preiszugeben. Das ist der Kern der *Wertlehre.* Dass dieser Prozess nicht reibungslos verläuft, sondern latent oder offen *krisenhaft,* hängt damit zusammen, dass menschliches Leben, Natur und Gesellschaftlichkeit a priori nicht in diese Verwertungslogik hereinpassen und deshalb stets aufs Neue *zugerichtet* werden müssen: Dazu dient *Technologie,* dazu dienen die strukturellen Gewaltformen der *Lohnarbeitsverhältnisse* und die offenen Gewaltformen im *«Milieubereich»* kapitalistischer Entwicklung, dazu dient auch Geldorganisation als Organisation von Verwertung und Werteabzug und schliesslich - alles umfassend und übergreifend - *Systemplanung und -steuerung.*

In dieser Planung und Steuerung sind wir als jene Rädchen vorgesehen, denen gesagt wird, dass ohne sie nichts geht, damit sie nicht gehen. Treten wir wenigstens den einen Schritt zurück, um das gesamte Räderwerk zu sehen: Die Planer über uns im Cockpit (wörtlich: Hahnengrube) und die Rädchen unter uns, deren Freiheit mitzudrehen schon ganz wesentlich geringer ist. Widerstandslogik kann von der Logik dieses Räderwerks lernen. Kapital ist *organisiert, transnational* (die nationalstaatlichen Grenzen durchbrechend) und *polyzentrisch* (mit mehreren Zentren). Widerstand muss auch organisiert sein, auch transnational (die Grenzen nationaler Befreiung setzen Weltmarkt und regionale Wirtschaftsblöcke), auch polyzentrisch (Widerstandszentren sind nicht nur der Lohnarbeitsbereich, auch der Hausarbeitsbereich, auch alle an Bedeutung zunehmenden Formen von Nicht-Lohnarbeit). Soviel hat Widerstandslogik von Kapitallogik zu lernen, darin allein darf sie Kapitallogik aufheben im Sinne von *Bewahrung*.

Viel wichtiger und letztlich entscheidend wird die Aufhebung der Kapitallogik durch Widerstand im Sinne von *Beseitigung* sein: Das wird, um jetzt nochmals dem Kapitelaufbau dieses Buches zu folgen, die Abschaffung kapitalistischer *Technologie* - als Destruktivkraft und Kampfinstrument gegen die Unterklasse -, auch und besonders der *Sozialtechnologie.* Einwegsbegriffe kapitalistischer Sozialtechnologie wie Propaganda, Schulung, Terror (sie alle gehen von einer nicht selbst bestimmten «Masse» als Adressatin manipulativer Einwirkung aus) sind für den Widerstand so wenig brauchbar wie Atommeiler und Skalpelle aus der Gentechnologie. Sie abzuschaffen, ist zentrale Widerstandshandlung der «Masse», damit sie nicht mehr (konturlose) Masse sondern lebendige Gestalt ist, nicht mehr Objekt, sondern Subjekt von Widerstand. Widerstand gibt sich nur als *Selbstorganisation von unten* nicht aus der Hand und muss damit an allen Bruchstellen von Verwertung *basisdemokratisch* organisiert sein.

Nur so wird Widerstand die Kapitallogik auch im dritten Wortsinn aufheben, *auf eine höhere Stufe heben.* «Höher» nicht verstanden im Sinne der Fortschrittslogik technologischer Entwicklung, sondern verstanden als Sprosse im Kampf um eine selbstbestimmte Gesellschaftlichkeit mit keinem andern Anspruch, als auch dem *«Unwerten»* wieder seinen - von Kapital unabhängigen - Wert zu geben. Mit keinem andern Anspruch, als der *«Freiheit»* wieder ihren vom Kapital unabhängigen Wert zu geben (eben nicht als Freisetzung von Produktionsmitteln und Arbeitswissen, auch nicht nur als Freiheit, «anders zu denken».) Schwer vorzustellen, ist das nicht. Schwer umzusetzen schon, weil es Kampf und Bewusstsein bedeutet, aber nur so werden Utopien materiell und konkret. Diese Einführung in die Politische Oekonomie sollte einen kleinen Beitrag dazu leisten. Sie ist nichts mehr als das Fleisch eines Oekonomiebüffels. Wenn wir dieses Büffelfleisch nicht billig und dumpf verbraten, um vollgefressen und unbewusst vor uns hinzudösen, sondern darüber Weltmarktzusammenhänge wahrnehmen, soziale Verhältnisse, darin eigene Handlungszusammenhänge erkennen, sind wir vielleicht noch immer nicht VegetarierInnen. Aber wenigstens bewusste FleischfresserInnen und das ist immerhin ein Anfang. Hier legt die eine Hand, die Theorie, die Gabel in die andere Hand, die Praxis.

Nachwort

Res sollte sein Licht nicht unter den Scheffel stellen. Dies ist mehr als nur eine gute und leicht lesbare Einführung in die Kritik der politischen Ökonomie. Er sprengt ihre orthodoxen Denkmuster theoretisch an einem entscheidenden Punkt, an dem schon der historische Prozeß ihre Mängel hat hervortreten lassen. Am Anfang des dritten Kapitels sagt er völlig zu Recht: "Während das Gesetz des tendenziellen Falls der Profitrate wesentlich in der Logik des Kapitals und seiner Bewegung begründet wird, ist die Durchsetzung entgegenwirkender Tendenzen eine Frage der Stärke des Widerstands." Mit anderen Worten: die Dialektik des prozessierenden Widerspruchs und der permanenten Krisenhaftigkeit der kapitalistischen Akkumulation ist im Kern kein der Bewegung des Wertgesetzes und der Akkumulation selbst innewohnender Widerspruch, kein kapitalimmanenter Widerspruch, wie man sagt. Knapper: Verwertung ist ein Prozeß des sozialen Kriegs und die Dialektik dieses Kriegs entscheidet über den Wert und seine Krisen.

Es ist konsequent, daß Res die abgegrasten Almen rein werttheoretischer Überlegungen schnell verläßt und über das Scharnier der Krisentheorie zu den Gewaltformen dieses Prozesses übergeht, denen er den größten Teil seiner Darstellungen widmet. Wenn die Klasse ihre Lohnkämpfe von der Forderung eines gerechten Anteils am Produktivitätsfortschritt abkoppelt und politisiert, dann wird es unsinnig, sie "immanent" als Kostenanteile der "Reproduktionskosten" theoretisch zu verstecken (oder gar als ihre "historischen und moralischen Elemente" zu neutralisieren, wie Marx das im "Kapital" tut). Wenn der Gebrauchswert der Technologie für das Kapital immer beides bedeutet: Unterwerfung lebendiger Arbeit unter sein Kommando und Erhöhung relativen Mehrwerts, dann bestimmt nicht ein abstrakter Rechenprozeß den sich verwertenden Wert, sondern die Dialektik des lebendigen Kampfs gegen seine Gewalt bestimmt den Wert von Kommando und Ökonomie zugleich. Wenn allein der weltweite Zugriff auf neue Mengen unbezahlter Arbeitsquanten das Kapital davor retten kann, in der Überakkumulation seiner hochgerüsteten metropolitanen Maschinenparks ökonomisch zu ersticken (denn nur Kapital bringt keinen Mehrwert), dann bestimmt die globale Frontlinie das Überleben des Kapitals und seinen Wert. Wenn die weltweite Unterwerfung kostenloser Reproduktionsarbeit unter das Kommando des Kapitals, in der der häusliche Patriarch den patriarchalen Zugriff auf die Haussklavin gewaltsam verlängert, die allgemeine Grundlage der Produktion verwertbarer Arbeit darstellt, dann bestimmt der Kampf der Frauen weltweit den Wert und die Geltung seines Gesetzes. Wenn das Kapital gezwungen ist, den Zugriff seiner Strategien organisatorisch über die Fabrik hinaus zu vergesellschaften, in Sozialpolitik, Stadtplanung, Familienplanung, Bevölkerungspolitik, Gesundheitspolitik und dadurch ums Verrecken Gesellschaft in Sozialkapital, Menschsein in Humankapital, biologische Prozesse in Biokapital verwandeln muß, nur um den Zugriff auf lebendige Arbeit nicht zu verlieren, dann bestimmt der Kampf gegen diese Dimensionen der Gewalt den Wert. Res sagt es auch in der wünschenswerten Deutlichkeit: Wir kommen nicht vom Wert zur Gewalt, sondern das Kapital ist ein soziales Verhältnis, oder besser, Teil eines sozialen Antagonismus, in dem es von der Gewalt zum Wert zu kommen trachtet. Nicht kontinuierlich, sondern über die Umbrüche säkularer Krisen in gesteigerter Intensität seines Zugriffs. Eine Wertheorie, die den Wertraub noch am Modell des stummen Zwangs von Markt und ökonomischen Verhältnissen nachrechnet, war wohl schon immer ideologischer Schein. Die Gewalt gegen Frauen leitet den Übergang zur kapitalistischen Formation des Pariarchats ein, der sich in der technologischen Gewalt gegen Arbeiter zur Dynamisierung des relativen Mehrwerts, der planstaatlichen Gewalt des "organisierten Kapitals" gegen die Vergesellschaftung der Kämpfe in den planmäßigen Zugriff auf menschliche Existenz fortsetzt, den der Nationalsozialismus zum ersten Mal als ökonomisches Prinzip formuliert und den es jetzt in der Zonierung von Verwertung und Vernichtung globalisiert hat. Wert ist daher keine ökonomische Kategorie im engeren Sinne, der sich verwertende Wert wird bestimmt von der.Gewalt und seine Immanenz im Kapital ist Schein. Es ist das Kapital als Gebrauchswert, das den Zugriff dieser prozessierenden Gewalt darstellt.

All dies ist nun keine Kritik an der vorliegenden Arbeit. Daß Res bei all dem am großen Alten in London festhält, kann gerade ich nicht bemängeln, denn ich hab das auch schon einmal gemacht. Trotz aller blinder Flecke, kann man sagen, daß der ungeheure Rahmen marx'scher Kritik der politischen Ökonomie alle Ansätze benennt, ihn zu überschreiten. Aber es gibt noch einen weiteren Grund, den auch

Res sehr wohl benennt. Die Loslösung der Analyse des Sozialprozesses und die Verselbständigung des Begriffs von Befreiung von den Strategien der Kapitalreproduktion ist schon immer ein Freifahrschein in die Beliebigkeit gewesen.Nur wenn im Prozeß der Befreiung, Strategien und Theorien in der Auseinandersetzung mit der Gewalt des sich verwertenden Werts entwickelt werden, ist es möglich, sich vom Treibsand punktueller Sinnfälligkeiten frei zu halten. Die Subjektivität des sozialrevolutionären Prozesses, ihre Werte und Utopien gewinnen ihre historische Wahrheit erst aus dem übergreifenden Antagonismus. Aber so wichtig die Analyse der Wertschöpfungsstrategien ist, damit erschöpft sich ihre Bedeutung in einer Theorie der sozialen Revolution. Denn so sehr das Kapital in dieser Kampfdialektik sich in Maschinen, Techniken der Gewalt, wissenschaftlichen Fortschritt, Systemorganisation verobjektiviert, es materialisiert sich nur zur toten Gegenständlichkeit des "capitale fixe", als lebendiges Subjekt erfinden sich hier nur die Gestalten sozialrevolutionärer Befreiung. Natürlich, mit der absurden Vorstellung, daß der Arbeiter seine Klassenidentität als Vollstrecker des Fortschritts findet, brauchen wir uns in Anbetracht der grotesken Zuspitzung seiner Gewaltsamkeit heute ernsthaft nicht mehr auseinanderzusetzen. So kann eine Theorie des Kapitals und des sich verwertenden Werts nie mehr sein, als ein Hilfsmittel zur praktischen Erkenntnis im Befreiungsprozeß.

In diesem Zusammenhang äußere ich daher noch nachträglich meine Bitte, die Abrechnung mit der kapitalistischen Herrschaftswissenschaft ernst zu nehmen, die alles in Objekte verwandelt (siehe Kapitel Politische Technologie und Systemtheorie). Sie sollte auf den Text selbst angewendet werden und bei der Korrektur einiger Schönheitsfehler helfen. Es scheint mir widersinnig und schlechthin unzulässig, den Begriff des "Milieus", der Umgebung, des Randständigen und Ausgegrenzten weiter zu verwenden, weil er die kapitalistische Definition von Subjekt und Objekt aufrecht erhält. Auch wenn Rosa Luxemburg ihn gebraucht hat und die ganze von ihr inspirierte Imperialismustheorie (Sternberg, etc.), im Begriff des Milieus schwingt die geballte Arroganz dualistischer Entwicklungskonzepte gegenüber "zurückgebliebenen Völkern" und Sektoren mit. Die Anwendung des Milieubegriffs auf Frauen im Hausarbeits- und Subsistenzbereich macht seine fatale Bedeutung besonders gefährlich.

Der Sinn dieser nachträglichen Zeilen war es, die Richtung zu benennen, in der ich mir von diesem Buch einen Beitrag zur revolutionären Strategiedebatte erhoffe. Weniger das sicher immer wieder nützliche Rekapitulieren der politischen Ökonomie und marx'scher Kritik, sondern die detaillierte Darstelllung der kapitalistischen Bemühungen zur Organisation neuer "entgegenwirkender" Gewalt- und Raubstrategien wird uns helfen die Frontlinien aufzuspüren, an denen wir uns die gänzlich neuen Gestalten des sozialrevolutionären Prozesses sichtbar machen können. Es werden vor allem die Linien und die Gefälle regionaler Zonierungen sein, zu denen das unprofitable und bedrohlich gewordenen Kontinuum keynesianisch/sozialistischer Staatlichkeit dereguliert wird. Es werden die offenen Formen des abgestuften sozialen Kriegs von Low Intensity bis zur Vernichtung sein, die die Produktivitätsfortschritte des kalten und heißen Kriegskeynesianismus ablösen.

Detlef Hartmann

Absentismus	Abwesenheit vom Arbeitsplatz
Abteilung I	Produktions- oder Investititionsgüterindustrie
Abteilung I	Konsumgüterindustrie
Akkordlohn	Leistungslohn in Abhängigkeit gesetzter Vorgaben
Akkumulation	Anhäufung von Werten zu Investitionszwecken
Akk., fortgesetzte	Prozess aufeinanderfolgender Phasen ursprünglicher Akkumulation
Akk., nachholende	spätere Vermögensanhäufung für kapitalistischen Entwicklungssprung
Akk., ursprüngliche	auf traditioneller Herrschaft (und meist Gewalt) beruhende Vermögensanhäufung für grosse frühkapitalistische Investitionen
analytisch	formallogisches Vorgehen, das nach vorgegebenem Schema Ganzheiten in Teile zerlegt
anthropologisch	das Menschsein ausmachend, vom Menschen untrennbar
Antithese	Widerspruch zur These
äquivalent	gleichwertig
Arbeit	Planmässige Aneignung, «Veredelung» von Natur; Wertschöpfung
Arbeitsorganisation	Planung des Zusammenwirkens menschlicher Arbeit
Arbeitswert	In einer Ware steckende (gesamtgesellschaftlich notwendige) Arbeit
Arbeitswertlehre	Lehre, wonach die Herstellung von Werten auf Arbeit beruht und die gesellschaftlich notwendige Arbeit folglich zur Wertskala wird
Austerität	Spargrogramm für öffentlichen Haushalt

Bolo	Autarke Produktions- und Lebensgemeinschaft als positiv umgesetzte Utopie in kapitalistischer Umgebung
Bretton Woods	Gründungsort von Internationalem Währungsfonds und Weltbank in den USA (1944)
Bruttosozialprodukt	Summe produzierter Güter und Dienstleistungen zu Marktpreisen
Deficit spending	Finanzierung eines staatlichen Ausgabenüberschusses
Demonetisierung	Verlust von Geldfunktion
Deregulierung	Aufhebung von Markteingriffen
Devisen	Forderungen in ausländischer Währung
Dialektik	Wissenschaftliche Methode, die Realität in ihrer Widersprüchlichkeiteit zu fassen und ihre Bewegung als Aufhebung von Widersprüchen
Disproportionalität	Missverhältnis zwischen den beiden Abteilungen gesellschaftlicher Produktion (Produktionsgüter- und Konsumgüterindustrie)
Entfremdung	Enteignung der unmittelbaren ProduzentInnen von Produkt und Wissen um die Zusammenhänge der Produktion
entgarantiert	ohne irgendwelche dauerhafte Zusagen, insbes. betreffend Lohn und Arbeitsplatzsicherheit
Externe Kosten	Produktionskosten, die nicht in der produzierenden Unternehmung selber getragen werden, sondern der Oeffentlichkeit auferlegt werden
Finanzpolitik	Politik des öffentlichen Staatshaushaltes
Food for work	Zwangsarbeitsprogramme, in denen Ueberlebenssicherung mit staatlich auferlegten öffentlichen Arbeiten verbunden ist

Freigeld	Zinslos zur Verfügung gestelltes Geld, bei Inflation Negativzins (Schwundgeld)
Freizügigkeit	Freie Wanderung von Arbeitskräften über nationalstaatliche Grenzen, abhängig vom Nachweis eines Arbeitsplatzes
Garantien	Zusagen , insbes. betreffend Lohn und Arbeitsplatzsicherheit
Gebrauchswert	Nützlichkeit, konkreter stofflicher Nutzen eines geschaffenen Wertes zur Bedürfnisbefriedigung
Genotyp	Typisierte Erbfaktoren eines Lebewesens
Giralgeld	Buchgeld, elektronische Information lautend auf Guthaben
Goldkonvertibilität	Umtauschgarantie einer Währung in definiertes Goldquantum
Grundrente	Entschädigung der BodenbesitzerInnen für die Tatsache, dass sie ihr meist monopolistisches (nicht duplizierbares) Bodeneigentum zur Verfügung stellen
Idealismus	Philosophische Richtung, wonach die Geschichte primär durch Ideen, Geist und Vernunft gemacht wird
Ideeller Ueberbau	Ideen, (Alltags-)philosophien, Vernunft, Vorstellungen, Wünsche, Religion, Phantasie usw.
Ideologie	Theorie oder Gedankengebäude zur Rechtfertigung materieller Verhältnisse
Ideologiekritik	Hinterfragung ideologischer Argumente nach den materiellen Interessen
IMF-Riots	Unruhen, Massenproteste gegen Auflagen des Internationalen Währungsfonds (IMF)
immanent	innewohnend, untrennbar mit einer Gesellschaftsformation verknüpft

Indossament	Forderungsabtretung mittels Vermerk auf dem Wertpapier selber
Induktion	Logischer Schluss vom (gleichartigen) Besonderen zum Allgemeinen
Inflation	Geldentwertung, Verlust von Kaufkraft einer Geldeinheit
Informeller Sektor	Bereich mit formell (statistisch, steuerlich) nicht erfasster Wirtschaftstätigkeit
Innovation	technische Erneuerung von Produktionsmitteln und Produkten
intermediär	zwischen verschiedenen sozialen Klassen
Kapital	1. Geld- oder Sachwertvermögen, das zur Produktion von Werten unter kapitalistischen Produktionsverhältnissen genutzt wird 2. Soziales Verhältnis, das Arbeitskräfte zur Lohnarbeit zwingt
Kap., fixes	Teil des konstanten Kapitals, der für die Produktionsanlagen verausgabt wird
Kap., konstantes	Geld- oder Sachwertvermögen, das zu Kauf und Instandhaltung von Produktionsmitteln verausgabt wird
Kap., variables	Geld- oder Sachwertvermögen, das zur Entschädigung der Arbeitskraft verausgabt wird
Kap., zirkulierendes	Teil des konstanten Kapitals, der für Roh- und Hilfsstoffe verausgabt wird
Kartell	Absprache von AnbieterInnen bezüglich Preise und Märkte
Keynesianismus	Auf den englischen Oekonomen John M. Keynes zurückgehende Wirtschaftspolitik, wonach sich der Staatshaushalt anti-zyklisch zur Wirtschaftsentwicklung verhalten muss
Klasse	Gesamtheit von Menschen in vergleichbarer materieller Situation 1. an sich: als abtrakte sozialwissenschaftliche Kategorie

	2. für sich: mit Bewusstsein der gemeinsamen materiellen Situation
Komintern	III. Kommunistische Internationale, ab 1918
Komparative Kosten	Produktionskosten einer Region im Verhältnis zu anderen Regionen der Weltwirtschaft
Konsumkredit	Kredit zur Konsumfinanzierung
Konsumtion	Bedürfnisbefriedigung
Kontrolle	Planmässige Ueberwachung eines Objekts durch Subjekt
Kurantmünzen	Münzen (meist mit einem dem Prägewert entsprechenden Stoffwert), die unbeschränkt als Zahlungsmittel angenommen werden müssen
Lange Welle	Langfristiger Entwicklungszyklus der Weltwirtschaft
Leitwährung	Währung, die weltwirtschaftlich oder in einem supranationalen Wirtschaftsraum die Führungsrolle hat
M 1	Kurzfristig wirksame Geldmenge (Notenumlauf und Sichteinlagen)
Management buy-out	Kauf einer Firma durch das Management
Massenarbeiter	Arbeitskraft in der tayloristisch organisierten Fabrik mit hohem Mass an Arbeitsteilung und vergleichsweise homogenen Bedingungen
Materielle Basis	Bereich der realen Wertschöpfung und -Aneignung
Mehrwert	Wert, der von einer Arbeitskraft über die eigenen Kosten (Lohn) hinaus geschaffen wird
Mehrwertkaskade	Abstufung der Mehrwerthöhe in verschiedenen Verwertungszonen
Mehrwertrate	Mehrwert im Verhältnis zum eingesetzten variablen Kapital
Metropole	Zentrum kapitalistischer Planung

Migrationspolitik Migration	Bevölkerungspolitik für Grossräume, die («Wanderung») von Arbeitskräften und Flüchtlingen betreffend
Mittlere Technologie	Technologie, die nicht auf dem modernsten Entwicklungsstand ist
monetär	geldmässig
Monetarismus	Lehre, wonach sich die Geldmenge streng parallel zum realen Wertprodukt entwickeln muss
Monopol	Marktmacht aufgrund der Tatsache des ausschliesslichen Besitzes bestimmter Produktionsmittel
Münzgewinn	Gewinn bei Münzprägung durch Differenz zwischen Prägewert und Stoffwert
Nicht-Wert	Kapitalistisch nicht verwertbares Leben, Zusammenhang oder Ding
Nominalzins	Entschädigung des Geldbesitzers für zur Verfügung gestelltes Kapital, finanziert aus Mehrwert
Oligarchie	Zahlenmässig kleine Oberklasse mit traditionellem Herrschaftsanspruch
Operaismus	entwickelt vor allem in Italien. als theoretischer (und praktischer) Bezug auf die Kämpfe der metropolitanen Arbeiterklasse ab Anfang der 60 er Jahre, wonach die Klasse in ihren Kämpfen zum Motor der Kapitalentwicklung wird, sie gewinnt hierin einen Teil ihrer Subjekthaftigkeit zurück,ist nicht mehr nur Objekt der Kapital-gesetze, sondern hat die historische Initiative, der Ansatz weist z.T. über die Fabrik ebene hinaus, in die proletarischen Stadtteile und Quartiere
organ. Zusammensetzung	Kapitalverteilung auf Produktionsmittel und Arbeitskräfte
Papiergeld	Geldforderung auf Papier
Parallelakkumulation	nicht auf Lohnarbeit basierende Anhäufung von

	Werten
Peripherie	Ränder der Weltwirtschaft, Umgebung der Metropolen mit hohem Grad an Ausbeutung und Armut
Phänotyp	Typisierte Erscheinungsform
polyzentrisch	mehrere, verschiedene nebeneinander bestehende Zentren aufweisend
Produktewert	Wert produzierter Waren
Produktion	Herstellung von gesellschaftlichen Werten
Produktionsmittel	Arbeitsgegenstände, Produktionsanlagen, Boden
Produktionsverhältnisse	Organisation und Besitzverhältnisse der Produktion
Produktivkraft	Wechselwirkung zwischen Produktionsmittel und menschlicher Arbeit
Profit	Gewinn des Kapitalisten, am Markt realisierter Mehrwert
Profitrate	Gewinn des Kapitalisten im Verhältnis zum eingesetzten Gesamtkapital
Proletariat	1. i.w.S.: Unterklasse mit Befreiungsanspruch, Objekt eines kapitalistischen Herrschaftsverhältnisses 2. i.e.S.: Lohnarbeitsklasse
Proletarisch	Dem Proletariat zugehörig, typische Eigenschaft des Proletariats
Proletarität	Klassenspezifische Kultur des Proletariats
Prosperität	Wirtschaftliche Aufschwungphase
Rationalisierung	Ersetzung menschlicher Arbeitskraft in Produktion und Zirkulation durch Maschinen
Reaganomics	Wirtschaftspolitik unter US-Präsident Ronald Reagan, die die Angebotsseite («supply side») durch Schaffung radikal freundlicher Investitionsbedingungen zu stimulieren versucht
Realzins	Entschädigung des Geldbesitzers nach Abzug der Inflation

Realzins	Entschädigung des Geldbesitzers nach Abzug der Inflation
Recheneinheit	Wertmass, Skala des Wertvergleichs
Regulierung	Staatliche oder überstaatliche Eingriffe in den Markt
Reproduktion	Wiederherstellung von in die Produktion eingegangenen Werten (Produktionsmittel und Arbeitskraft)
Reprod., einfache	Rückverwandlung von verwertetem Kapital und Arbeitskraft in Geld und Neuinvestition in derselben Werthöhe
Reprod., erweiterte	Rückverwandlung von verwertetem Kapital und Arbeitskraft in Geld und Neuinvestition auf grösserer Werthöhe
Reproduktionstechnik	Naturwissenschaftlicher (insbes. bio- und gentechnischer) Verfahren zur Reproduktion der Arbeitskraft
Reservearmee	Potentielle Arbeitskräfte, die nicht oder nur vorübergehend in Lohnarbeitsverhältnissen beschäftigt sind
Restrukturierung	Prozess zur Wiederherstellung von Verwertungsbedingungen
Revenue	Einkommensanteil der Kapitalisten, der für Konsumausgaben verwendet wird
Schattenwirtschaft	Sektor mit staatlich nicht erfasster Wirtschaftstätigkeit (z.B. «Schwarzarbeit»)
Scheidemünzen	Münzen mit einem über dem Stoffwert liegenden Prägewert, die als gesetzliches Zahlungsmittel in beschränkter Höhe entgegengenommen werden müssen
Segmentierung	Abschottung unterschiedlicher Märkte
Sozialisierung	1. Oekonomisch: Ueberführung von Privateigentum an Produktionsmitteln in Kollektiveigentum

	2. Soziologisch: Prägung des Menschen zum gesellschaftsfähigen Subjekt
Sozialtechnologie	Uebertragung naturwissenschaftlicher Methoden auf die Sozialwissenschaften
Staatsquote	Anteil der Staatsausgaben am Bruttosozialprodukt
strukturell	in der Gesellschaftsordnung vorgegeben
Subsumtion	Unterwerfung unter kapitalistische Produktionsverhältnisse
Subs., formell	Dominanz durch kapitalistische Produktionsverhältnisse, die insbes. Subsistenzproduktion unmöglich macht und die Notwendigkeit von Lohnarbeit begründet
Subs., reell	tatsächliches Eingehen in ein Lohnarbeitsverhältnis
Subsistenzarbeit	Arbeit zur Sicherung des eigenen Lebens und Ueberlebens
Synthese	Aufhebung von These und Antithese im dreifachen Wortsinn (Beseitigen, Bewahren, Auf-eine höhere-Stufe-heben)
Tauschmittel	Wert, der im Hinblick auf den Tausch erworben wird
Tauschwert	Mass, in dem sich Wert gegen andere Werte tauscht (in Geldform: Preis)
Taylorismus	Von F. W. Taylor begründete «wissenschaftliche Arbeitsorganisation», die Produktionskompetenz den Produzierenden enteignet und auf der Ebene des Managements neu organisiert
Terms of trade	Reale Austauschverhältnisse eines Landes im Aussenhandel, berechnet als Verhältnis zwischen Preisniveau der Exportgüter zu Preisniveau der Importgüter
transnational	nationalstaatliche Regulierung unterlaufend, Nationen übergreifend

Trikont	Drei Kontinente (Afrika, Asien, Lateinamerika)
Trinitarische Formel	Lehrmeinung der klassischen Oekonomie, wonach Werte von den drei Produktionsfaktoren Arbeit, Boden und Kapital geschaffen werden
Ueberproduktion	Zu hohe Produktion im Verhältnis zur kaufkräftigen Nachfrage
Umschlagszeit	Dauer, bis das Kapital im Verwertungsprozess wieder in derselben Form (z.B. als Geldkapital) erscheint
Ungleicher Tausch	Tausch von Werten ungleicher Höhe
Varietät	Vielzahl verschiedener Systemzustände
Verwertung	Prozess der Nutzung einer Arbeitskraft durch den Kapitalisten für Wertschöpfung in seinem Eigentum
Vierte Welt	Absolute Armutszonen der Weltwirtschaft
Volkseinkommen	Summe der ausbezahlten Löhne sowie des gesamten geschaffenen Mehrwerts einer Periode (der als Einkommen für Kapital- und Bodenbesitz ausgeschüttet wird)
Währung	Geldeinheit eines Nationalstaates oder Wirtschaftsraums
Ware	Wert, der Im Hinblick auf den Tausch, insbes. am Markt, produziert wird
	Wertprodukt Summe geschaffener Werte
Werttransfer	Uebertragung von Wert, Wertabzug aus einer Region in eine andere
Wertzusammensetzung	Wertmässige Aufteilung in variables und konstantes Kapital
Zahlungsbilanz	Gegenüberstellung von Wertströmen, die aus einem Land herausfliessen und in derselben Periode hereinfliessen
Zession	Forderungsabtretung mittels eigenem Wertpapier

Zirkulation	Tausch produzierter Werte, Rückverwandlung in Geld
Zwangsarbeit	Nicht freiwllig und in formeller Freiheit übernommene Arbeit
Zwangssparen	Konsumverzicht auf unfreiwilliger Basis

Verzeichnis der Darstellungen

1 Die Preisbildung in der klassischen Oekonomie (Quelle: Dubs Rolf, Volkswirtschaftslehre) Seite 31

2 Die Zusammensetzung des Warenwerts (Quelle: Anschauungsmaterial Politische Oekonomie) Seite 38

3 Die Aufteilung des Arbeitstages Seite 42

4 Wertströme in der einfachen Reproduktion (Quelle: Anschauungsmaterial Politische Oekonomie) Seite 53

5 Das Schema der erweiterten Reproduktion (Quelle: Marx Karl, Das Kapital, Band 2) Seite 89

6 Technologische Zyklen im 20, Jahrhundert (Quelle: Emil Walter-Busch, in: Keine Zukunft für lebendige Arbeit?) Seite 108

7 Der Doppelcharakter der Ware Geld (Quelle: Anschauungsmaterial Politische Oekonomie) Seite 126

8 Einfacher Regelkreislauf in der Systemtheorie (Quelle: Ulrich Hans, Die Unternehmung als produktives soziales System) Seite 147

9 Das Keynessche System nach der "Allgemeinen Theorie" (Quelle: Hofmann Werner, Theorie der Wirtschaftsentwicklung) Seite 157

Literaturverzeichnis

Altvater Elmar	Die Armut der Nationen, Berlin 1987
Altvater Elmar	Die Weltwährungskrise, Frankfurt/M. 1969
Altvater Elmar	Die Zukunft des Marktes, Münster 1991
Anschauungsmaterial	Politische Oekonomie, Kapitalismus, Berlin 1988
Autonomie	Materialien gegen die Fabrikgesellschaft, München ab 1975; Neue Folge, Hamburg ab 1979
Beiträge	Zur feministischen Theorie und Praxis, München ab 1979
Boris Dieter	Schuldenkrise und Dritte Welt, Köln 1987
Braverman Harry	Die Arbeit im modernen Produktionsprozess, Frankfurt/M. 1985
Conrad Otto	Die Todsünde der Nationalökonomie, Leipzig/Wien 1934
Deutsch Karl W.	Die Schweiz als paradigmatischer Fall politischer Integration, Bern 1976
Dubs Rolf	Volkswirtschaftslehre, Bern/Stuttgart 1987
Duhm Dieter	Angst im Kapitalismus, Bremerhaven 1971
Engels Friedrich	Einführungen in «Das Kapital von Karl Marx, Berlin 1884
Fanon Frantz	Die Verdammten dieser Erde, Frankfurt/M. 1966
Frank André G.	Kapitalismus und Unterentwicklung in Lateinamerika, Frankfurt/M. 1969
Fröbel Folker u.a.	Die neue internationale Arbeitsteilung, Reinbek/Hamburg 1977
Gilbreth E./F.jun.	Im Dutzend billiger, München 1985
Hartmann Detlef	Leben als Sabotage, Tübingen 1981 (Neuaufl. Berlin 1991)
Hegel Georg W. F.	Philosophie der Geschichte, Frankfurt/M. 1972
Hilferding Rudolf	Das Finanzkapital, Wien 1920
Hirsch J./Roth. R	Das neue Gesicht des Kapitalismus. Vom Fordismus zum Post-Fordismus, Hamburg 1986
Hofmann Werner	Grundelemente der Wirtschaftsgesellschaft, Reinbek/Hamburg 1969
Hofmann Werner	Theorie der Wirtschaftsentwicklung (Sozialökonomische Studientexte, Band 3), Berlin 1966

Jaun Rudolf	Management und Arbeiterschaft: Verwissenschaftlichung und Rationalisierung der Arbeitsverhältnisse in der Schweiz 1873-1959, Zürich 1986
Keynes John M.	Allgemeine Theorie der Beschäftigung, des Zinses und des Geldes (engl. 1936)
Konkret	Soll und Haben. Strategien und Alternativen zur Lösung der Schuldenkrise, Hamburg 1988
Lenin W. I.	Der Imperialismus als höchstes Stadium des Kapitalismus, Berlin 1982
Lenin W. I.	Ein Schritt vorwärts, zwei Schritte zurück, Lenin-Werke (LW), Band 7
Lenin W. I.	Die nächsten Aufgaben der Sowjetmacht, LW Bd. 27
Lüscher Ruedi	Henry und die Krümelmonster. Versuch über den fordistischen Sozialcharakter, Tübingen 1988
Luxemburg Rosa	Die Akkumulation des Kapitals, Berlin 1923
Mandel Ernest	Die Krise 1974-1986, Hamburg 1987
Marx Karl	Deutsche Ideologie, Marx-Engels-Werke (MEW), Band 3, Berlin 1969
Marx Karl	Die Klassenkämpfe in Frankreich 1848-50
Marx Karl	Das Kapital, Band 1-3, MEW 23-25, Berlin 1974
Marx Karl	Oekonomisch-philosophische Manuskripte (Grundrisse), MEW 42
Marx Karl	Brief aus Trier an Arnold Ruge In Dresden, Marx-Engels-Gesamtausgabe (MEGA), III/1, Berlin 1975
Marx Karl	Ueber Friedrich List, Berlin 1972
MASCH	Kursus Politische Oekonomie, Marxistische Arbeiterschulung (hrsg. von H. Duncker, A. Goldschmidt, A. Wittfogel), Wien/Berlin 1930
Materialien	für einen neuen Anti-Imperialismus (Heft 1: Zentralamerika, Heft 2: Brasilien, Heft 4: Osteuropa), Berlin ab 1988
Montano Mario	Bemerkungen zur internationalen Krise, in: Autonomie im Arbeiterkampf, Berlin 1978
P.M.	Bolo'bolo (endgültige Ausgabe), Zürich 1989
Parsons Talcott	Zur Theorie sozialer Systeme, Opladen 1976
Rosenberg Hans	Die Weltwirtschaftskrise 1857-1859, Göttingen 1974

Rostow Walt W.	Stadien wirtschaftlicher Entwicklung, Göttingen 1960
Roth Karl-Heinz	Die «andere»Arbeiterbewegung, München 1974
Schumpeter Josef	Theorie der wirtschaftlichen Entwicklung, München 1931
Sik Ota	Der dritte Weg, Hamburg 1972
Sinclair Upton	Autokönig Ford, London 1938
Singer Peter	Praktische Ethik, Stuttgart 1984
Smith Adam	Der Wohlstand der Nationen, München 1974 (engl. 1776)
Strahm Rudolf	Warum sie so arm sind, Wuppertal 1985
Strahm Rudolf	Wirtschaftsbuch Schweiz, Zürich 1987
Strehle Andreas	Stufen sozialwissenschaftlicher Integration, St.Gallen 1978
Taylor F. W.	Die Grundsätze wissenschaftlicher Betriebsführung, München 1917
Ulrich Hans	Die Unternehmung als produktives soziales System, Bern/Stuttgart 1968
v.Werlhof Claudia	Wenn die Bauern wiederkommen, Bremen 1985
v.Werlhof Claudia u.a.	Frauen, die letzte Kolonie, Reinbek/Hamburg 1983
Walter-Busch Emil	Referat in: Bierter W. (Hrsg.) u.a., Keine Zukunft für lebendige Arbeit?, Zürich 1988
Walter-Busch Emil	Das Auge der Firma. Mayos Hawthorne-Expetrimente und die Harvard Business-School, Stuttgart 1989
Weber Max	Die protestantische Ethik und der Geist des Kapitalismus, München/Hamburg 1965
Weizenbaum Josef	Die Macht der Computer und die Ohnmacht der Vernunft, Frankfurt/M. 1977
Widerspruch	Schuldenkrieg und CH-Finanzkapital, Sonderband 2, Zürich1989
Wiener Norbert	Mensch und Menschmaschine, Frankfurt/Berlin 1952
Wolf-Graaf Anke	Frauenarbeit im Abseits, München 1981
Zerowork	Politische Materialien zum nordamerikanischen und internationalen Klassenkampf (Thekla 10), Berlin 1988

Reuben Ainsztein

Revolte gegen die Vernichtung

Der Aufstand im Warschauer Ghetto

ca. 270 S. ca. 25 DM
isbn 3-924737-19-3
März 93

Im April 1993 jährt sich der Aufstand im Warschauer Ghetto zum fünfzigsten Mal. Um an die weitgehend unterschlagene Geschichte des jüdischen Widerstands zu erinnern, publizieren wir die bedeutende Studie Reuben Ainszteins über den Aufstand im Warschauer Ghetto.

Die 1979 unter dem Titel "The Warsaw Ghetto Revolt" in der Holocaust Library, New York, erschienene Arbeit ist nicht nur eine historisch akribisch genaue Schilderung des Widerstands im Warschauer Ghetto, sondern gleichfalls eine Auseinandersetzung mit der verbreiteten Auffassung, daß sich die jüdischen Opfer dem nazistischen Vernichtungswillen wehr - und widerstandslos ergeben hätten.

Der Aufstand im Warschauer Ghetto war sicherlich das spektakulärste Ereignis der Geschichte des Widerstandskampfes von Jüdinnen und Juden gegen die Betreiber und Handlanger der "Endlösung", gegen die im Frühfahr 1943 begonnen "endgültige" Liquidierung eines Ghettos, in dem bis in den Sommer 1942 noch 400.000 Menschen in erbärmlichsten Verhältnissen gelebt hatten.

Der Aufstand war Höhepunkt und Fanal einer eizigartigen Widerstandsbewegung in Europa, deren hoffnungsloser Kampf auf keine äußeren oder inneren Verbündeten zählen konnte und die mehr oder minder quer zu allen national oder kommunistisch orientierten Untergrundbewegungen lag.

Reuben Ainsztein: geb. 1917 in Wilna, jüdischer Journalist und Historiker. Sein Lebenswerk galt dem Schicksal der osteuropäischen Jüdinnen und Juden und ihres Widerstands gegen den Nationalsozialismus.

Stephane Courtois, Denis Peschanski, Adam Rayski

Die ImmigrantInnen in der Resistance / M.O.I.

(vorläufiger Titel)

ca. 400 Seiten, ca. 36 DM
vorgesehen für Herbst 93 / Winter 94

Titel der französischen Ausgabe: Le sang de l'Etranger. Les immigres de la M.O.I. dans la Resistance, Paris 1989

Der Anteil der ImmigrantInnen, vor allem auch der osteuropäisch- jüdischen, an der kommunistisch orientierten, bewaffneten Widerstandsbewegung gegen den Nazionalsozialismus im besetzten Frankreich, ist bislang kaum ausreichend gewürdigt worden. Vielleich auch deshalb weil sie es waren, die über die kommunistisch- oder auf nationale Befreiung hin orientierten Vorstellungen der Widerstandsbewegungen am ehesten hinauswiesen. Das Buch von St. Courtois, D. Peschanski und A. Rayski ist ein Anfang diese historische Auslassung aufzuarbeiten, um zu zeigen, daß es sehr wohl Widerstandslinien gab, die der "Fortgeschrittenheit" des nazistischen Großraumprojekts auf europäischem Niveau entsprachen.
"Mit zunehmender Intensität machte eine Handvoll Widerständler/innen den Deutschen und ihren französischen Hilfstruppen zu schaffen. Sie jagten Rüstungs- und Zulieferbetriebe in die Luft, brachten Truppenzüge zum entgleisen, erschossen deutsche Offiziere und französische Kollaborateure. Hinter diesen Anschlägen stand die militanteste und effektivste Formation der französischen Resisance: die M.O.I. - F.T.P. (France Tireures et Partisans Main- dòeuvre Immigree) die bewaffneten Einheiten der in der kommunistischen Partei organisierten Arbeitsimmigranten. Die M.O.I. kämpfte von Paris bis Lyon, von Marseille bis Nizza gegen die deutsche Besatzung. Die Militanten der M.O.I. waren die ersten, die den bewaffneten Widerstand aufnahmen, und sie waren die letzten, deren Kampf im Nachkriegsfrankreich gewürdigt wurde." (Ingrid Strobl)

ID-Archiv im IISG/Amsterdam (Hg.)

Die Früchte des Zorns

Texte und Materialien zur Geschichte der Revolutionären Zellen und der Roten Zora

800 Seiten, 2 Bände
49,80DM (Sonderpreis)
ab 1.6.93 Ladenpreis: 68,– DM
ISBN: 3-89408-023-X
geb. Förderausgabe: 248,– DM
ISBN: 3-89408-024-9

Das Buch wurde zusammengestellt und mit Einleitungen versehen von der Redaktionsgruppe ›Früchte des Zorns‹, mit einem Vorwort des ID-Archiv im Internationalen Institut für Sozialgeschichte/Amsterdam und Anmerkungen, Literaturhinweisen sowie Register der Edition ID-Archiv.
Die Herausgabe wurde nicht von Institutionen und Stiftungen gefördert, sondern alleine durch Spenden realisiert. Zur Absicherung der Restfinanzierung des subventionierten Ladenpreises dient die gebundene und auf 100 Exemplaren limitierte Förderausgabe.

▼

Die »Früchte des Zorns« ist eine bearbeitete und kommentierte Dokumentation der theoretischen Positionen und praktischen Aktivitäten der *Revolutionären Zellen* und der *Roten Zora.*
Mit Kapiteleinleitungen wird versucht, die gesellschaftlichen Situationen und die Diskussionen in der Linken der 70er und 80er Jahre in Kürze nachzuzeichnen und Kontinuitäten, Brüche und Korrekturen in der Theorie und Praxis der *RZ*-Politik aufzuzeigen. Desweiteren sind die, bislang oftmals zensierten, Originaltexte mit Anmerkungen versehen und machen dadurch den Gesamtkomplex *Revolutionäre Zellen/ Rote Zora* transparenter. Diese Konzeption ist jedoch nicht gleichbedeutend mit einer kritischen Aufarbeitung bewaffneter Politik in der BRD, vielmehr soll sie als Grundlage zu solch einer notwendigen Untersuchung verstanden werden.
Die »Früchte des Zorns« ist ein Geschichtsprojekt; von dem Gedanken geleitet, daß eine Auseinandersetzung mit der Vergangenheit der Linken zwar keine Antworten auf die vielen aktuellen Konflikte geben kann, aber ohne eine Beschäftigung mit der ›eigenen‹ linken Geschichte kein Verstehen der momentanen Fragen möglich ist.
In diesem Sinne kann das Buch zu vielen Bereichen, die in den letzten 25 Jahren Thema in der radikalen Linken waren, Ansätze zu einer Reflexion bieten.

DIE FRÜCHTE DES ZORNS

▼ EDITION ID-ARCHIV ▲ SCHLIEMANNSTRASSE 23 ▲ O-1058 BERLIN ▼

Verlag Libertäre Assoziation

PIZZA (Hrg.)

Odranoel
Die Linke – zwischen den Welten

„Neubeginn, Umbruch, Krise, Zusammenbruch oder gar Tod der Linken? Je nach eigener Befindlichkeit, politischem Umfeld und Berufsaussichten neigen wir zur einen oder anderen Wortwahl. ... Die Situation ist paradox.
Wir Linken sind zur Neubewertung unserer Werte, der Praxis im Alltag und unserer Perspektiven gezwungen, es bleibt uns gar nichts anderes übrig. Ist diese Herausforderung nicht anregend und spannend? Befreit sie uns nicht von alten Schablonen, von Besserwisserei und Sektierertum?"
(aus dem Vorwort)
Texte von Lutz Taufer, Gaby Gottwald, Jutta Braband, Thomas Klein, Klaus Viehmann, Ingrid Strobl, María Amélia Teles, Sofía Montenegro, Dora María Téllez, Eleuterio Fernández Huidobro, James Petras, PIZZA ...

288 S. ISBN 3-922611-28-1 24,– DM

Nanni Balestrini

Der Verleger

Nach „Wir wollen alles" und „Die Unsichtbaren" liegt nun auch der neue Roman von Nanni Balestrini in deutscher Übersetzung vor.
Der Tod des italienischen Verlegers und 'romantischen' Revolutionärs Feltrinelli steht im Zentrum dieses Buches, das in literarisch kunstvoller Weise Atmosphäre und Stimmungen der spannungsreichen Zeit im Italien der frühen 70er Jahre einfängt.
Und: „Der Übersetzerin Christel Fröhlich ist ein Meisterwerk gelungen." (taz)

164 S. ISBN 3-922611-23-0 20,– DM

Maria Puschner

Die Nacht wird Sterne haben.
Biographien aus dem chilenischen Widerstand

Die Autorin dieser Texte ist seit fast zwei Jahrzehnten mit der Entwicklung in Chile eng verbunden. In dieser Zeit hat sie zahlreiche Gespräche und Interviews mit politischen Gefangenen, mit Frauen und Männern aus dem Widerstand geführt.
Daraus entstanden sehr persönliche Geschichten, die von der Zeit der Unidad Popular über die Diktatur Pinochets bis zur Regierung Aylwin reichen. Biographien, die von Hoffnungen und Niederlagen, Gefangenschaft und Exil sowie den Schwierigkeiten eines Neubeginns erzählen.

192 S. ISBN 3-922611-24-9 19,80 DM

Der Pannwitzblick

Materialien zum Film der Medienwerkstatt Freiburg über die Entwicklung von der NS-Euthanasie zur aktuellen „Sterbehilfe"debatte.
„Denn dieser Blick wurde nicht zwischen zwei Menschen ausgetauscht. Könnte ich mir aber bis ins letzte die Eigenart jenes Blickes erklären, der wie durch die Glaswand eines Aquariums zwischen zwei Lebewesen getauscht wurde, die verschiedene Elemente bewohnen, so hätte ich damit auch das Wesen des großen Wahnsinns im Dritten Reich erklärt" (Primo Levi über den KZ-Arzt Dr. Pannwitz).
Die Normierung des Blicks auf den Menschen; Selbstbestimmung als Zauberwort der Selektionspolitik und die Entstehung des Staatsterrorismus sind Themen des Buches, das Beiträge von Udo Sierck, Theresia Degener, Karl-Heinz Roth u.a. enthält.

ca. 200 S. ISBN 3-922611-29-X ca. 20 DM